地球の歩き方

Plat

P09 ぷらっと

バンコ

BANGKOK

TO DO LIST

GOURMET

SHOPPING

RELAXATION

AREA GUIDE

SHORT TRIP

HOTEL

INFORMATION

地球の歩き方編集室

CONTENTS

地球の歩き方 P09 ぷらっと
Plat バンコク BANGKOK

11 THINGS TO DO ☑ IN BANGKOK

GOURMET

SHOPPING

RELAXATION

AREA GUIDE

SHORT TRIP

HOTEL

TRAVEL INFORMATION

MAP

BANGKOK

バンコク 早わかり エリアナビ

チャオプラヤー川の東側がバンコクの中心部。面積は東京23区の約2.5倍。王宮周辺など旧市街に寺院などの見どころが点在。最旬ショップやグルメはサヤーム・スクエア周辺などに集まる。

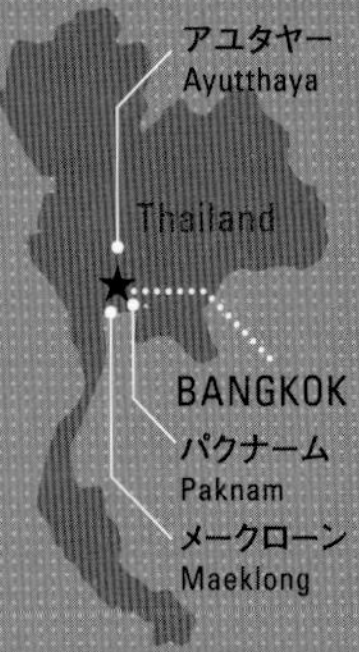

アユタヤー
Ayutthaya
Thailand
BANGKOK
パクナーム
Paknam
メークローン
Maeklong

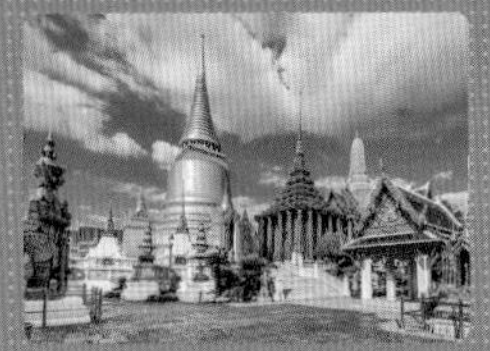

1 3大寺院がある観光の中心 王宮周辺

Grand Palace ▶P.80

チャオプラヤー川とロート運河に囲まれ、ラタナーコーシン島とも呼ばれるバンコク発祥の地。ワット・プラケオと王宮（→P.10）をはじめ、主要寺院が集まっている。

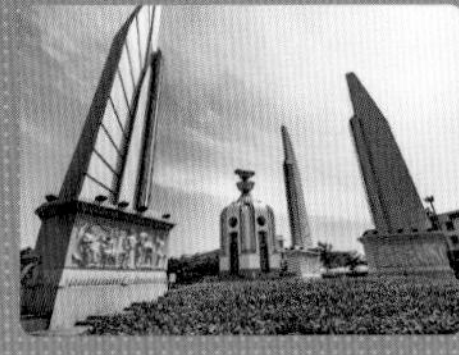

2 旧市街の趣 民主記念塔周辺

▶P.82
Democracy Monument

バンコクの旧市街。バンコク随一の大通りでもあるラーチャダムヌーン・クラーン通りの南側には、ラーマ5世が建設した統一感のある街並みがある。

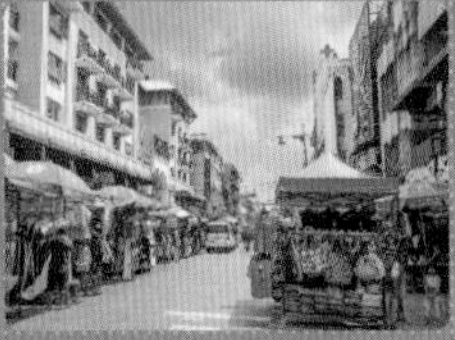

3 進化した無国籍な安宿街 カオサン通り

Khao San Rd. ▶P.84

短い通りの両側や路地裏にバックパッカー向けゲストハウスが密集している。外国人旅行者向けのショップやレストラン、バーが多く、夜も比較的安心。

チャオプラヤー川
3
カオサン通り
1
2
民主記念塔周辺
王宮周辺
4
5
チャイナタウン
サヤーム・スクエア周辺
フアラムポーン駅（クルンテープ駅）
8
7
チャルーン・クルン通り周辺
ウォンウィエン・ヤイ駅

中國城
HOTEL

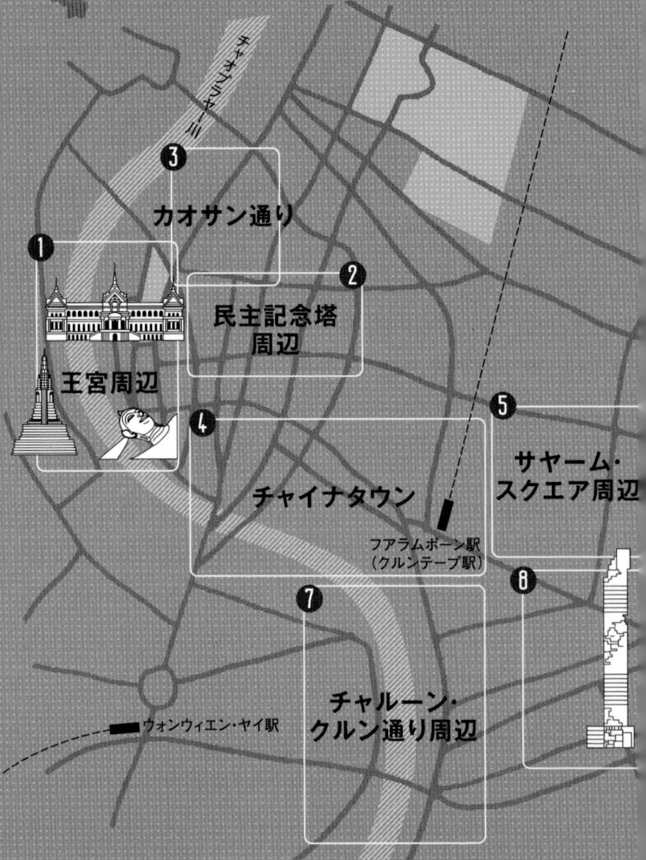

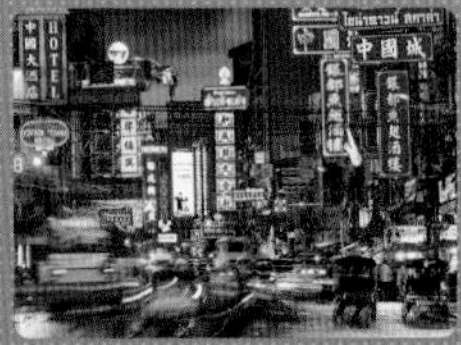

4 エキゾチックな下町 チャイナタウン

China Town ▶P.86

遷都したラーマ1世が移民の華人を集めて住まわせた、バンコクで最初に発展したエリア。

PARAGON

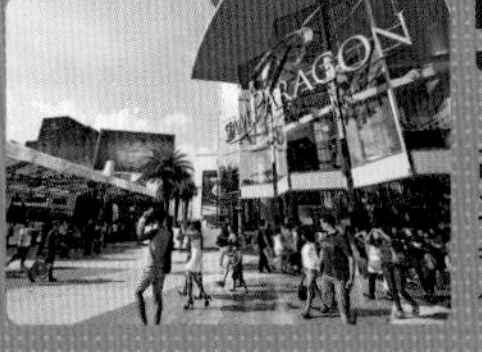

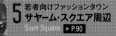

5 若者向けファッションタウン サヤーム・スクエア周辺

Siam Square ▶P.90

高級ホテルと大型ショッピングセンターが集まる、旅行者なら一度は訪れるバンコク最大の繁華街。

AREA NAVI

[SHORT TRIP]

前王朝の都
アユタヤー
Ayutthaya ▶P.106

世界遺産の仏教寺院遺跡が残る歴史の町。

[SHORT TRIP]

折りたたみ市場
メークローン
Maeklong ▶P.102

列車が通るたびに折りたたまれる市場で有名。

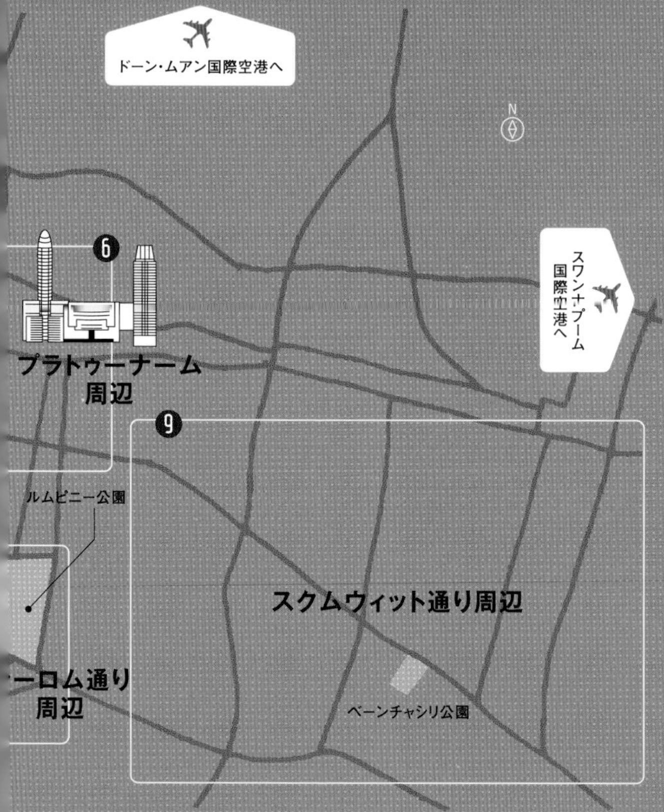

[SHORT TRIP]

展望タワーの
パクナーム
Paknam ▶P.104

BTSで気軽に行ける郊外の港町。

ドーン・ムアン国際空港へ

N

スワンナプーム国際空港へ

6

プラトゥーナーム周辺

9

ルムピニー公園

スクムウィット通り周辺

ーロム通り周辺

ベーンチャシリ公園

7 歴史を感じさせる街並み チャルーン・クルン通り周辺

Charoen Krung Rd. ▶P.94

バンコクはチャオプラヤー川の水運から発展した。川沿いのチャルーン・クルン通り一帯は、古い時代の繁華街の趣を残す。リバービューの高級ホテルも並ぶ。

8 オフィスと旅行者向け繁華街 シーロム通り周辺

Silom Rd. ▶P.96

シーロム通りと、それと並行するスリウォン通り、サートーン通り周辺はオフィスビルが並び、タイの経済を支えている。旅行者向けのショップやレストランも多い。

9 在住日本人の多い地域 スクムウィット通り周辺

Sukhumvit Rd. ▶P.98

高級住宅街として開発され、在住外国人の多いエリア。中級以上のホテルと外国人向けのレストランやショップも集まっている。BTSで行き来できるのも便利。

6 庶民派ショッピングタウン プラトゥーナーム周辺

Pratunam ▶P.92

プチプラファッションを扱うショップが多い。観光客のほか、世界中から来たバイヤーも行き交う。

バンコク観光モデルプラン

往復夜行便を利用し、現地2泊3日で満喫するバンコク。
定番の見どころからグルメ、ショッピングまで王道のスケジュール。

BANGKOK

DAY 1 バンコク到着後早速見どころへ

5:30
バンコク到着
ホテルへ荷物を預け、ひと休みして朝食を済ませたら見どころへゴー!

8:30 ▶P.10 ▶P.80
王宮とワット・プラケオ
8:30からオープンなので、混雑を避けて早めに観光スタート。
キンキラです

徒歩で約10分

10:30 ▶P.11
ワット・ポー&タイ古式マッサージ
大きな寝釈迦像は必見。境内ではタイ古式マッサージも受けられる。

徒歩と渡し船で約5分

12:00
ワット・アルン ▶P.11
チャオプラヤー川岸にそびえる大仏塔を見学。

渡し船と徒歩で約5分

13:00 ▶P.81
ローンロット
川沿いのおしゃれレストランでタイ料理ランチ。

タクシーで約10分

15:00 **カオサン通り** ▶P.85
進化したバックパッカーの聖地を探検!
安かわバッグ

タクシーで約40分

17:00 **アジアティーク・ザ・リバーフロント デスティネーション** ▶P.25
バンコク最大のナイトマーケットでおみやげ探し。

徒歩すぐ

20:15
カリプソ・キャバレー
▶P.25 ▶P.30
夜のバンコク最強のエンターテインメント、キャバレーショー鑑賞。

MRTブルーラインが延伸して3大寺院周辺も電車で行けるようになった。最寄りはMRTブルーラインのBL31サナーム・チャイ駅で、ワット・ポーすぐそば。

DAY 2
タイの文化に触れてみよう

8:00
ジム・トンプソンの家 P.60 P.90
タイシルクの歴史を知る。併設のショップもチェック。

徒歩とBTSで約20分

10:00 P.16
エーラーワンの祠
バンコク最強のラッキースポットにお参り。幸運をゲット!

徒歩5分

11:30 P.20
バーン・クン・メー
豪華タイ料理のランチ。

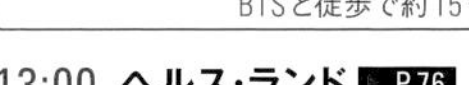

BTSと徒歩で約15分

13:00 **ヘルス・ランド** P.76
タイ式マッサージで旅の疲れを癒やそう。

ツアー参加

15:00 **アムパワー水上マーケット** P.35
ツアーで夜の水上マーケットと運河沿いのホタルを見よう。

ツアー解散場所からタクシーで

22:00 P.54
タワンデーン
ライブもある巨大ビアホールで盛り上がろう。

DAY 3
グルメとショッピングを楽しむ

10:00 P.93
セントラルワールド
バンコクならではの巨大デパートでショッピング。

徒歩で約10分

11:00 P.91
サヤーム・パラゴン
こちらも巨大なショッピングモール。1階のフードコートにはバンコクの人気店が集まる。

徒歩で約5分

14:00 **マンゴー・タンゴ** P.57
これを食べずには帰れないマンゴースイーツ。

BTSで約10分

16:00 P.51
エンポリアム・フード・ホール
小腹がすいたらタイの麺料理を。

徒歩で約5分

17:00 P.99
ピース・ストア
オリジナルのおしゃれタイ雑貨をおみやげに。

\ 必食! /

徒歩とMRTで約30分

19:00 **サボイ・シーフード・コー**
ハズせない絶品シーフード。 P.21

タクシーで約30分

20:30
空港へ移動
内容ぎっしりの充実した3日間を楽しんだら夜行便で帰国。

本書の使い方

本書は、TO DO LIST、グルメガイド、ショッピングガイド、リラクセーションガイド、エリアガイド&ショートトリップ、おすすめホテルリスト、トラベルインフォメーション、MAPによって構成されています。

おすすめコースと歩き方ルートを紹介

ポイントをおさえながら回る散策ルートを所要時間とともに紹介しています。

知っていると便利な情報

街歩きがいっそう楽しくなる、コラムやチェックポイントを掲載しています。

はみだし情報

旅に役立つ補足情報やアドバイス、バンコクの町に詳しくなる雑学、クチコミネタなどを紹介しています。

エリアの特徴を紹介

各エリアの特徴や楽しみ方、効率よく散策するためのヒント、最寄り駅などの交通案内を簡潔にまとめました。

電話番号について

タイの電話番号に市外局番はなく、国内どこからどこへかけるにも「0」から始まる9桁(携帯電話は10桁)の数字をすべてダイヤルします。

表記について

タイ語の読みを日本語や英語で表記する際の法則は一定ではありません。同じ物件や名称でも、本書の表記とほかの出版物、もしくは現地の表記と若干異なることがあります。

アイコンの見方

- 観光スポット
- レストラン
- カフェ
- ショップ
- ナイトスポット
- リラクセーション

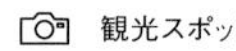

データの見方

- 住 住所
- TEL 電話番号
- FAX ファクス番号
- 開 営業時間、開館時間
- 休 定休日、休館日
- 料 入場料、宿泊料など
- Card クレジットカード
- A アメリカン・エキスプレス
- D ダイナース
- J JCB
- M マスター
- V ビザ
- URL FB IG URLなど
- 交 アクセス
- B BTS駅
- M MRT駅
- 英Menu 英語メニューあり
- 日Menu 日本語メニューあり
- 日本語 日本語会話可能
- 服 ドレスコード
- 予 予約の要不要、予約先
- Free フリーダイヤル

※本書は正確な情報の掲載に努めていますが、ご旅行の際は必ず現地で最新情報をご確認ください。また掲載情報による損失等の責任を弊社は負いかねますのであらかじめご了承ください。

TODO ☑ LIST

11 THINGS TO DO IN BANGKOK

バンコクでしたいこと&バンコクでしかできないこと

寺院巡りにタイ料理、ナイトマーケット……。
楽しいことがめじろ押しのバンコクで
絶対したいことをかなえる11のテーマをお届け。
いま気になる旬のバンコクを満喫して!

TODO LIST

01

Temple

王宮とワット・プラケオに入る際には、厳しい服装チェックがある。ミニスカートやショートパンツ、キャミソールはNG。

[Check!]

3大寺院の歩き方

1 王宮とワット・プラケオ　所要2時間

〈徒歩10分〉

2 ワット・ポー　所要1.5時間

〈徒歩5分＋船5分〉

3 ワット・アルン　所要1時間

きらびやかなタイのお寺に参拝しよう
バンコク3大寺院を歩く

王宮に隣接するタイで最も格式の高いワット・プラケオと、巨大な寝釈迦仏で有名なワット・ポー、三島由紀夫の小説でも知られるワット・アルン、3大寺院それぞれの魅力に迫ります！

Top 3 Holy Tem

1 バンコク観光のハイライト
王宮とワット・プラケオ P.12

Grand Palace & Wat Phra Kaeo

1782年、ラーマ1世がバンコクに遷都する際に、居住空間である王宮と、それに隣接するように守護寺ワット・プラケオを建設した。王が代を重ねるごとに建物が増え、現在の姿になった。「エメラルド寺院」とも呼ばれる。

Map P.130-B2～B3

王宮周辺 住Na Pra Larn Rd. TEL0-2623-5500、0-2222-8181 開8:30～15:30 休なし（特別な行事の際、ワット・プラケオの本堂や王宮に入れないことがある）料500B（外国人料金。別の場所で行われるタイの伝統舞踊鑑賞券付き）交MSanam Chai駅①出口から徒歩19分 URLwww.royalgrandpalace.th

2 巨大な寝釈迦仏で知られる
ワット・ポー
▶P.13
Wat Pho

18世紀にラーマ1世が建てた王室寺院。ラーマ3世の時代には仏教や医学技術(タイ古式マッサージ)の教育施設となり、現在も学校を併設(→P.78)。

▶Map P.130-B3

王宮周辺 住2 Sanam Chai Rd. TEL0-2226-0335 開8:00～18:00(大寝釈迦仏のお堂は8:30～16:00) 休なし 料300B(外国人料金) 交MSanam Chai駅①出口から徒歩8分 FB Wat Pho

3 美しいクメール様式の仏塔が立つ
ワット・アルン
▶P.13
Wat Arun

アユタヤー王朝時代に建設され、トンブリー王朝時代にタークシン将軍が王室寺院として再建。大仏塔はラーマ3世時代に建てられたもので、75mの高さを誇る。

▶Map P.130-A3

王宮周辺 住34 Arun Amarin Rd. TEL0-2891-2185 開8:00～18:00 休なし 料100B(外国人料金) 交N8 Tha Tien船着場から渡し船(5B) FB Wat Arun Ratchawararam Bangkok I

3大寺院の近くでは、「王宮は今日休みだよ」などと声をかけて別の場所に連れて行こうとする詐欺師が多数出没。声をかけられても無視すること。

A チャクリー・マハー・プラーサート宮殿

1882年、ラーマ5世が建造。1階の武具、鉄砲博物館は休館中

B ワット・プラケオ博物館

王宮とワット・プラケオで使われた装飾品や、全体のミニチュアなどを展示

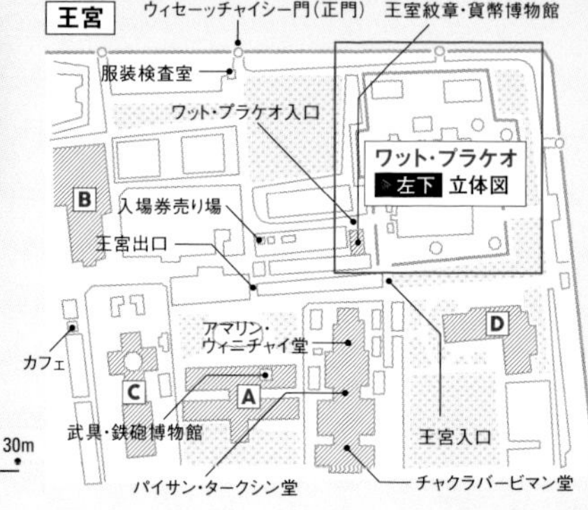

1 王宮とワット・プラケオ

Grand Palace & Wat Phra Kaeo

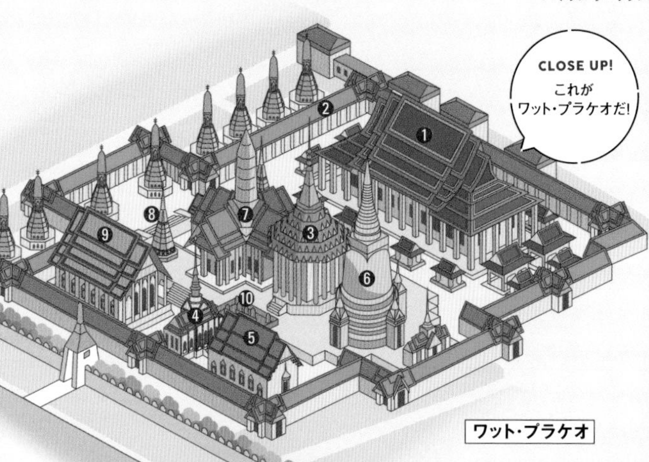

C ドゥシット・マハー・プラーサート宮殿

王宮内で最初に建てられた建物で、ラーマ1世が居住した宮殿

D ポロマビマン宮殿

ラーマ6〜9世（9世はのちにチットラダー宮殿へ移る）が居住した

❶本堂

高さ66cmのヒスイでできた本尊が安置されている建物。内部の見学可能

❷回廊

壁面に描かれたインド叙事詩のタイ訳『ラーマキエン物語』は必見!

❸プラ・モンドップ

ラーマ1世が建造。仏教経典『トリピタカ』の原本が納められている

❹プラ・ウィハーン・ヨート

蛇神ナークが入口を守る御堂。中国製のタイルで美しく装飾されている

❺ホー・プラ・ナーク堂

王族の遺骨を納めるための御堂

❻プラ・シー・ラタナー・チェーディー

ラーマ4世がアユタヤーのワット・プラ・シー・サンペットを模して造らせた

❼プラーサート・プラ・テープビドーン

ラーマ1〜8世の像を安置する王室専用の御堂（内部は非公開）

❽プラ・スワンナ・チェーディー

ラーマ1世が建てた仏塔。『ラーマキエン物語』の悪魔と猿神が台座を支える

❾プラ・モンティアンタム堂

ラーマ1世の王子が建てた仏教図書館で、重要な仏教経典が納められている

❿アンコール・ワットの模型

カンボジアのアンコール・ワットを見て感動したラーマ4世が建造

A 仏塔
4基の大きな仏塔はラーマ1～4世王を表す。緑がラーマ1世、白が2世、黄色が3世、青が4世

B 本堂
ラーマ1世が建立。台座にはラーマ1世の遺骨が納められている

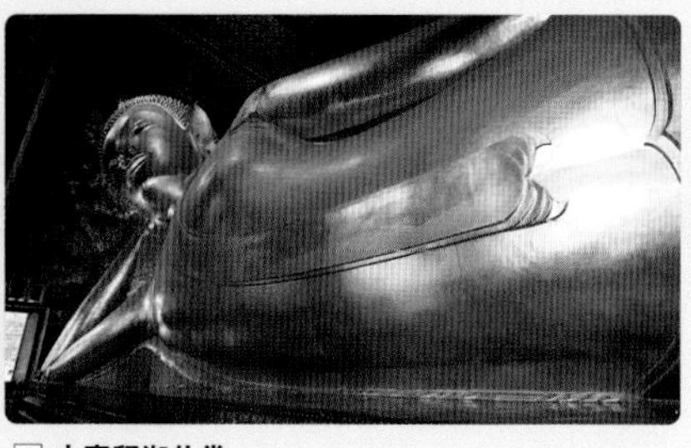

C 大寝釈迦仏堂
全長46m、高さ15mの巨大な涅槃仏像が横たわる。仏像の足裏にはバラモン教の108の世界観が描かれている

D 回廊
本堂をぐるりと囲む回廊には外側に244体、内側に150体の仏像が並ぶ

E マッサージ小屋
タイ古式マッサージの総本山として現在も機能し、マッサージ小屋もある。30分320B～

2 ワット・ポー Wat Pho

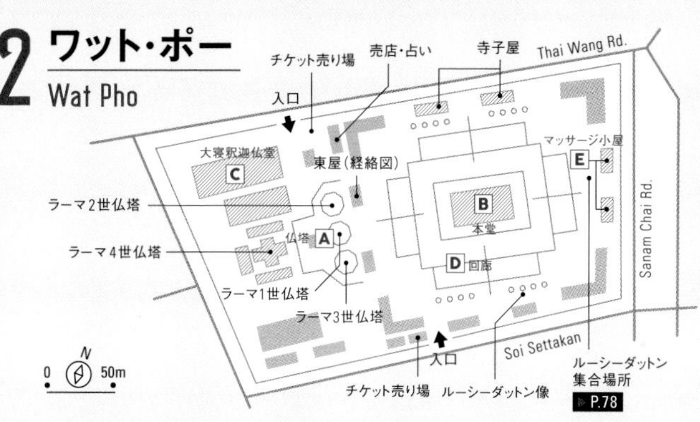

P.78

A 大仏塔
ヒンドゥー教の破壊神シヴァが住むカイラーサ山を模したもので、途中まで上ることができる

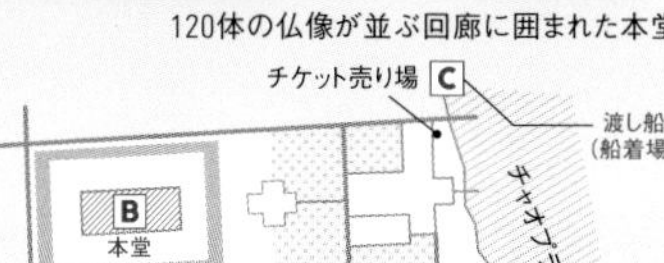

120体の仏像が並ぶ回廊に囲まれた本堂

B 本堂
本尊の台座にはラーマ2世の遺骨が納められている。入口の2体のヤック(『ラーマキエン物語』に登場する鬼)にも注目

3 ワット・アルン Wat Arun

C 渡し船(船着場)
対岸から渡し船を利用するのが一般的。船から眺めるワット・アルンもいい

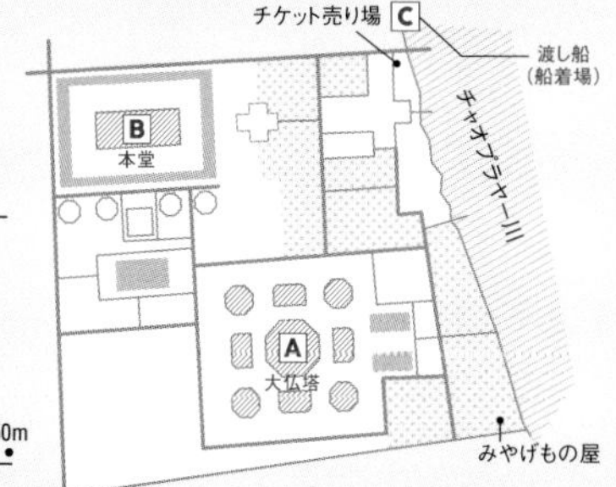

TO DO ✔ LIST

02

Power Spot

あこがれの仏塔で幻想体験

ワット・パクナームへ行こう

バンコク市街を少し外れた運河沿いにあるワット・パクナーム。
境内にある仏塔内最上階のホールにある神秘的な小仏塔と天井画を見よう！

Holy Tower

緑の仏塔上部に
黄金の小仏像が
奉納されている

菩提樹の下で
瞑想するブッダ

仏塔の周囲は
クリスタルのナーガが
守っている

仏塔内は観光地ではなく宗教施設内なので、はしゃいだり騒いだりするのは禁物。撮影の際もポーズなどは控えめに。仏塔に足や背を向けるのも好ましくない。

in BANGKOK
見上げていると
吸い込まれそうな
気分になる

仏教の宇宙観を表しているとされる天井画

地元の人にも大人気

ワット・パクナーム

Wat Paknam

創建はアユタヤー時代に遡る由緒ある寺院。タイ人の間で知名度の高い高僧の故プラ・モンコン・テムニー師にゆかりがあり、師の坐像にお参りしに多くの信者が詰めかける。境内にある白い仏塔は内部が5層になっており、その最上階にあるエメラルドグリーンの小仏塔と、ドーム状になった天井に描かれた仏画が神秘的な空気を漂わせている。

▶Map P.128-A3
バンコク郊外
住300 Rachamong-khon Rd.
TEL0-2415-3004
開8:00〜18:00
休なし 料無料 交M Bang Phai駅①出口から徒歩8分
f watpaknam.bkk

仏塔の隣に完成した巨大な大仏も見応えあり

運河を挟んで対岸にあるワット・クンチャンのラーフー像も見ておきたい

行き方

MRTブルーラインのBL33バーンパイ駅で下車、1番出口へ

すぐ先の道を右折したら道なりに歩く。待機しているモーターサイを利用すると10B

駐車場のような空き地に突き当たるので右へ

橋をふたつ渡る

橋の先の通りを左に曲がるとワット・パクナーム入口

Spiritual Place

TO DO LIST

03

Power Spot

地元の人も通う寺院や祠はこちら!

目指せ開運! バンコク最強パワスポ巡り

にぎやかなショッピング街にある3ヵ所。御利益があると地元の人が太鼓判を押す寺院と祠で、恋も仕事も健康も、全部かなえてもらいましょう。

\幸せになれますように/

ご本尊はブラフマー(梵天)神。人々のあつい信仰心を垣間見ることができる

エーラーワンの祠の境内の外に並ぶお供え物の露店は、ぼったくりなので利用しないこと。境内の売店で購入しよう。

幸運

バンコク最強パワースポット

エーラーワンの祠(ターオ・マハー・ブラマ)

Erawan Phum(Thao Maha Brama)

\試験に合格しますように/

1956年エラワン・ホテル(現在のグランド・ハイアット・エラワン)建設時に、トラブル続きで工事が進まなかったことから造られた祠。その後工事は順調に進み、願いがかなう祠として有名になった。

▶Map P.135-C3

プラトゥーナーム周辺 住494 Ratchadamri Rd. TEL0-2252-8754 開6:00～23:00 休なし 料無料 交B Chit Lom駅⑥出口から徒歩2分

1 お参りに来た人や、願いがかなった人が踊りを奉納する(踊り子2人260B～) 2 地元の学生の姿もよく見かける

タイ式のお参りをしよう!

❶ お供え物を買う

線香、ろうそく、花輪の基本のお供えセット(50B～)を購入。木彫りのゾウなどは願いがかなった時の奉納用。

❷ 線香に火をつける

境内の数ヵ所に火が用意されているので線香に火をつける。

❸ 願いを込めてお参り

線香を手に持ったまま拝む。裸足で正座をして行うのが正式な方法。ブラフマー神の顔を四方向から拝む人も。

❹ お供えをする

線香を立て、ろうそくはすでに立てられているものから火をもらい立てる。花輪をお供えしたら終了。

プラ・トリームールティのパワーが最強になる木曜21:30にはたいへんな数の人が集まる

恋の神様
プラ・トリームールティ
Phra Trimruti

バンコク最大のショッピングビル、セントラルワールド（→P.93）の前にあるふたつの祠。向かって左が話題の恋愛の神様、右がビジネスや学問の神様。

▶Map P.135-C2
プラトゥーナーム周辺
住4/1-4/2 Ratchadamri Rd.
開24時間　休なし　料無料
交Ⓑ Chit Lom駅連絡通路から徒歩7分

ビジネスの神様
プラ・ピッカネート
Phra Phikkhanet

1　ヒンドゥー教の3大神、破壊神シヴァ、維持神ヴィシュヌ、創造神ブラフマーの三位一体神

2　プラ・トリームールティのお供え物は9本のバラ、赤い線香、赤いろうそく

3　プラ・ピッカネートには商業や学問の神ガネーシャが祀られている。線香9本、ろうそく、花輪をお供えしよう

開運祈願ならココ!
サーン・ラク・ムアン
San Lak Muang

▶Map P.130-B2

ラーマ1世によってバンコク遷都の際に町の中心となる柱が立てられた寺院。その柱が信仰の対象となっており、開運、良縁、魂の浄化など、さまざまな目的の人が集まる。

王宮周辺　開6:30～18:30　休なし　料無料　交ワット・プラケオから徒歩3分

1　金色に輝く2本の聖なる柱。現在見られるのはラーマ4世時代に造り直されたもの　2　境内にある真っ白な小さな祠に聖なる柱は祀られている　3　タイでは生まれた曜日が大切で、曜日別の仏像がある。自分の生まれた曜日の仏像にお供えをしよう。左から日、月、火、水の昼、水の夜、木、金、土、毎日

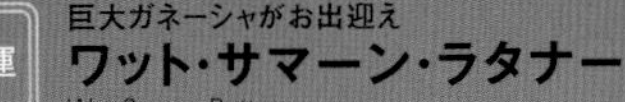
開運

巨大ガネーシャがお出迎え

ワット・サマーン・ラタナーラーム

Wat Saman Rattanaram

寺院の境内にはフードコートのような食堂街があり、各種屋台ご飯が食べられる。

駐車場から歩いていくと通りの先にガネーシャの後ろ姿が見える

入口周辺は地元の名産品や手作りのお菓子などを売る露店が並ぶ

境内の脇を流れる川では魚に餌をやって徳を積める

バンコク郊外のチャチューンサオ県にあるワット・サマーン・ラタナーラームは、願いをかなえてくれる巨大なピンクのガネーシャ像があることで名高い。広い境内にはこのガネーシャ像以外にも巨大な仏像や神像が並び、宗教テーマパークの様相を見せる。

▶Map P.129-D1

バンコク郊外

住1 Bang Kaeo, Chachoengsao TEL08-1983-0400 開6:00～20:00 休なし 料無料 交バンコクの東バスターミナル（エカマイ ▶Map P.140-B3）からチャチューンサオ行きロットゥーで終点のバスターミナル下車、所要約1時間30分、105B。バスターミナルからワット・サマーン・ラタナーラーム行きソンテオに乗り継ぐ。所要約30分、40B。戻りの時間を確認しておくこと。

行き方

東バスターミナル（エカマイ）の18番窓口でチケット購入

チャチューンサオのバスターミナルに着いたらワット・サマーン・ラタナーラーム行きソンテオに乗り継ぐ

3頭のエーラーワン象像前がソンテオの終点。ピンクのガネーシャ像はこのすぐ裏

高さ16m！

みんなの
願いを
かなえます！

ピンクのガネーシャは高さ16m、幅22mのボリューム。丸まるとした福々しさで毎日大勢の参拝者を迎えている

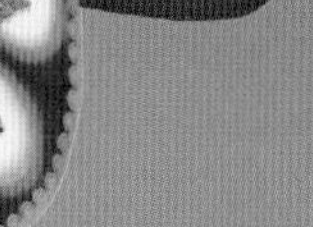

試験に合格
しますように

黄色は月曜日のネズミ

ピンク・ガネーシャの周囲に14匹いるネズミの像。これらのネズミは願い事を取り次いでくれるガネーシャの使者。耳に願い事をささやこう。その際願い事がネズミの中を通り過ぎてしまわないように、反対側の耳を手でふさぐこと。

生まれた曜日の色

ネズミの像がカラフルなのには理由がある。それぞれの色は生まれた曜日を象徴しており、自分が生まれた曜日の色のネズミに願いをささやくこと。金色のネズミは金運担当で、曜日とは関係がない。

生まれた曜日の色

日曜	レッド
月曜	イエロー
火曜	ピンク
水曜	グリーン
木曜	オレンジ
金曜	ブルー
土曜	パープル

ネズミの耳に願い事をささやく女性。反対側の耳を片手でふさいでいる

ミャンマーにあるチャイティーヨー・パヤーのレプリカ

トムヤム・クンのほか、エビの代わりに数種類のシーフードを使うトムヤム・[illegible]もおすすめ。

[WHAT'S Tom Yam Kung ?]

トムヤム・クンってどんな料理？

エビのうま味に辛味、酸味、甘味が絶妙に溶け込んだタイ料理を代表するスープ。クリアなナム・サイとココナッツミルクが入ったナム・コンの2種類ある。

辛さ 1 2 **3** 4 5 ｜ パクチー あり☑ なし☐

TO DO LIST

04

Soup&Curry

タイ料理の大本命 トムヤム・クン＆おいしさを探る！

[Restaurant info]

人気の老舗店
バーン・クン・メー Baan Khun Mae

1998年からサヤーム・スクエアで営業してきた人気店が2022年にMBKセンターに移転。タイの古民家風にしつらえた内装が好ましい。デザートの伝統的なタイスイーツは店頭で手作り。

Tom Yam Kung

トムヤム・クン 230B

毎日その日の分だけ調合する新鮮なスパイスの香りがたまらない。ふんだんに入ったエビは小ぶりで食べやすい。モー・ファイと呼ばれる火鍋に入った大サイズは460B。

☑ ハーブやスパイスがたくさん。仕上げにパクチーをのせて

☑ エビのほかに、フクロタケが定番の具

☑ 鶏ガラスープにハーブ、スパイスを加えて煮込んでいる

これらは食べられません！

トムヤム・クンに欠かせないこれらのスパイスやハーブは、具ではなくあくまでも香りづけなので普通は食べません。

● **コブミカンの葉**
柑橘系のさわやかな香り。タイではバイ・マックルートBai makrutと呼ばれる

● **ナンキョウ**
タイ語でカーKaa。ショウガ科の植物の根茎で食欲増進の作用あり

● **レモングラス** 
イネ科のハーブ。レモンのような香りが特徴でアロマオイルとしても利用される

バンコクを代表する名店
ブルー・エレファント ココもおすすめ！
Blue Elephant

築100年以上の歴史ある黄色い建物が目印。女性シェフが考案した、フォアグラなどを使った創作メニューも豊富。マルタとコペンハーゲンにも支店がある。

Map P.136-B3
シーロム通り周辺 住233 Sathorn Tai Rd. TEL0-2673-9353 開11:00～14:30(LO)、18:30～23:30(LO) 休なし Card A.D.J.M.V. 予夜はしたほうがよい 交BSurasak駅②④出口からすぐ URLwww.blueelephant.com/bangkok/ 英Menu

1人前で提供される、ハーブもしっかり効いたブルー・エレファントのトムヤム・クンはプリプリの大きなクルマエビと、エリンギが入った食べ応え十分な一品で480B。

プー・パッ・ポン・カリーの

ハーブやスパイスをたっぷり使用したタイを代表する料理。
おいしさの秘密をチェックしよう。

[WHAT'S Pu Phat Phong Curry ?]

プー・パッ・ポン・カリーってどんな料理?

直訳すれば「カニのカレー粉炒め」。ぶつ切りのカニを炒め溶き卵でふんわり仕上げる。ご飯がすすむ味。

辛さ 1 2 3 4 5 ｜ パクチー ありなし☑

Map P.134-B2～B3
サヤーム・スクエア周辺 住2nd Fl., MBK Center, 444 Phaya Thai Rd. TEL0-2048-4593 開11:00～23:00 休なし Card A.D.J.M.V. 交Ⓑ National Stadium駅連絡通路から徒歩すぐ URL www.baankhunmae.com 英Menu

✓ ふんわりと仕上がったカレー味の卵とじ

✓ 新鮮なカニのむき身がたっぷり

✓ シャキシャキの玉ねぎ、細ねぎの香りがよいアクセントに

ライス、いろいろあります

タイでは白米か赤米で食べるのが主流。紅花やパンダンの葉で色・香りづけしたライスも。

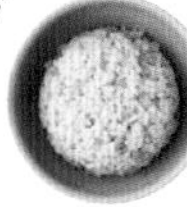

● **白米**
高級レストランでは
タイ米のなかでも高級品の
「ジャスミンライス」を提供

● **赤米**
古代米の一種。タンパク質やビタミンが多く含まれている。もちっとした食感

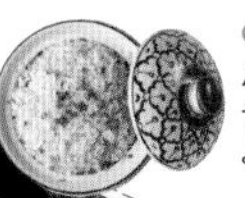

● **炒飯**
パラパラに炒めた
ライスとカレーは
よく合うが、かなりレア

Nua Pu Phat Phong Curry
ヌア・プー・パッ・ポン・カリー 450B

カニのむき身(ヌア)を使った、食べやすいプー・パッ・ポン・カリー。カレーの風味とカニの組み合わせがすばらしい。

シーフードならここ
サボイ・シーフード・コー
Savoey Seafood CO.

ココもおすすめ!

国内各地の名産地から仕入れたシーフードを産地と同じ水質や水温の生けすに入れ、最高のコンディションで提供するシーフードの名店。タイならではの贅沢を楽しみたい。

Map P.129-C3
スクムウィット通り周辺 住120/4 Soi 26, Sukhumvit Rd. TEL0-2020-7462 開11:00～22:00 休なし Card A.D.J.M.V. 交Ⓜ Queen Sirikit National Convention Centre駅①出口から徒歩15分 URL www.savoey.co.th 英Menu 日Menu

カニの甲羅が大迫力のプー・パッ・ポン・カリーはカニの目方で値段が決まり100g230B

屋台や食堂のメニューはテイクアウトが可能。麺もビニール袋に入れてもらえる。「クラップ・バーン・クラップ(カー)」と言おう。

口の中でとろけます!

❷ クワイチャップ 70B
さっぱりしたスープに軟らかなモツと米の麺。クセもなく食べやすい

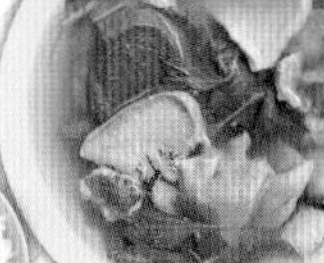

❷ カオラオ 70B
クワイチャップの麺なしがカオラオ。おかず感覚でご飯と一緒に食べる。ご飯は10B

[Check!]

タイ版ミシュラン「緑のどんぶり」マークはおいしい店の証拠。お店選びの参考にしよう

Morning 朝

朝から街角でいい匂いを漂わせているのはこちらの2軒!

❶ 4カインド・オブ・チキン 100B
ゆで、揚げ、テリヤキ、ピリ辛と4種類のチキンが一度に食べられるよくばりメニュー

TO DO LIST

05 朝から晩まで大人気! 安うまロ&屋台に

Local Food

地元の人が日常使いする食ちょっと入りにくいもの。で食べたいなら、テイクアウト

❻ チョク・クルアンナイ・サイ・カイイアオマー 55B
豚のモツとピータン入りでボリューム感もあるお粥。パートーンコー(揚げパン。1個7B)をちぎって入れるとさらに満足。

朝からカオ・マン・カイ
❶ ジュブジュブ・カオマンガイ
Jub Jub Khaomankai

4種類の味が楽しめる変わり種カオ・マン・カイが食べられる。気さくなジュブ姉さんの客あしらいも楽しい。

▶Map P.128-B1

サヤーム・スクエア周辺 住A-ONE Ari, Soi Ari 1, Phahonyothin Rd. TEL08-6608-6302 開月～土 6:00～14:00 休日 Cardなし 交BAri駅③出口から徒歩3分 英Menu

麺抜きのカオラオもおすすめ
❷ クワイチャップ・ナーイエック
Nai Ek Roll Noodle

コクのあるスープに煮込んだモツとくるくる巻いた平たい米麺が入ったクワイチャップの老舗。常に行列。

▶Map P.133-C2

チャイナタウン周辺 住442 Soi 9, Samphanthawong, Yaowarat Rd. TEL0-2226-4651 開8:00～24:00 休なし Cardなし 交MWat Mangkon駅①出口から徒歩3分 FBNai Ek Roll Noodles 英Menu

学食風お手頃食堂
❸ チュラー50キッチン
Chula 50 Kitchen

ひと皿ものが手頃な値段で食べられると、隣にあるチュラーロンコーン大学の学生から圧倒的な支持を得る食堂。

▶Map P.137-C1

シーロム通り周辺 住262 Soi Chulalongkorn 50, Wang Mai TEL08-3001-7205 開月～土 7:00～19:00 休日 Cardなし 交MSam Yan駅②出口からサームヤーン・ミットタウン経由で徒歩6分

❸ カオ・プー・パッ・ポン・カリー 70B
ご飯のおかずにいいプー・パッ・ポン・カリー。なら最初からご飯にかけてしまえというひと皿

Noon
昼
ランチタイムには近隣で働く人や学生が連日押し寄せます!

❸ カオ・パット・カプラオ・ムーサップ 50B
いわゆるガパオライス。ナムプラーの香りとトウガラシの刺激がいかにもタイのご飯。目玉焼きのトッピングは10B

ーカル食堂挑戦!

堂や屋台は、観光客にはも、本当においしいものをしてでもトライしてみて!

食べに来てね!

❹ カオ・マン・カイ・トム 50B
チキンスープで炊いたご飯にゆでチキンの切り身をのせたカオ・マン・カイ。店オリジナルのたれが味の決め手

Night
夜
仕事帰りに食事をしたり、テイクアウトで持ち帰ったり、使い方いろいろ。

❺ カオ・ナー・ペット 50B
レモングラスやハッカクなど、約7種類のハーブやスパイスで味つけされたローストダックがご飯の上に!

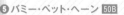

❺ バミー・ペット・ヘーン 50B
麺好きはこちらをチョイス。バミー(小麦麺)にローストダックをトッピング

カオ・マン・カイといえばココ
❹ クワンヘーン・プラトゥーナーム・チキンライス
Kuang Heng Pratunam Chicken Rice

従業員のユニホームから「緑のカオ・マン・カイ」として名高いプラトゥーナームの食堂。並びに3軒ある。

▶Map P.135-C2

プラトゥーナーム周辺 住930 Phetchaburi Rd. 電0-2251-8768 開6:00〜24:00 休なし Cardなし 交BChit Lom駅⑨出口から徒歩11分 FBkuangheng1932 英Menu

安うまアヒル料理の店
❺ プラチャック
Prachak

創業100年以上という老舗で、現在は3代目と4代目が店を切り盛りする。名物のローストダックご飯を求めて毎日通う常連も多い。

▶Map P.136-A3

チャルーン・クルン通り周辺 住1415 Charoen Krung Rd. 電0-2234-3755 開8:30〜20:30 休なし Cardなし 交BSaphan Taksin駅③出口から徒歩2分 URLwww.prachakrestaurant.com 英Menu

夜食にもいいタイのお粥
❻ チョク・プリンス・バーンラック
Chok Prince Bangrok

下町のお粥専門店。よく煮込まれた粥にモツやピータンなど好みの具を入れて食べたい。刻みショウガがいい味。

▶Map P.136-A3

チャルーン・クルン通り周辺 住1391 Charoen Krung Rd. 電08-1916-4390 開6:00〜14:00、15:00〜23:00 休なし Cardなし 交BSaphan Taksin駅③出口から徒歩5分 英Menu

TO DO LIST

06 バンコクの夜を熱く過ごす 話題のナイトマーケットでおさんぽ&ショッピング

Night Market

バンコクの夜は8ヵ所あるナイトマーケットを探検!
おしゃれな雑貨ショップやグルメ、アートスポットも。

ナイトマーケットは混雑するのでスリに注意。かばんは体の前に持ち、財布は上着やズボンのポケットに入れないこと。

今バンコクで最もアツい ナイトマーケット!

白で統一されたテントが美しいチョート・フェー

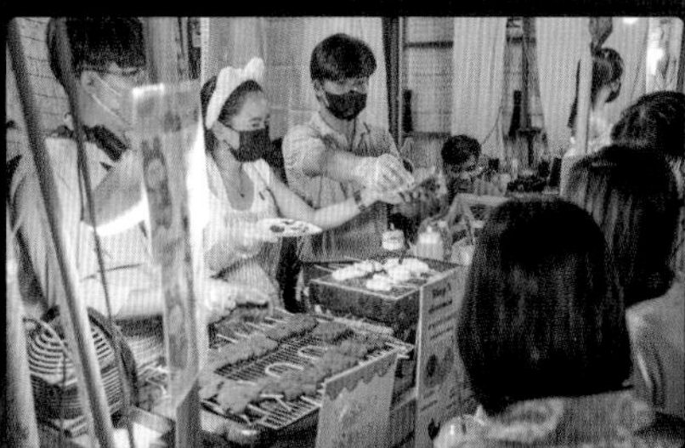

気軽に食べられるスナック屋台も多い

かわいらしい手作りの雑貨やファッション関連のショップが並ぶ

今最も人気のマーケット

1 チョート・フェー (ジョッド・フェアズ)

Jodd Fairs

カラフルなテントで人気の撮影スポットだったタラート・ロットファイ・ラチャダーがコロナ禍で閉鎖後、より都心に近い場所に移転して再開したのがココ。人気のあまり早くも2023年には拡張され、ショップの数もより充実。

▶Map P.129-C2

バンコク郊外

気になるスナックがあったら試してみよう

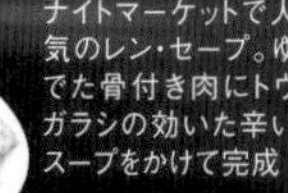

ナイトマーケットで人気のレン・セーブ。ゆでた骨付き肉にトウガラシの効いた辛いスープをかけて完成

古い倉庫街を再開発

2 アジアティーク・ザ・リバーフロント・デスティネーション

チャオプラヤー川沿いの19世紀後半に建設された古い倉庫街を再開発し、多数のショップやレストランを詰め込んだナイトマーケット。広さはほぼ東京ドーム1個分。キャバレーショーやタイ最大の観覧車などエンターテインメントも追求。

▶Map P.128-A3

バンコク郊外

1 入ってすぐの所にある時計塔は待ち合わせの目印に便利 2 チャオプラヤー川に浮かぶ帆船はタイ海軍の軍艦として1923年まで使われたトゥーンクラモン号のレプリカで、内部はレストランになっている

ダンサーの美しさに目を奪われるキャバレーショー

人気のキャバレーショーを楽しむ

カリプソ・キャバレー

▶P.30

タイで人気のキャバレーショーが、アジアティーク・ザ・リバーフロント・デスティネーション内の劇場で毎日2回公演。大きなステージ上で繰り広げられる華やかなショーは必見。

ショップやレストランが集まるアジアティーク・ザ・リバーフロント・デスティネーション。グルメからショッピング、エンターテインメントがワンストップ

2023年末にスーパーマーケットもオープン おみやげ探しがより便利に

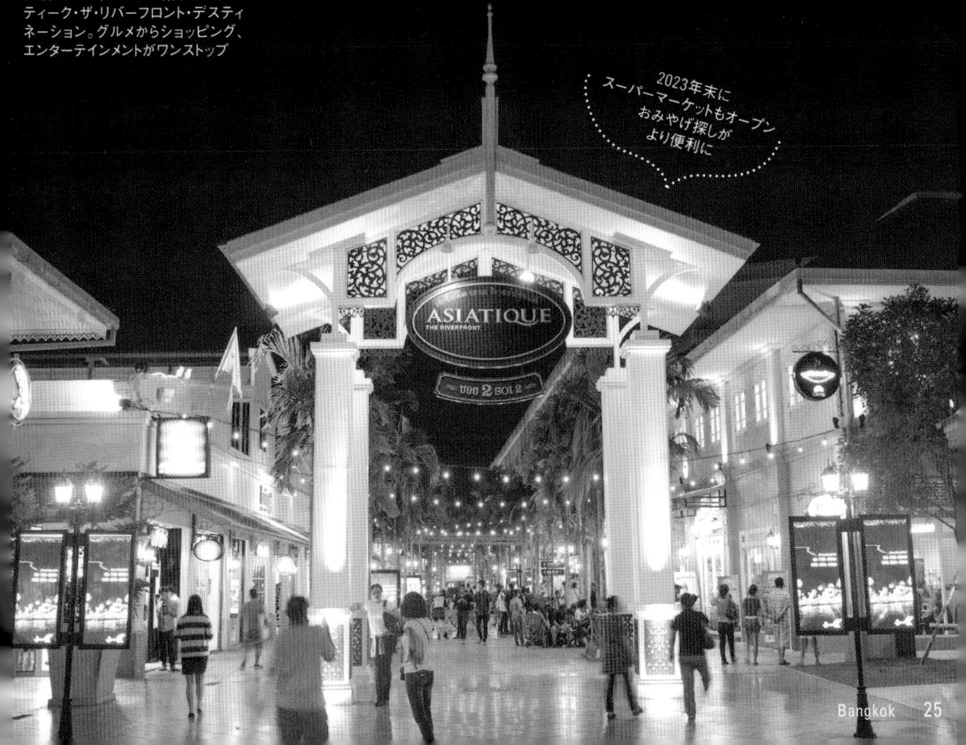

飲食系も充実しているのがバンコクのナイトマーケット。独自の工夫をこらした個人店も多く、思わぬ美味に出会えることも。

西洋のお城が撮影スポットとして人気。中にも入れる

そぞろ歩く地元の人たち

スシの屋台は回転式

西洋のお城がシンボル

3 チョート・フェー・デーンネラミット

▶Map P.129-C1外

バンコク郊外

大人気のチョート・フェー（→P.24）が郊外のテーマパーク跡地に進出。芝生に囲まれた西洋のお城がシンボル。整然と並んだ白いテントの下には雑貨やファッションのショップ、タイ料理レストラン、気軽なスナックの店も。

シンボルのサイン。左奥はレストランスペースで、右にマーケットが広がる

タラート・ロットファイ・ラチャダー跡地にオープン

4 ザ・ワン・ラチャダー

2022年夏、タラート・ロットファイ・ラチャダー跡地にオープンした新しいナイトマーケット。地下鉄ブルーラインのタイランド・カルチュラル・センター駅から徒歩すぐと抜群のアクセス。ショップやパブがじっくりと増加中。

▶Map P.129-C2

バンコク郊外

日本人旅行者の人気を集めていたローティーの屋台

ショップのテントが並ぶ。飲食系は外側に多い

BTS駅直近で飲食店充実

5 Wマーケット

ギャラリーや高層ホテルなどが集まる商業施設W Districtの一角にある広場にオープンした、飲食屋台主体のナイトマーケット。タイ料理だけでなくハンバーガーやイタリアンなど、趣向を凝らした屋台が多数並ぶ。

▶Map P.129-C3

スクムウィット通り周辺

謎のオブジェ

そこかしこにアート作品が

屋外屋台村の観があるナイトマーケット

本物の旅客機がレストランに使われている

敷地内は公園のような造りで露店も出る

大小さまざまの不思議なオブジェが点在

昼もオープンのアート村

6 チャーンチュイ

タイの人気ファッションブランド「フライナウ　FLYNOW」のオーナーが手がけたコミュニティスポット。アーティストのショップやアート作品が広い敷地内に点在。中心に置かれた本物の旅客機、ロッキード・トライスターが大迫力。

▶Map P.128-A1

バンコク郊外

運河沿いの遊歩道

7 オンアーン・ウオーキング・ストリート

バンコクの旧市街とも言えるエリアを流れる運河上にあった古いマーケットのサパーン・レック(違法建築?)を撤去し、運河沿いの遊歩道を整備して飲食店やショップを誘致。週末の夜は屋台も並び、そぞろ歩きも楽しめる。

▶Map P.132-B2

チャイナタウン周辺
Khlong Ong Ang
開 金～日16:00～22:00 休 月～木
Ong Ang Walking Street

インド人街に近いのでインドやパキスタン、ネパール料理店も多い

タイの人気グラフィティアーティスト、アレックス・フェイスの作品も

庶民派屋台村

8 トンサイ・マーケット

色とりどりのテントが並ぶ飲食屋台街

ステージでは毎晩ライブが行われるのもタイっぽくていい

BTSの駅から見下ろすと、昔のタラート・ロットファイ・ラチャダーのようなカラフルなテントが並んでいるのが見える。テントエリアは飲食屋台中心で、隣にドーム屋根とステージを設置した飲食エリアがある。

▶Map P.129-C3外

バンコク郊外

これらのルーフトップバーはドレスコードがあることが多い。ジーンズやカジュアルな短パン、ビーチサンダルやスリッポンはNGなので注意。

Vertigo

バンコクの街を360度眺める
ヴァーティゴ

バンヤンツリー・バンコク・ホテル（→P.110）の最上階61階のレストランバー。バーカウンター（予約不可）だけを利用するもよし、テーブルをキープして上質の食材を使ったグリル料理を楽しむもよし！　サンセットもおすすめ。

1 バーカウンターはバンコクの街に浮かぶ船のようなデザイン　2 サンセットもロマンティック　3 前菜各種720B～。Hokkaido Scallopは800B

▶Map P.137-D2～D3
シーロム通り周辺

都心のルーフトップバーから眺めるバンコクの高層ビル街

TO DO LIST
07
Rooftop Bar

バンコクの夜はロマンティック！
ルーフトップバーで夜景にカンパイ

大都会バンコクの夜を楽しむならここ！
カップルはもちろん、女同士、男同士もウェルカムの天空ダイニングで景色とお酒に酔いしれたい。

Three Sixty Jazz Lounge

360度の展望ラウンジ

スリー・シクスティ・ジャズ・ラウンジ

チャオプラヤー川沿いの高層ホテル、ミレニアム・ヒルトン(→P.110)にある展望ラウンジ。対岸のバンコク市街が一望できる。毎晩ジャズのライブもある。

▶Map P.136-A2

チャルーン・クルン通り周辺 [illegible]

対岸の高層ビル群が一望できる

ひとつ上の階のプールサイドバーも穴場

LUZ Bangkok Tapas Bar

バンコク最新のルーフトップバー

ルス・バンコク・タパス・バー

オンヌットエリアにオープンしたホテルの33階にある、セミオープン・エアのタパス・バー。料理がおいしいと人気。34階はプールで、そこにもバーカウンターがある。

▶Map P.129-C3

バンコク郊外 [illegible]

Tichuca Rooftop Bar

光る巨大オブジェ

ティチュカ・ルーフトップ・バー

オフィスビルの46階、クラゲのような光るオブジェがあるオープン・バー。階段でさらに50階まで上がれ、そこにも小さなバーカウンターがある。夜景はすばらしい。

▶Map P.140-B3

トンロー、エカマイ周辺 住46th Fl., T-One Bldg., 46 Soi 40 Sukhumvit Rd. 電[illegible] 開17:00～24:00(金・土は～翌1:00) 休なし Card A.D.J.M.V. 交 BTS Thong Lo駅4出口から徒歩4分 URL www.tichuca.co 英Menu

光るオブジェ越しにバンコクの壮大な夜景が眺められる

The Dome at Lebua

地上63～65階のグルメ複合施設

ドーム・アット・ルブア

ルブア・アット・ステート・タワー(→P.110)の上階を占めるダイニングコンプレックス。地中海料理のシロッコと奥にあるスカイバー、アジアンシーフードのブリーズ、アルコールだけならディスティルと、好みやシーンで使い分けよう。

▶Map P.136-A3

チャルーン・クルン通り周辺 [illegible]

1 まるで空飛ぶレストラン。手前がシロッコ、奥に見えるのがスカイバー 2 スカイバーは予約不可で、連日満員電車並みに混み合う。深夜かオープンと同時に入るのが無難 3 シロッコは新鮮なシーフードがおすすめ。メイン料理1570B～、前菜890B～

TO DO ☑ LIST

08

Nightlife

夜だけのお楽しみ★

バンコクの夜を遊び尽くす!タイ★カルチャーナイト

夜のエンターテインメントも充実のバンコク。
おなじみキャバレーショーから国技のムエタイ、
優美なタイダンスまで、タイならではの伝統文化を楽しもう!

1 ショーの後は記念撮影が可能。チップを忘れずに 2 華やかなショーが次々に展開される 3 ダンサーは女性(元男性)40人、男性20人の計60人在籍し、日々厳しい練習をしながら出演している

Cabaret Show

うふん♥

タイ名物の美女たちに出会う

キャバレーショー

タイの夜のお楽しみといえばこれ。
本物の女性よりも美しい女性(元男性)たちの姿には、ため息がこぼれること間違いなし!

バンコクの老舗キャバレー

カリプソ・キャバレー

Calypso Cabaret

アジアティーク(→P.25)内にある人気キャバレーショー。ブロードウェーの講師が手がけるショーは、飽きることのない展開。

▶Map P.128-A3

バンコク郊外 住Warehouse 3, Asiatique the Riverfront, 2194 Charoen Krung Rd. 電0-2688-1415～7 開20:15、21:45 休なし 料ショーのみ1200B、食事付き1500B Card J.M.V. 交B Saphan Taksin駅②出口近くのCEN Sathorn船着場から無料シャトルボートで10分、またはタクシーで5分 URL www.calypsocabaret.com 英Menu

戦いの舞
ワイクルー

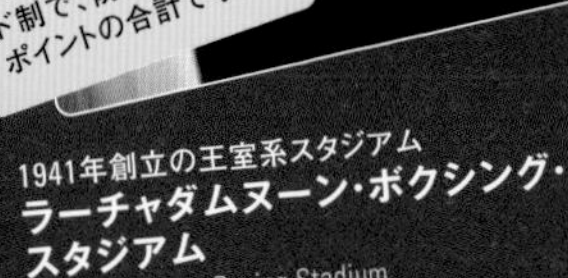

[Check!] ムエタイのルール

1ラウンド3分の5ラウンド制で、防御や攻撃のポイントの合計で争う。

1941年創立の王室系スタジアム

ラーチャダムヌーン・ボクシング・スタジアム

Ratchadamnoen Boxing Stadium

王室系の流れを汲むバンコク最古のスタジアム。エアコンの効いた館内は、賭けをするタイ人で盛り上がる。レストランやショップは併設していない。

▶Map P.131-D1

民主記念塔周辺
住1 Ratchadamnoen Nok Rd. 電0-2281-4205 開月・水・木18:30～、日17:00～と20:00～ 休火・金・土 料3階席1000B、2階席1500B、リングサイド2000B(外国人料金) Cardなし 交B National Stadium駅②出口からタクシーで10分 英Menu

1 試合の前に行われる戦いの舞「ワイクルー」も必見 2 熱気ムンムンのラーチャダムヌーン・ボクシング・スタジアム 3 試合の後は選手と記念撮影もできる 4 しなやかに伸びる足技に目が釘づけになる

観てくれ!

Muay Thai

白熱の伝統格闘技
ムエタイ

スコータイ時代に護身術として生まれ、スポーツとなった国技。ヒザ蹴り、ヒジ打ち、顔面攻撃も自由の格闘技だ。

2014年に移転した陸軍系スタジアム
ルムピニー・ボクシング・スタジアム
Lumpinee Boxing Stadium

1956年創立のバンコク2大スタジアムのひとつ。移転にともない新築された近代的な建物で、レストランやカフェ、ムエタイグッズを売るショップも併設。

▶Map P.129-C1外
バンコク郊外 住6 Ram Intra Rd. TEL0-2282-3141 開火・金18:30〜、土16:00〜と21:00〜 休月・水・木・日 料3階席1000B、2階席1500B、リングサイド2000B(外国人料金) Cardなし 交M Phahonyothin駅③出口からタクシーで10分 英Menu

1 ショーを見ながら食事ができる優雅なレストラン。美しい踊りから地方の素朴なダンスまで楽しめる 2 タイの古典『ラーマキエン物語』は定番の出しもの

魅せますよ

Traditional Dance Show

神にささげる舞として生まれた
タイダンスショー

王室に伝わる舞踏歌劇のひとつ『ラーマキエン』をはじめ、地方に伝わる踊りや、少数民族の踊りなど、多彩な演目が楽しめる。

5つ星ホテルならではの演出
サラ・リム・ナーム
Sala Rim Naam

マンダリン・オリエンタル・ホテル(→P.108)の人気ディナーショー。『ラーマキエン』を含む6演目を鑑賞しながら、洗練されたタイ料理をコースで楽しめる。

▶Map P.136-A2
チャルーン・クルン通り周辺 住Mandarin Oriental Hotel, 48 Oriental Ave., Charoen Krung Rd. 電0-2659-9000 開19:00〜22:30 休木 料3000B(税・サ別) CardA.D.J.M.V 服しゃれたほうがよい 交Saphan Taksin駅3出口から徒歩10分 URLwww.mandarinoriental.co.jp 英Menu

ムエタイの動きを取り入れた演出のステージは大迫力

TODO LIST

09 道行く人の注目も集める 伝統衣装に身を包み タイ人になりきって街歩き

Traditional Dress

最近バンコクの寺院街でよく見かけるのが、タイの伝統衣装に身を包んで闊歩する人々。レンタルショップで好みの衣装を借り、寺院巡りをしてみよう

ワット・アルンやワット・ラーチャナッダーラーム・ウォラウィハーンにもレンタルショップがあるが、境内からは出られない。

タイの正装を着こなせば身のこなしまで優雅になりそう

レンタル衣装での街歩きをはやらせたショップ

レンタルショップのはしり

センス・オブ・タイ

Sense of Thai

マハーラート船着場にある小さなショッピングモール、ター・マハーラートの2階。タイ中部や北部、ラーマ3世時代などの由緒正しいスタイルの衣装を取り揃えている。女性用・男性用ともに豊富な色があり、好みの上着を選べばそれに合う色の巻きスカートを選んでもらえる。営業時間中に戻りさえすれば行動は自由。存分に歩き回りたい。

800Bの衣装は結婚式などでも使えるほどだとか

Map P.130-A2

王宮周辺 住2nd Fl., Tha Maharaj 電09-4321-5225 開10:30～19:00 休なし 料600、700、800B Card A.J.M.V. 交Maharaj船着場から徒歩すぐ IG sense_of_thai

[Check!]

タイの伝統衣装

女性のタイ伝統衣装は「シワーライ」と呼ばれ、上半身の「サバイ」は胸に巻く長方形の布、下半身は「パヌン」と呼ばれる筒状のスカートのツーピース。色や柄、スタイルは地方により異なる。

歴史ドラマの主人公になったみたい！

ここへ行ってみよう!

編集部おすすめ撮影スポット

ワット・プラケオやワット・アルンなどの有名寺院もいいけれど、バンコクにはほかにも美しい寺院がたくさんある。とっておきの1枚を激写しよう。

ワット・パクナーム
Wat Paknam

境内に建てられた巨大な仏塔内のホールにあるエメラルドグリーンの小仏塔とドーム型の天井画。お参りする地元の人のじゃまにならないよう、静かに撮影したい。

大仏塔は外観も絵になる

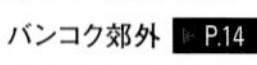

バンコク郊外 P.14

神秘的な天井画を入れてパチリ

ワット・ラーチャボピット
Wat Ratchabophit

出入口のドアにある番兵の浮き彫り、円形の回廊、壁に施された精緻なモザイク、本堂内のシャンデリアなど、どこをとっても絵になる寺院。

門扉の番兵と記念撮影しよう

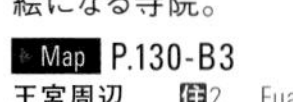

Map P.130-B3

王宮周辺 住2 Fuang Nakhorn Rd. TEL0-2222-3930 開8:00～17:00 休なし 料無料 交MSam Yot駅③出口から徒歩10分

壁面の装飾も美しい寺院

ローハ・プラーサート
Loha Prasat

ワット・ラーチャナッダーラーム・ウォラウィハーンの境内にある、小さな仏塔がずらりと並んだ特異な外観の仏塔。内部の造りも神秘的。

最上階まで上がるとおもしろい画が撮れる

Map P.131-C2

王宮周辺 住2 Mahachai Rd. TEL0-2224-8807 開9:00～17:00(ワット・ラーチャナッダーラーム・ウォラウィハーンは～20:00) 休なし 料無料 交MSam Yot駅①出口から徒歩11分

針山のような外観が独創的

編集部のおすすめはアムパワーだが、週末に時間が取れない人はダムヌーン・サドゥアクでも十分楽しめる。

TO DO LIST

10

Floating Market

昔ながらの水上生活を見学

水上マーケットで東洋のヴェニスを感じる

運河がはりめぐらされたかつてのバンコクは「東洋のヴェニス」とたたえられた美しい街だった。運河の多くは埋め立てられてしまったが、今でも当時の面影を残す場所がいくつも残されている。

[Check!]

水上マーケットに行くなら現地旅行会社のツアーが便利

Data P.103

ツアーはバリエーションがあるので各社のウェブサイトをチェック&予約しておこう。

ローカルに人気があるアムパワーの水上マーケット

Amphawa
[Check!]
- ☑ 金・土・日開催
- ☑ ローカル度満点
- ☑ ホタルが見られる
- ☑ レトロな街並みがすてき

1 水上マーケットは2004年に整備された 2,3 運河から続く細い路地にも店がぎっしり。見て歩くだけでも楽しい 4 帰りのバスの最終は20:00頃なので、ホタルのボートツアーに乗るなら現地旅行会社のツアーが便利

週末のみ開かれるマーケット

アムパワー水上マーケット

Amphawa Floating Market

バンコクの南西約80kmにある小さな町アムパワー。週末には運河沿いにマーケットが立ち、お祭りさながらのにぎわいを見せる。水と空気がきれいで、夜にはホタルに遭遇することも。

Map P.129-D1

バンコク郊外　交東バスターミナル（エカマイ Map P.140-B3）からロットゥー（ミニバス）を利用。所要1時間30分、100B。

Damnoen Saduak
[Check!]
- ☑ 毎日オープンしている
- ☑ 外国人向けなので安心
- ☑ タイみやげが買える

1,3,4 アイスクリームやフライドバナナなど、おやつを売るボートも多い 2 手こぎボートは30～40分1人200～250B、周辺の運河沿いの家並みを巡るエンジンボートは1時間1人400～500B（4人以上乗る場合。要交渉）

毎日午前中のみオープン

ダムヌーン・サドゥアク水上マーケット

Damnoen Saduak Floating Market

道路網が発達し、なくなりつつある水上マーケットの保存と観光客誘致のためにタイ政府が整備。外国人向けなのでみやげものの販売が中心だが、活気ある昔ながらの雰囲気も満喫できる。

Map P.129-D1

バンコク郊外　交南バスターミナル（Map P.128-A1外）から、ダムヌーン・サドゥアク行きバスが5:40から20～30分おきにある。所要1時間30分、80B。切符売り場は85番。

トゥクトゥクの料金は交渉制なので、タイ人より高めになると最初から諦めればイライラしない。

TODO☑ LIST

11 タイ名物の三輪自動車でGo! トゥクトゥクを乗りこなす

Tuk Tuk

乗ってみたいけどちょっとドキドキするのがタイならではの三輪自動車トゥクトゥク。ここでは上手な利用方法を伝授します!

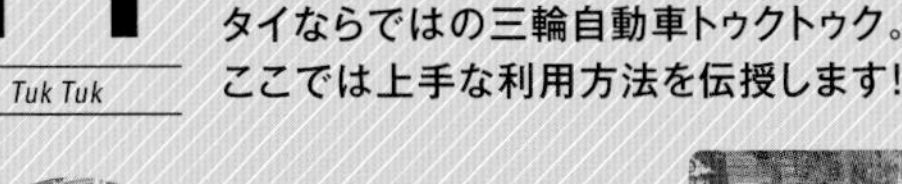

❶ トゥクトゥクをつかまえる

客待ちしている車に声をかけると、法外な額を言われるので、流しのトゥクトゥクをつかまえること。手を斜め下に出して呼び止める。

❷ 料金交渉をする

乗る前に料金交渉。あまりに法外な額を言う運転手の車には乗らないほうがいい。一般的にタクシーより高くつくと念頭におくこと。

❸ 乗車する

窓がないのでひったくり被害に遭わないよう、荷物はしっかり抱えること。また変なところに行かれないように地図は常に確認。

❹ 降車&支払い

目的地に着いたら降りてから支払い。小額紙幣を用意しておこう。

赤い車体の電動トゥクトゥクが配車される

トゥクトゥク配車アプリ登場! MuvMiを使ってみよう

電動トゥクトゥクを呼べるアプリのMuvMi(ムーブミー)。アプリの地図上で乗車地点と降車地点を指定すれば、車両と料金が確定。クレジットカードを登録すれば現金のやり取りもなし。登録には電話番号が必要なので、タイのSIMを入手してからインストールしよう。

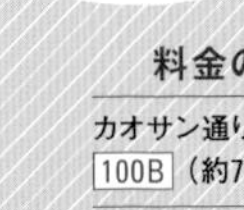

料金の目安

カオサン通り～王宮周辺
100B (約7分)

カオサン通り～サヤーム駅
200～250B (約15分)

サヤーム駅～王宮周辺
200～250B (約15分)

スクムウィットのソイの奥～ソイの入口
40B

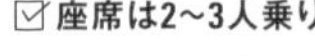

☑ フロント窓のみ

窓はドライバー席の前のみなので、排気ガスなどが気になるところ

☑ タイヤは三輪

タイヤは前一輪、後ろ二輪。コンパクトな作りなので小回りが利く

☑ 座席は2～3人乗り

荷物の量によるが2～3人乗りが基本になる。シートベルトはない

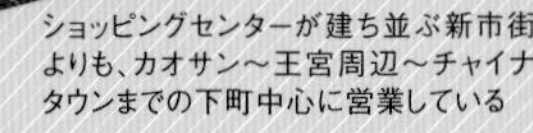

ショッピングセンターが建ち並ぶ新市街よりも、カオサン～王宮周辺～チャイナタウンまでの下町中心に営業している

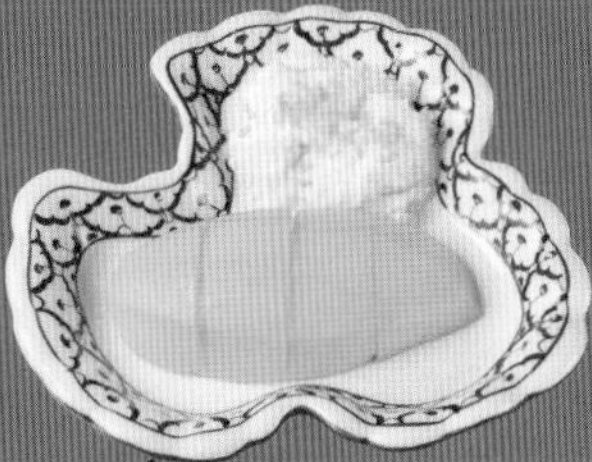

BANGKOK

GOURMET

Thai Food, Noodles, Thai Suki,
Traditional Thai Cuisine, Food Courts, etc.

美食を味わい尽くす！ タイグルメ案内

世界一おいしいマッサマンカレーにトムヤム・クン、
安うま屋台麺から絶品マンゴースイーツまで。
絶対ハズさないいち押し店へご案内!

タイ語で「おいしい」は「アロイ」。おいしかったら店の人にぜひ伝えてみよう。

絶対食べなきゃソン!
人気&いち押し タイ料理 Best 7

トムヤム・クンと プー・パッ・ポン・カリーは P.20を見てね

スパイシーでおいしい
本場ならではのタイ料理。
バンコクで必食の人気メニューと
編集部いち押しの料理をご紹介!

Best Thai Food
世界で最もおいしい料理

1 マッサマンカレー
แกงมัสมั่น

辛さ 1 2 3 4 5(2)　パクチー ありロ なし☑

某ウェブサイト調査の「世界で最もおいしい料理50」で1位に選ばれた料理。カルダモンやシナモンなど多彩なスパイスの香りとココナッツミルクの甘味がたまらない。

1 軟らかなラム肉が味わえるケーン・マッサマン895B。ラム肉が苦手な人は変更も可能 2 シックなインテリア。食事と一緒に充実のワインを楽しみたい

カラフルでかわいい

3 ライスは45B。白米、赤米、バイトゥーイ(パンダンの葉)、サフラワー(紅花)の4種類 4 タイ料理の概念をくつがえす美しい前菜もおすすめ 5 高級住宅街にたたずむおしゃれな一軒家レストラン。ドレスアップして出かけよう

優雅な空間で召し上がれ
パタラ・ファイン・タイ・キュイジーヌ
Patara Fine Thai Cuisine

世界3ヵ国で展開する人気店。黒を基調としたエレガントな店内で、美しく盛りつけされたマイルドな味つけのタイ料理が楽しめる。

▶Map P.140-B1

スクムウィット通り周辺 住375 Soi Thong Lo 19, Sukhumvit Rd. TEL0-2185-2960 開11:30～14:30、17:30～22:00 休なし Card A.D.J.M.V. 交B Thong Lo駅③出口からタクシーで4分 URL www.patarathailand.com 英Menu 日Menu

Best Thai Food
ジューシーな炭火焼きチキン
カイ・ヤーン
ไก่ย่าง

2

辛さ 1 2 3 4 5　パクチー ありなし

スパイスなどで下味をつけた丸鶏を炭火でじっくり炙り焼きにする、イーサーン（タイ東北部）料理の代表。屋台でも味わえる。

リーズナブルにタイ料理を堪能
サバイチャイ
Sabaijai

イーサーン（タイ東北部）料理とシーフードが味わえる気軽なレストラン。人気のカイ・ヤーンは、炭火焼きのため鶏のうま味が凝縮され、たまらない味わい。

▶Map P.140-B2

スクムウィット通り周辺 住87 Soi 3, Soi Ekkamai, Sukhumvit Rd. TEL0-2714-2622 開10:30～22:30（LO 22:15） 休なし CardJ.M.V. 交BEkkamai駅①出口から徒歩13分 FBSabaijai Original 英Menu

1 カイ・ヤーン（1羽）200B。スイート・チリソースをつけて 2 エアコンなしのセミオープンの席とエアコン付きの屋内の席がある

Best Thai Food
食感が楽しい青パパイヤサラダ
ソムタム
ส้มตำ

3

辛さ 1 2 3 4 5　パクチー ありなし

熟す前の青いパパイヤをささがきにし、干しエビやトマト、インゲンなどを加えて石臼でたたいたサラダ。トウガラシをふんだんに使うのでかなり辛い。

おしゃれなソムタム専門店
ソムタム・ダー
Somtum Der

タイ東北部サコーン・ナコーン出身のオーナーが、同郷のシェフに作らせるバリエーション豊富なソムタムが楽しめる。飲み物の種類も豊富で、食後にのんびりできる雰囲気。

▶Map P.137-D2

シーロム通り周辺 住5/5 Soi Sala Daeng, Silom Rd. TEL0-2632-4499 開11:00～23:30（LO） 休日 CardM.V. 交BSala Daeng駅④出口から徒歩2分 URLsomtumder.com 英Menu

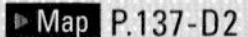

アヒル肉のミンチを使ったタイ風サラダのラープ・ペット95B

一緒にもち米をオーダー

1 ベーシックなソムタム・タイ55B。手加減なしの辛さなので苦手な人は事前に相談しよう 2 カフェ風の過ごしやすい店。ニューヨークや東京にも支店あり 3 一緒にもち米20Bを注文しよう 4 赤米のもち米もチョイスできる

パクチーが苦手な人は注文のときに「コー・マイサイ・パクチー・クラップ（カ）＝パクチーを入れないでください」と言おう。

1 人気のヤム・ソムオーはソースが絡まった見た目とは裏腹にさわやかに酸っぱい。エビも入り豪華 2 ガラス張りでモダンな店内 3 エキゾチックなケーン・マッサマン・ヌワは595B

Best Thai Food
甘酸っぱいザボンのサラダ

4 ヤム・ソムオー

ยำส้มโอ

辛さ 1 2 3 4 5

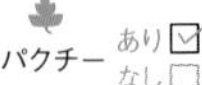

パクチー あり☑ なし□

日本ではあまり食べられないソムオー（＝ザボン）のヤム（＝あえもの）。柑橘類の絶妙な酸味とトウガラシの辛味がクセになる味わい。

タイ宮廷料理を再現
アッタロット
AT-TA-ROTE

宮廷の女学院で長年講師を務めたタイ料理界の巨匠シーサモン・コンパン氏が、古くから伝わるレシピを自ら改良し、昔ながらの調理法で提供する人気店。

▶Map P.139-D2

スクムウィット通り周辺 住59/3 Soi 39, Sukhumvit Rd. TEL06-4249-4244 開11:00～22:00（LO 21:30） 休なし Card A.J.M.V. 交 B Phrom Phong駅③出口から徒歩10分 FB At-Ta-Rote

Best Thai Food
プリプリのカキの卵炒め

5 オースワン

ออส่วน

辛さ 1 2 3 4 5　パクチー あり☑ なし□

小ぶりでうま味たっぷりのタイのカキを卵でとじた一皿。シャキシャキのモヤシ炒めと一緒に鉄板で提供されることが多い。

中華系タイ料理が人気の食堂
55ポッチャナー（ハーシップハー・ポッチャナー）
55 Potchana

ハズレなしの料理と手頃な料金で、TVや雑誌にも取り上げられる店。炒めものやお粥など、中華系メニューが中心で味つけもマイルド。メニューは写真付き。

▶Map P.140-B2

スクムウィット通り周辺 住1089-1091 Sukhumvit Rd. TEL0-2391-2021 開日～木18:30～翌3:30、金・土18:30～翌4:00 休なし Card J.M.V（1000B～） 交 B Thong Lo駅③出口から徒歩2分 英Menu

オススメの空芯菜炒め

1 新鮮なカキをたっぷり使ったオースワン220B 2 パック・ブン・ファイデーン（空芯菜炒め）110Bと、カチョーン・バット・カイ（小花の卵炒め）140B 3 会社員からファミリーまで客層は幅広い。週末の夕食時は混み合うので予約を

Best Thai Food
優しい見た目でしっかり辛い
ホーモック・プラー
ห่อหมกปลา
6
辛さ 1 2 3 4 5 パクチー ありなし☑

もとはタイ南部の名物料理で、魚のすり身とレッドカレーペーストを混ぜて蒸したもの。

カニのむき身が入ったホーモック・プラー・ヌア・プー520Bはカップ型にしたバナナの葉に包まれている

かわいい♥

チャオプラヤー川岸のレストラン
スパンニガー・イーティング・ルーム
Supanniga Eating Room

オーナーの祖母が作る料理をイメージして洗練させた、極上の家庭料理が食べられる。素朴な一品から手の込んだ逸品まで、多彩なラインアップ。

▶Map P.130-B3

王宮周辺 住392/25-26 Maharat Rd. TEL0-2015-4224 開11:00～22:00(土・日は7:30～) 休なし Card A.J.M.V. 交MSanam Chai駅①出口から徒歩5分 URL www.supannigaeatingroom.com

1 名産地のトラートから取り寄せたキャベツをナムプラーで炒めたカラム・トート・ナムプラー190B 2 対岸のワット・アルンが一望できる 3 ココナッツミルクのデザート、ブアローイ100B

3 広々とした一軒家で、カフェとしての利用も可能 4 牛肉のグリーンカレー150Bも人気。ローティー(パン)は50B

1 トート・マン・プラー160B。食材はなるべくオーガニックのものを使用。自家製ソースは奥深い味わい 2 自家製の焼きたてパンも人気

地元の人に愛される老舗食堂
カルパプルック
Kalpapruek

創業40年以上。先代のおばあちゃんの思いが詰まったタイ料理はどれも手頃で、地元の人から観光客まで幅広い客層に支持されている。ベーカリーを併設。

▶Map P.136-B3

シーロム通り周辺 住27 Pra Muan Rd. TEL0 2236 4335 開月～土8:00～18:00、日8:00～15:00 休なし Card J.M.V. 交BSurasak駅③出口から徒歩7分 URL kalpapruekrestaurants.com 英Menu

Best Thai Food
風味豊かなタイ版さつま揚げ
トート・マン・プラー
ทอดมันปลา
7

辛さ 1 2 3 4 5 パクチー あり☑ なし

魚のすり身にインゲンなどの野菜と、スパイスやハーブを加えて丸め、キツネ色になるまで揚げる。スイート・チリソースをつけて味わおう。

タイ料理の注文はおかずやスープを数種類と、お米やもち米を別に頼むのが基本。おかずやスープは数人でシェアして食べる。

これもオーダーすればカンペキ!

アロイ(おいしい)! タイ料理大図鑑

トムヤム・クンやグリーンカレーだけがタイ料理じゃありません! まだまだ食べたいおすすめタイ料理を一挙ご紹介

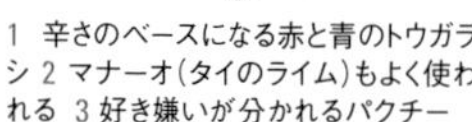
1 辛さのベースになる赤と青のトウガラシ 2 マナーオ(タイのライム)もよく使われる 3 好き嫌いが分かれるパクチー

スープ&カレー

トム・カー・カイ
ต้มข่าไก่

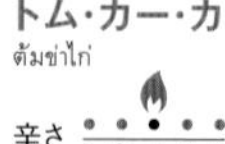

辛さ 3(1 2 3 4 5) パクチー あり☑ なし☐

トムヤムのスープをたっぷりのココナッツミルクで仕上げる見た目より辛いスープ。タイでは、トムヤム・クンと並ぶ人気メニュー。

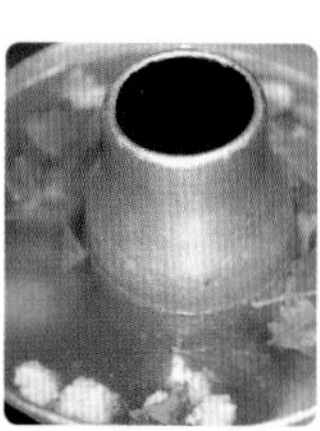

ケーン・チュート
แกงจืด

辛さ 1(1 2 3 4 5) パクチー あり☑ なし☐

炒めた豚ひき肉が香ばしい、やさしい味わいのすまし汁。豆腐(タオフー)や、キノコ(ヘット)など具はいろいろ。

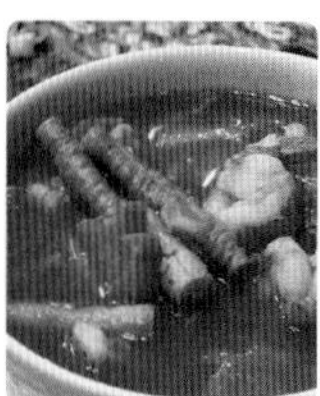

ケーン・ソム
แกงส้ม

辛さ 4(1 2 3 4 5) パクチー あり☑ なし☐

白身魚やエビなどがたっぷり入ったタマリンドの酸味が効いたタイ風カレー。ココナッツミルクを使わず、すっきりとした味わい。

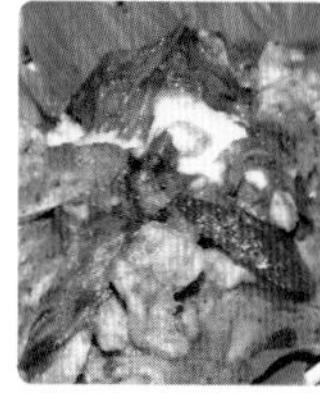

パネーン・カイ
แพนงไก่

辛さ 2(1 2 3 4 5) パクチー あり☑ なし☐

タイではベスト2、3を争う人気カレー。たっぷりのココナッツミルクを使ったこってりの仕上がり。具は鶏肉(カイ)がおすすめ。

サラダ&前菜

ヤム・ウンセン
ยำวุ้นเส้น

辛さ 5(1 2 3 4 5) パクチー あり☑ なし☐

日本でも人気のスパイシーな春雨サラダ。エビやイカ、ひき肉などの具を加え、ナムプラーやマナーオ(タイのライム)であえたもの。

ポピア・ソット
เปาะเปี๊ยะสด

辛さ 1(1 2 3 4 5) パクチー あり☑ なし☐

ベトナム生まれの生春巻きは、東南アジア全域で食べられている。エビやひき肉が定番で、揚げ春巻き(ポピア・トート)も。

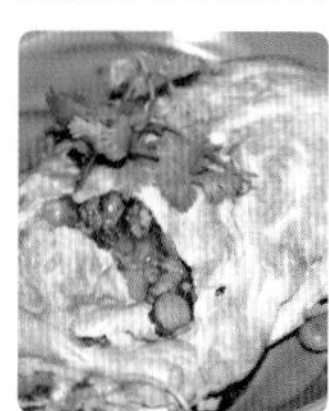

カイ・ヤッ・サイ
ไข่ยัดไส้

辛さ 1(1 2 3 4 5) パクチー あり☐ なし☑

タイ料理初心者でも安心して食べられるタイ風オムレツ。ケチャップで味つけしたひき肉や野菜が、薄焼き卵の中にぎっしり!

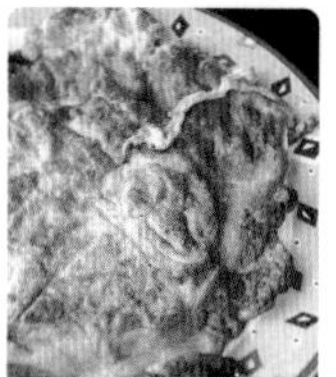

カイ・チアオ・ムーサップ
ไข่เจียวหมูสับ

辛さ 1(1 2 3 4 5) パクチー あり☐ なし☑

たっぷりの油で揚げ焼きにするタイ風卵焼き。ムーサップ(豚ひき肉)が定番でカリッとした食感もいい。チリソースで味わおう。

[COLUMN]

タイのテーブルマナーを知っておこう!

主食は日本と同じお米だが、箸ではなくスプーンとフォークで食べるのが基本。右手にスプーン、左手にフォークを持ち、スプーンにのせて口に運ぶ。スプーンはナイフ代わりにもなる。

炒めもの

パット・パック・ブン・ファイデーン
ผัดผักบุ้งไฟแดง

辛さ 1(1 2 3 4 5) パクチー あり☐ なし☑

日本人に大人気の空芯菜のオイスターソース炒め。店によっては茎が縦に裂いてあり(専用の道具がある)、独特の食感が楽しい。

シーフード料理

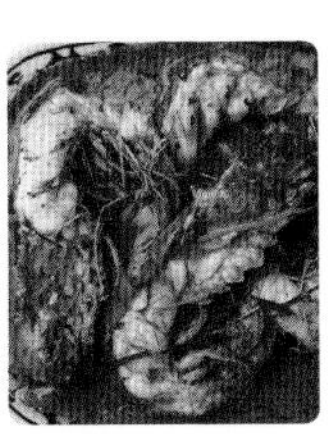

チューチー・クン
ฉู่ฉี่กุ้ง

辛さ 1 2 **3** 4 5　パクチー あり☐ なし☑

トウガラシベースのペーストで作るレッドカレーで、エビ（クン）を炒めたもの。有頭エビのうま味とココナッツミルクのコクがたまらない。

ホーモック・プラー
ห่อหมกปลา

辛さ 1 **2** 3 4 5　パクチー あり☑ なし☐

白身魚のすり身をレッドカレーやココナッツミルクで蒸した料理。お祝いの席でよく食べられる。見た目より辛いので注意。

プラー・ヌン・シーイウ
ปลานึ่งซีอิ๊ว

辛さ **1** 2 3 4 5　パクチー あり☐ なし☑

白身魚の香り蒸し。ネギやショウガをのせて蒸し上げ、アツアツの油とシーユー・ダム（タイ醤油）をかけて仕上げる。

プラー・サムリー・デーッ・ディアオ
ปลาสำลีแดดเดียว

辛さ **1** 2 3 4 5　パクチー あり☑ なし☐

アジによく似た魚「サムリー」のフライ。付け合わせのスイート・チリソースで味つけした青パパイヤやマンゴーとの相性は抜群。

プラー・サーム・ロット
ปลาสามรส

辛さ 1 **2** 3 4 5　パクチー あり☐ なし☑

タイ通に人気のひと品。「3つの味の」という名前のとおり、揚げた白身魚に「甘味」「辛味」「酸味」のソースをかけて味わう。

クン・パット・ノーマイ・ファラン
กุ้งผัดหน่อไม้ฝรั่ง

辛さ **1** 2 3 4 5　パクチー あり☑ なし☐

エビ（クン）とアスパラガス（ノーマイ・ファラン）を、ニンニクやオイスターソースで炒めたもの。食材違いでいろいろな炒めものがある。

肉料理

コー・ムー・ヤーン
คอหมูย่าง

辛さ **1** 2 3 4 5　パクチー あり☐ なし☑

下味をつけた豚ののど肉の炭火焼き。イーサーン（タイ東北部）料理のひとつで、脂がのった肉は、ビールとの相性も抜群。

ナム・トック・ムー
น้ำตกหมู

辛さ 1 2 3 4 **5**　パクチー あり☑ なし☐

豚肉のハーブ&スパイスあえ。そのおいしさにヨダレが滝のように出ると「豚肉の滝」という名がついた。もち米と一緒に味わおう。

サイクローッ・イーサーン
ไส้กรอกอีสาน

辛さ 1 **2** 3 4 5　パクチー あり☐ なし☑

イーサーン風ソーセージ。中にもち米やハーブなどが入っていることも。渦巻き状のサイ・ウア（チェンマイ風ソーセージ）も人気。

ラープ・ペット
ลาบเป็ด

辛さ 1 2 3 4 **5**　パクチー あり☑ なし☐

アヒル（ペット）のひき肉をナムプラーやスパイスで炒め、ハーブであえたイーサーン料理。もち米にぴったり!

ご飯

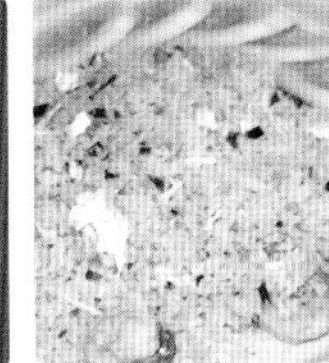

カオ・パット
ข้าวผัด

辛さ **1** 2 3 4 5　パクチー あり☐ なし☑

ご飯（カーオ）、炒める（パット）の名前のとおり、タイ風チャーハン。具はエビやシーフードなどが定番。マナーオを搾って味わおう。

カオ・カー・ムー
ข้าวขาหมู

辛さ **1** 2 3 4 5　パクチー あり☑ なし☐

ハッカクなどのスパイスが効いたスープでとろとろに煮込んだ豚足を、ご飯の上にのせた屋台メシ。煮卵も添えられる。

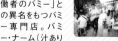

麺料理を箸で食べるのは日本と同じだが、麺はズルズルすらないのがマナー。タイ人のなかには、レンゲにのせて口に運ぶ人も。

召し上がれ♪

定番から変わりダネまで
バンコクはイケ麺パラダイス!

ローカルに愛される国民食タイヌードル。屋台、フードコート、レストランでも定番メニューで、そのバリエーションの多さには麺料理に慣れ親しんだ日本人も感動するはず!

クァイティアオ
ก๋วยเตี๋ยว

米粉の麺料理。太さをセンミー(細麺)、レンセック(中太麺)、センヤイ(幅広麺)から選べる

③ クァイティアオ・センレック・ナーム・ルワムミッ 60B

バミー
บะหมี่

かんすいを使って小麦粉から作る中華麺で、まさにタイ風ラーメン。汁麺はバミー・ナーム、汁なしのあえそばはバミー・ヘーン

③ バミー・ヘーン・ルワムミッ 60B

⑥ キアオ・ウアップ・トート・ヤム・ヘーン 75B

⑥ バミー・ナーム・トムヤム 65B

⑥ キアオ・ウアップ・ルアク65B

パッ・タイ
ผัดไทย

米麺をエビや卵、野菜と一緒に炒めたタイ風焼きそば。甘辛い味が特徴的で、マナーオを搾って味わう

① パッ・タイ・ソンクルアン 200B

行列ができるパッ・タイの人気店
①ティップサマイ
Thipsamai

70年以上前にパッ・タイを初めて作ったとされる名店で、オープンと同時に行列ができる。ここのパッ・タイはカニやエビがどっさりのった豪華版。

▶Map P.131-C2

民主記念塔周辺 住313-315 Mahachai Rd. TEL0-2221-6280 開17:00～翌2:00 休月2回水曜 Cardなし 交BNational Stadium駅②出口からタクシーで15分 英Menu

昼時には行列必至!
②バミー・チャップカン
Bamee Capkan

大盛り麺から「労働者のバミー」との異名をもつバミー専門店。バミー・ナーム(汁あり麺)は、麺がのびて食べきれないほど!

▶Map P.133-C2

チャイナタウン周辺 住Soi 23, Charoen Krung Rd. TELなし 開9:00～19:00 休月2回不定 Cardなし 交MWat Mangkon駅③出口から徒歩すぐ

ミシュランの星付き麺の店
③ルン・ルアン
Rung Rueang Pork Noodle

ミシュランの星を取ったタイ風麺の店。麺の種類、スープの種類とあるなし、具の種類を指定して注文。

▶Map P.139-D3

スクムウィット通り周辺 住10/3 Soi 26, Sukhumvit Rd. TEL0-2258-6746 開8:00～17:00 休なし Cardなし 交BPhrom Phong駅④出口から徒歩3分 FBRung Rueang Pork Noodle 英Menu

バンコクはイケ麺パラダイス!

[Check!]

麺料理屋ではテーブルに、ナムプラー、粉末トウガラシ、酢漬けトウガラシ、砂糖が用意されている。少しずつ加えて好みの味に仕上げよう。

カノムチーン

ขนมจีน

❺ カノムチーン・ナムギアオ 69B

そうめん風の細い米麺がカノムチーン。辛いカレーソースで食べることが多い。タイ北部名物のカノムチーン・ナムギアオはトマトベースのスープを使う

カオ・ソーイ

ข้าวซอย

❺ カオ・ソーイ・カイ 69B

濃厚なカレースープに中華麺が入り、さらに揚げ麺がトッピングされたカオ・ソーイ。ホロホロと崩れるチキンのせ

パッ・タイ・ホー・カイ

ผัดไทยห่อไข่

❶ パッ・タイ・ピセート 70B

ホー(包む)、カイ(卵)という名のとおり、パッ・タイを薄い卵焼きで包んだもの

❷ バミー・ヘーン 50B

ラートナー

ราดหน้า

❹ バミー・クロープ・ラートナー・サイ・カイ 80B

豚肉やカナー(カイラン菜)などの具が定番のあんかけ麺。具や麺にあんが染みてほっこりする味わい。揚げ麺も選べる

クァイティアオ・クア・カイ

ก๋วยเตี๋ยวคั่วไก่

❹ クア・カイ 60B

もちもちの米の太麺とチキンや野菜、卵と炒めた麺料理。店によってはスルメも入り少し豪華に

あんかけ麺や炒め麺

❹ ヘンヨートパック

Hen Tot Phak

あんかけの揚げ麺や、米麺をチキンや卵と炒めたクア・カイがおいしい。パット・カプラオなどご飯ものもある。

▶Map P.133-D2

チャイナタウン周辺

住101 Rama 4 Rd. TEL0 2222 2648 開9:30～18:30 休なし Cardなし 交MWat Mangkon駅①出口から徒歩7分 英Menu

タイ風カレーヌードル

❺ カオソーイ・ラムドゥアン・ファーハーム

Khaosoi Lamduang Faham

チェンマイ発のカレーヌードル、カオ・ソーイが食べられる。チェンマイに本店がある有名店のバンコク支店。

▶Map P.134-A2

サヤーム・スクエア周辺

住1220 Ban That Thong Rd. TEL08-2479-4929 開10:00～20:30 休なし CardM.V 交BNational Starium駅②出口から徒歩8分 英Menu

刺激的なトムヤム味のスープ

❻ クァイティアオ・トローク・ローン・ムー

Kuaitiao Trok Rong Mu

下町のタイ風麺の店。麺の種類やスープをいろいろ組み合わせて楽しめる。酸っぱ辛いトムヤムのスープを試してみよう。

▶Map P.133-D2

チャイナタウン周辺

住23-10 Soi Sukorn 1 TEL08-2826-6639 開8:30～20:00 休なし Cardなし 交MHua Lamphong駅①出口から徒歩6分 英Menu

ベースのスープが選べることを除けば、コカとMKゴールドの大きな違いはつけだれ。時間があればぜひ食べ比べを！

1957年創業の老舗チェーン
コカ Coca

アジア全域に支店をもち、世界にタイスキの名を広めた名店。選べるベースのスープや、大ガニなどの高級食材まで揃うバラエティが特徴。高級食材を選ばなければ1人予算500B程度〜。

▶Map P.139-D3
スクムウィット通り周辺
住1/1-5 Soi 39, Sukhumvit Rd. TEL0-2259-8188
開11:00〜22:00 休なし
Card J.M.V. 交 B Phrom Phong駅③出口から徒歩すぐ
FB COCA Restaurant

洗練された雰囲気の店。便利な立地もうれしい

これを食べずには帰れない!
タイスキの2大名

タイスキの2大チェーンといえばコカとMK。人気を

コカ派はこちら!

☑ つけだれ
チリソースに白ごまやパクチーが入った秘伝のたれ。甘辛い味わいだが、後味はさっぱりしている。

☑ スープ
定番の鶏ガラのほかに、トムヤムやバクテー（肉骨茶）、魚など5種類のベースのスープが選べるのが特徴。仕切りのある鍋で同時に2種類楽しむこともできる。

※写真は盛りつけ例

Coca
プレミアム・コンボ・セット 828B
シングルセット 318B
ひとりでもタイスキが楽しめるシングルセットもある

カニむき身のカレー炒め 890B、殻付きは1288B

一品料理
中華風の肉料理が充実。ローストダック288B〜や、チャーシュー268B、ブタ皮と脂身のロースト238B、BBQコンボは278B〜。

[Check!] 人気の具

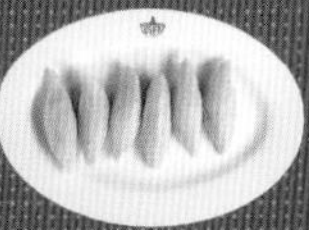
魚のラグビーボール 108B
人気No.1トッピング。ラグビーボールの形をした白身魚のすり身のつみれ

オージービーフのリブアイ 499B/100g
脂がたっぷりのった牛肉の最高級部位リブアイの薄切り。写真で100g程度

エビ（大）1ピース 128B
プリプリの食感が楽しめる大ぶりのエビ。ロブスター298B/100gもある

店を徹底解剖！

二分するそれぞれの店の特徴を徹底紹介します！

[WHAT'S Thai Suki ?]

タイスキって何？

香港の鍋と日本のしゃぶしゃぶをヒントに生まれたタイ独自の鍋料理。各店自慢のスープに肉やシーフード、野菜など好きな具材を入れて煮込み、甘辛のたれで味わう。〆は麺やご飯が定番。

MK派はこちら！

ローカルに人気チェーンの高級版

エムケー・ゴールド MK Gold

街のあちこちで見かけるタイスキチェーン「MK」の高級版。違いは高級感漂うインテリアと輸入食材や無農薬野菜などこだわりの食材。1人予算500B程度〜。

Map P.140-B3

スクムウィット通り周辺
住5/3 Soi 63(Soi Ekkamai), Sukhumvit Rd. TEL0-2382-2367
開10:00〜22:30 休なし
CardA.J.M.V 交BEkkamai駅①出口から徒歩3分
URL www.mkrestaurant.com 英Menu 日Menu

白亜の一軒家で内装も雰囲気抜群

☑ つけだれ

コカよりも甘味の強いオリジナルのたれ。マナーオやニンニク、トウガラシを加えてより自分好みの味に仕上げよう。

☑ スープ

鶏ガラスープの1種類のみ。化学調味料は一切使わず、具材のうま味を引き立てる。スープは少なくなったら継ぎ足してもらえるのでお願いしよう。

Mk Gold

シーフードセット 870B
野菜セット 220B

※写真は盛り付け例

白身魚のすり身から、エビ、イカ、ムール貝まで楽しめる

一品料理　点心は1品55〜90Bと手頃

自家製ソースの味つけが人気のローストダックをはじめ、20種類以上ある点心、麺、ご飯ものなど充実のラインアップ。

[Check!] 人気の具

特製味付ビーフ 155B

一番人気がこちら。オリジナルの調味料で味をつけた牛肉のスライス

特製MKの竹 55B

自分の好きなタイミングで鍋に入れられる、豚肉、エビ、ニンジンのつみれ

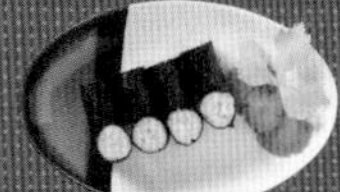

特製味付すり身海苔ロール 180B

つけだれとの相性が抜群な、海苔の風味がたまらない豚肉のすり身

[格式高い
地元の名店]

Methavalai Sorndaeng

メーターワライ・ソーンデーンは格式のある店で行事帰りのタイ式正装や盛装に身を包んだ客も多い。ちょっぴりおしゃれして出かけたい。

創業67年の歴史は伊達じゃない
メーターワライ・ソーンデーン

カーペット敷きの店内に並ぶテーブルには真っ白なクロスがかかり、窓からは民主記念塔が見える。そんな店内でサーブされるのは、正統タイ料理。スパイスの香り高さとシャープな味わい、美しい盛りつけで、伝統のよさを再確認させてくれる。

▶Map P.131-C2 民主記念塔周辺

住78/2 Ratchadamnoen Klang Rd. TEL0-2224-3088 開10:30～22:00（LO 21:30） 休無休 Card A.J.M.V. 交 M Sam Yot駅③出口から徒歩15分 FB Methavalai Sorndaeng 英Menu

味もサービスも超一流
老舗名店のタイ

変化の激しいバンコクで長・
どれを食べても外れのない

気軽に
食べに来て
くださいね!

こんなお店です!

- 1957年オープン
- 開業当時の雰囲気を伝えるレトロなインテリア
- よそ行き風にややフォーマル
- タイの正装や盛装に身を包んだタイ人も訪れる
- トムヤム・クン250～270B
- ビア・シン（シンハビール）大瓶170B

パイナップルの容器にカレー味のライスを入れて具と蒸したBaked Pineapple Curry Rice With Shrimps カオ・オブ・サッパロット（パイナップル蒸しカレーご飯）320Bはタイならではの料理

1 ソムオーの粒の大きさが素材のよさを感じさせるSpicy Pomelo Salad With Shrimps ヤム・ソムオー・クンソット（エビ入りタイ風ポメロサラダ）250/375B 2 男性スタッフが着る制服はミリタリー調 3 時代を感じさせるエントランス 4 ていねいにセッティングされたテーブルがよき伝統を感じさせる 5 夜になると生バンドをバックに歌手が入る。デザインを変えずずっと使われているリクエストカード

料理を味わう

愛され続けてきた名店の味。
老舗の底力を体験しよう。

［ 高級タイ料理店のさきがけ ］

Baan Khanitha Gallery at Sathorn

上質を体現した料理の数々
バーン・カニター・ギャラリー at サートーン

おいしさだけでなく食べる人の健康も追求した味わいが、バンコクのグルメ界で長く支持されてきた。美しいインテリア、重厚なカトラリー類などの演出で、本格的な正統タイ料理が落ち着いて楽しめる名店のひとつ。

▶Map P.137-D3 シーロム通り周辺

住67, 69 Sathorn Tai Rd. TEL06-3474-6857
開11:00～23:00 休無 休 CardA.J.M.V.
交BSala Daeng駅②出口から徒歩12分
URLwww.baan-khanitha.com 英Menu

洗練されたサービスも評判です！

こんなお店です！

- 1993年オープン
- モダンかつ上品なインテリア
- 高級ながらカジュアルな雰囲気
- リッチそうなタイ人や外国人の姿も多い
- トムヤム・クン360B
- ビア・シン（シンハビール）大瓶200B

写真中央のGoong Ayudhaya Pud Song Kruang クン・アユタヤー・パット・ソン・クルアン1490Bはアユタヤー産テナガエビの香り高いスパイス炒め

1 フレッシュなハーブやフルーツを使ったドリンクも人気 2 ソフトシェルクラブを卵とカレー味で炒めたPuu Nim Pud Pong Curry プー・ニム・パッ・ポン・カリー 650Bはご飯がすすむ味 3 スタッフの物腰も優雅 4 大きな2階建ての洋館で店内も広々。隣は同経営のメディテラニアン・レストラン 5 統一感のあるインテリア。壁に描かれている帽子をかぶった女性のモデルは皇太后

チャージ式のカードで注文する場合、残った分は払い戻し可。有効期間は店舗により異なる。ラビット・カード（→P.121）で支払えるところも。

Kingpower Mahanakhon
キングパワー・マハーナコーン内

ミシュラン掲載店大集合
タイテイスト・ハブ・マハーナコーン・キューブ
Thai Taste Hub Mahanakhon Cube

2020年オープンとバンコクでは比較的新しいフードコート。ほとんどがミシュランのビブグルマンに選ばれた人気店。

▶Map P.137-C2

シーロム通り周辺 住1st Fl., Mahanakhon Cube, 114 Narathiwat Rd.. TEL0-2677-8721 開10:00～19:30(LO) 休なし Cardなし 交BChong Nonsi駅③出口直結 URLkingpowermahanakhon.co.th 英Menu

注文方法
入店したら「CASH CARD」カウンターで任意の金額を現金でチャージ。

人気 No.1

クワイチャップ M75B/L95B
ロール状になった米の麺入りスープ
● Nai Ek Roll Noodle

人気 No.2

パッタイ・クン 270B
プリプリのエビ入り。お皿はバナナの葉
● Pad Thai Fai Ta Lu

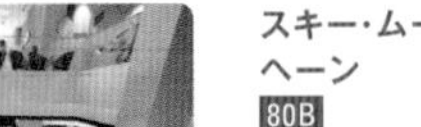

スキー・ムー・ヘーン 80B
タイスキ炒めポーク入り。たっぷりの春雨がいい
● Marverick Suki

人気 No.3

ひとり旅の味方
使えるフードコート 人気メニューはコレ！

ショッピングセンターのフードコートはおしゃれで席数も多い。いち押し5店の人気メニューをチェック。

いろいろ味わって！

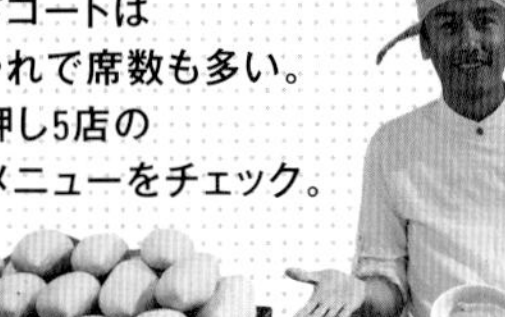

パッタイ・クン・メーナーム 270B
大ぶりの川エビ入りパッ・タイ
● Sen Chan

人気 No.3

トムヤム・シーフード 135B
麺が選べるシーフード入りトムヤムスープ
● Tomyam Kung Tontamrap

人気 No.2

人気 No.1

カオ・パット・サッパロット 159B
パイナップルの容器に入ったタイ風チャーハン
● Thai Ni Yom

Mixt Chatuchak
ミクスト・チャトゥチャック内

ウイークエンド・マーケットを見渡せる
ミクスト・チャトゥチャック・フードコート
Mixt Chatuchak Food Court

ウイークエンド・マーケットの隣にオープンしたショッピングビル3階のフードコート。大きな窓からマーケットの全景が眺められる。

▶Map P.128-B1

バンコク郊外 住3rd Fl., Mixt Chatuchak, 8 Kamphaeng Phet 3 Rd. TEL0-2079-4888 開10:00～20:00 休なし Cardなし 交BMo Chit 駅またはMChatuchak Park駅①出口から徒歩8分 URLwww.mixtchatuchak.com 英Menu

注文方法
入店したら「CASH CARD」カウンターで任意の金額を現金でチャージ。

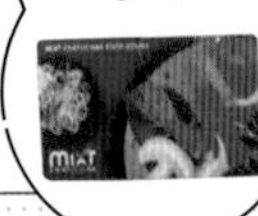

Central Embassy

セントラル・エンバシー内

おすすめセット 175B
イーサーン（タイ東北地方）の人気料理カイ・ヤーン、ソムタム、カオ・ニアオのセット
● Esan Kitchen

人気No.2

人気No.1

カオ・マン・カイ 85B
タイ人にも人気のチキンライス
● Go-Ang Kaomunkai Pratunam

注文方法
入店時に渡されるカードで支払い、出店時に精算。

洗練された雰囲気
イータイ
Eathai

ハイブランドが並ぶ高級デパート内のフードコート。有名な屋台が出店しており、タイ全土の味が楽しめる。雑貨やお菓子なども販売。

▶Map P.135-D3
プラトゥーナーム周辺 住LG., Central Embassy, 1031 Phloen Chit Rd 電0-2119-7777 開10:00～21:30 休なし Card A.D.J.M.V. 交BPhloen Chit 駅⑤出口直結 英Menu

Terminal 21

ターミナル21内

フロア全体が飲食エリア
ピア21フードコート
Pier 21 Food Court

空港をテーマにした個性派ショッピングセンター、ターミナル21（→P.69）の5階。タイ料理を中心に30店舗が並ぶ。座席数はなんと1000席。

▶Map P.139-C2
スクムウィット通り周辺 住5th Fl., Terminal 21, 88 Soi 19, Sukhumvit Rd. 電0-2108-0888 開10:00～22:00 休なし Cardなし 交BAsok駅①③出口直結 URL www.terminal21.co.th 英Menu

カオ・カー・ムー 42B
屋台でも人気の豚足煮込みご飯
● Khamoo Nakhon Pathom

人気No.1

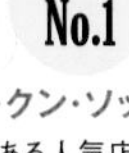

人気No.3

47B
カオ・クルッ・カピ
カピで炒めたご飯に具を混ぜて食べる
● Raan Nam Prik Suntree

パッタイ・クン・ソット 52B
シーロムにある人気店のパッ・タイ
● Pad Thai Hoy Tod St. Louis

人気No.2

注文方法
クーポンカウンターでチャージ式のカードを購入（5B単位）

まだあるフードコート

MBK Center

マーブンクロンセンター内

バンコク最大規模
MBKフード・レジェンズ
MBK Food Legends

旅行者にも人気のショッピングビル、MBKセンター（→P.91）内にあるフードコート。店の数は40軒以上で、デザートやドリンク類も充実。

▶Map P.134-B2～B3
サヤーム・スクエア周辺 住6th Fl., MBK Center, 444 Phaya Thai Rd. 電0-2620-9000 開10:00～21:00 休なし Cardなし 交BNational Stadium駅直結 英Menu

バンコクの老舗フードコート

デザート専門店もある

Emporium

エンポリアム内

高級路線フードコート
エンポリアム・フード・ホール
Emporium Food Hall

在住日本人の利用も多いエンポリアム・デパート内のフードコート。タイ料理だけでなくインド料理や日本料理など多国籍。

▶Map P.139-D3
スクムウィット通り周辺 住6th Fl., Emporium, 622 Sukhumvit Rd. 電0-2664-8000 開10:00～22:00 休なし Card J.M.V. 交BPhrom Phong駅直結 英Menu

バンコクはカフェブーム。タイ産の豆を使うコーヒーを出す店も多いので、いろいろ試してみたい。

バンコクで今人気
話題のおしゃれカフェ巡り

味も雰囲気も◎、話題のカフェが続々登場。今人気のアツい店はこの5軒!

タイティー

Citizen Tea Canteen

ありそうでなかったタイティー専門店
シチズン・ティー・キャンティーン

タイ人にとって身近な飲み物タイティーの魅力を人々により知ってもらおうと、タイティー好きのオーナーがオープン。タイ式の甘いコーヒーも飲める。

▶Map P.133-C3 チャイナタウン周辺

住764 Soi Wanit 2 TEL09-5119-6592 開木～火10:00～17:30(LO) 休水 Card なし 交 M Hua Lamphong駅①出口から徒歩11分 URL www.citizenofnowhere.info 英Menu

1 茶葉は50g350B。竹籠850Bなどタイの伝統的な雑貨も販売 2 インパクトのあるエントランスはタイティーのオレンジ色 3 6種類の茶葉から選べるタイミルクティー150B、タイ式コーヒーは100B 4 トラのモチーフはオーナーの好みとのこと 5 チャイナタウンでタイティーが楽しめる

1 オーナーのトンヨイさんはファッションデザイナーでもある 2 モダンにアレンジされた伝統菓子が楽しめるゴールデンセット690B(4～6人用) 3 色使いにタイらしさが感じられるインテリアはもちろんトンヨイさんによる

アレンジ伝統菓子

Thongyoy Cafe

フォトジェニックな内装と伝統菓子
トンヨイ・カフェ

おしゃれなカフェやショップが多いアーリーにある、花に埋もれたようなカフェ。タイの伝統的なお菓子をアレンジして可憐に仕上げた今風のスイーツがおすすめ。

▶Map P.128-B1 サヤーム・スクエア周辺

住24/4 Soi Ari 4 TEL08-8748-4611 開10:00～21:30 休なし Card M.V. 交 B Ari駅③出口から徒歩15分 IG thongyoy_cafe 英Menu

ビストロ併設

Im En Ville

壁のタイ文字がキュート
イム・エン・ヴィレ

古い印刷工場だった建物を、その雰囲気を残しながらリノベーション。1階は手頃なタイ料理とチェンマイ産コーヒーが楽しめるカフェ、2階はモダンフレンチのレストラン。

▶Map P.130-B2 王宮周辺

住59 Fuang Nakhon Rd. 電06-5612-6688 開木～火9:00～18:00（2階のビストロは～21:00 LO、土・日・祝は～22:00 LO） 休水 Card M.V.（1000B以上で利用可） 交 M Sam Yot駅③出口から徒歩8分 IG imenville 英Menu

1 昔のタイプライターで使われたタイ文字が壁の装飾になっている 2 古い町並みの中に隠れたおしゃれカフェ 3 ホームメイドのケーキでコーヒータイムが過ごせる1階のカフェ

ブルーのドリンク

Blue Whale

青いドリンクで一躍有名に
ブルー・ホエール

アンチャン（バタフライピー）というマメ科の花を使ったブルーのラテやラテアートで話題に。店内のインテリアに使われる青いタイルも美しい

▶Map P.130-B3 王宮周辺

住392/37 Maharat Rd. 電09-6997-4962 開火～日9:00～17:00（LO） 休月 Card なし 交 M Sanam Chai駅①出口から徒歩5分 英Menu

1 シナモンが刺さったアイス・バタフライピー・ラテ140B 2 インテリアもすてきな青い空間 3 店名がモチーフになった青いクジララテ

花があふれる

Wallflowers Cafe

花屋階上にある隠れ家カフェ
ウォールフラワーズ・カフェ

チャイナタウンのホットなエリアとして人気が高まりつつあるソイ・ナーナーの花屋にあるカフェ。食用の花を使った美しいスイーツは見て食べて楽しめる。

▶Map P.133-D2 チャイナタウン周辺

住31/33 Soi Nana 電09-0993-8653 開8:00～18:00（バーは17:30～24:00 LO） 休なし Card なし 交 M Hua Lamphong駅①出口から徒歩6分 IG wallflowerscafe.th 英Menu

1 古いショップハウスをレトロモダンに改装 2 花屋の奥にある階段で上がる隠れ家カフェ。夜はバーになる 3 ケーキ類は180B～、不思議な酸味が楽しめるタマリンド・コーヒーは250B

深夜に女性ひとりでのタクシー利用はあまりおすすめできない。できるだけ数人のグループで利用しよう。

南国の長い夜を楽しもう

おしゃれバーからビアホールまで安心ナイトスポット

繁華街や駅に近くアクセスが簡単で
夜でも比較的安心して楽しめるレストランやおしゃれなバー。
ワインやビールを片手にバンコクの夜を満喫しよう。

Wine Connection

ワインブームを作ったビストロ
ワイン・コネクション

300種類以上のワインを揃えた、カジュアルなワインの店。ビストロやデリなど、コンセプトの異なる支店がバンコク市内各地にある。グラスワインも常時10種類以上あり、1杯130B程度〜。

▶Map P.137-D2

シーロム通り周辺 住B Fl., Silom Complex, 191 Silom Rd. TEL0-2?21-3119 開11:00〜22:00 休なし Card A.D.J. [illegible] B Sala Daeng駅4出口から徒歩すぐ URL www.wineconnection.co.th 英Menu

1 ワインのお供に人気のコールドカットとチーズ盛り合わせ Cold Cut Platter 390B 2 広い店内も連日満員になる。19:00以降は予約も不可 3 店内ではワインも販売

Tawandang German Brewery

タイ的巨大ビアホール
タワンデーン

ステージ付きの巨大な店内で、ライブバンドの演奏を聞きながらにぎやかに飲んだり食べたりするのがタイ人好みの過ごし方。1999年オープンのタワンデーンは、現在でも予約必須の人気店。食事はタイ料理とドイツ料理がメイン。

▶Map P.128-B3

バンコク郊外 住462/61 Rama 3 Rd. TEL0-2678-1114 開16:00〜翌1:00 休なし Card A.D.M.V. 予したほうがよい 交B Chong Nonsi駅2出口からタクシーで約8分 URL www.tawandang.co.th 英Menu

1 円形の目立つ建物 2 ライブだけでなくコントやショーも繰り広げられるステージ 3 トロピカルカクテルは女性に人気

[Check!] バンコクでライブを聴こう

復活した伝説の名店
ブラウン・シュガー
Brown Sugar

移転を続けた老舗のジャズ・バーがソイ・ナーナーに復活。

▶Map P.133-D2

チャイナタウン周辺 住18 Soi Nana TEL06-3794-9895 開17:00～翌1:00（金・土は～翌 2:00） 休なし Card A.J.M.V 交 M Hua Lamphong駅②出口から徒歩5分 FB BROWN SUGAR 英Menu

ジャズの老舗
サクソフォーン Saxophone

バンコクでジャズといえばここ。食事がおいしいのも人気の理由。ビール130B～。

▶Map P.128-B2

サヤーム・スクエア周辺 住3/8 Victory Monument, Phaya Thai Rd. TEL0-2246-5472 開18:00～翌2:00 休なし Card A.D.J.M.V. 交 B Victory Monument駅④出口から徒歩すぐ URL www.saxophonepub.com 英Menu

1 壁にチョークで書かれたメニュー。ラオスのビア・ラオ150B 2 店の前の歩道も客席に 3 スペイン直送のチョリソーと手作りソースでていねいに作られたピザ Pizza Chorizo（230B）はタイ人好みのちょい辛め

El Chiringuito

中華街のスパニッシュ・バー
エル・チリンギート

中華街好きのスペイン人が、夜飲める場所がないのに不満を感じ、自分で店を開いてしまった。静かな一画の中で、夜になるとここだけ大にぎわいになる。

▶Map P.133-D2

チャイナタウン周辺 住221 Soi Nana, Rama 4 Rd. TEL[illegible]126-0046 開木～日18:00～24:00 休月～水 Card [illegible] 交 M Hua Lamphong駅①出口から徒歩5分 URL [illegible]w.facebook.com/elchiringuitobangkok 英Menu

Yao Rooftop Bar

中国料理も楽しめる
ヤオ・ルーフトップ・バー

スリウォン通りにそびえる高層ホテルの最上階にあり、バンコクでは珍しい中国料理レストラン併設のルーフトップバー。360度のパノラマが楽しめ、値段も手頃。

▶Map P.136-B2

シーロム通り周辺 住32nd Fl., Bangkok Marriott Hotel the Surawongse, 262 Surawong Rd. TEL0-2088-5666 開17:00～24:00（食事LO 21:30、ドリンクLO 23:30） 休なし Card A.J.M.V. 交 B Chong Nonsi駅3出口または M Sam Yan駅1出口から徒歩15分 URL www.yaobangkok.com 英Menu

1 バンコクの下町エリアからチャオプラヤー川の向こう岸まで見渡せる 2 ホタテとエビのシュウマイ258B、エビの豆腐包み288Bなど

1 広々としたテラスのような造りの中にソファやテーブルが並ぶ 2 12星座をモチーフにしたドリンク。しし座（右、425B）はパッションフルーツがさわやか

Hi-So Rooftop Bar

最上階の2フロアを占める
ハイソー・ルーフトップ・バー

スタイリッシュなホテルの29階と30階にある、開放的な造りのバー。夕方の明るい時間はお隣にあるルムピニー公園の緑が、夜は都心のきらびやかな景観が楽しめる。

▶Map P.138-A3

シーロム通り周辺 住29-30th Fl., SO/ Bangkok, 2 Sathorn Nua Rd. TEL0-2624-0000 開17:00～23:00（LO） 休なし Card A.D.J.M.V. 交 M Lumphini駅2出口から徒歩5分 URL www.so-bangkok.com/dining/hi-so/ 英Menu

フルーツはスーパーよりも市場で買ったほうが安い。カットフルーツを売り歩く屋台も多いのでいろいろ味わってみて。

フレッシュマンゴーからバナナシェイクまで大集合!

ひんやりスイーツ&南国フルーツ

カフェタイムにおすすめなのが、南国タイならではのフルーツが楽しめるスイーツやひんやり冷たいスイーツ。旬のフルーツもチェックして毎日食べタイ!

❸ マンゴー・スムージー・ピュア 115B
Mango Smoothie Pure
マンゴーだけを使ったスムージーにカットマンゴーをトッピング

❷ バナナ・ミルク・シェイク 60B
Banana Milk Shake
バナナ本来の味を楽しむならこちら! ドリンクメニューも充実しており、ほかにチョコバナナやハニーバナナもある

❸ メイク・ミー・マンゴー 245B
Make Me Mango
フレッシュマンゴー、もち米、マンゴーアイス、マンゴープリン、タイのカスタードプリンの盛り合わせ

生クリームたっぷり!

❶ マンゴースムージー
Mango Smoothies 160B
マンゴーの果肉を贅沢に使った濃厚なスムージー。スイカとメロンがかわいくトッピングされている

❷ バナナ・ワッフル&アイスクリーム 89B
Banana Waffle & Ice Cream
アツアツのワッフルとアイスがマッチ

❶ マンゴー・パフェ
Mango Parfait 160B
生クリームの下にはマンゴーアイスが隠れている

[COLUMN]

フルーツカレンダー

通年楽しめるフルーツもあるが、1年で最も暑い4月から雨季の9月に旬を迎えるものが多い。

通年 クルアイ กล้วย **(バナナ)**
いろいろな種類があり、1年中いつでもおいしく楽しめる。焼いたり揚げたりして食べることも多い

4月-5月 マムアン มะม่วง **(マンゴー)**
数十種類の品種があるといわれるが、タイでは熟すと黄色くなるイエローマンゴーが一般的

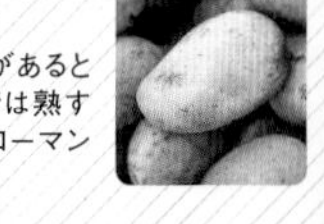

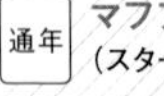

通年 マフアン มะเฟือง **(スターフルーツ)**
カットしたときの切り口が星形でかわいらしい。サクサクとした食感で、ほんのり甘酸っぱい

通年 チョムプー ชมพู่ **(ジャワフトモモ)**
ローズアップルとも呼ばれ、リンゴをさらにみずみずしくした味。そのままカットして食べる

3月-6月 リンチー ลิ้นจี่ **(ライチー)**
淡いルビー色の実で、まろやかな甘さが楽しめる。日本で見るものより大粒で、手でむくことができる

❶ マンゴタンゴ 230B
Mango Tango

ジューシーなフレッシュマンゴー、果肉たっぷりのマンゴープリン、ひんやり冷たいマンゴーアイスが楽しめる最高の組み合わせ!

❷ フライド・バナナ 70B
Fried Banana

タイのゴールデンバナナをまるごと揚げたスイーツ。チョコレートやコンデンスミルクなどが付いてくるので好みでトッピングして!

❸ マンゴー・ビンス
Mang Bingsu 285B

ミルクアイスのかき氷をフレッシュマンゴーで覆い尽くし、てっぺんにマンゴーアイスをどーん

❶ マンゴーサルサ 105B
Mango Salsa

たっぷりのマンゴースイングの中にマンゴープリンが隠れている。カットされたフレッシュマンゴーのトッピングもいい

❶

マンゴースイーツといえばココ!

マンゴー・タンゴ

Mango Tango

サヤーム・スクエアにある、地元っ子から観光客まで幅広く愛されるマンゴースイーツ専門店。趣向を凝らしたメニューの種類はなんと20以上。

▶Map P.134-B2

サヤーム・スクエア周辺 住Soi 3, Siam Square TEL08-1619-5504 開12:00〜22:00 休なし Cardなし 交BSiam駅④出口から徒歩3分 URL www.mymangotango.com 日Menu

❷

人気のバナナスイーツ専門店

クルアイ・クルアイ（バナナ・バナナ）

Kuluai Kuluai (Banana Banana)

クルアイ（バナナ）という名前のとおり、バナナスイーツが楽しめる。国内の契約農園で取れる甘味の強いバナナのみを使用。テイクアウトも可能。

▶Map P.134-B2

サヤーム・スクエア周辺 住2nd Fl., Lido Theatre, Siam Square TEL0-2658-1934 開10:30〜20:30 休なし Cardなし 交BSiam駅②出口から徒歩3分 英Menu

❸

豪華マンゴースイーツ

メイク・ミー・マンゴー

make me mango

ワット・ポーそばの路地にある、タウンハウスを改装したおしゃれなカフェ。マンゴーを使った各種スイーツが外国人旅行者に人気。

▶Map P.130-B3

王宮周辺 住67 Maharat Rd. TEL0-2622-2089 開10:30〜20:30 休なし Cardなし 交MSanam Chai駅①出口から徒歩6分 FBmakememango 英Menu

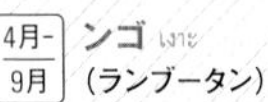

4月-9月 **ンゴ** เงาะ（ランブータン）

水分が多くさっぱりとした甘さが特徴。皮を手でむくと、ブドウのような白い実が出てくる

5月-10月 **ケーオ・マンコーン** แก้วมังกร（ドラゴンフルーツ）

龍のウロコのような見た目からその名がついた。キウイのような味で、白い実をスプーンで食べる

8月-11月 **ソムオー** ส้มโอ（ザボン）

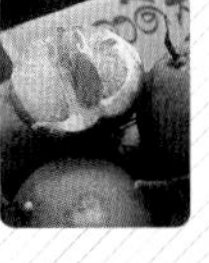

およそ2kgの重さになる甘くてジューシーな柑橘類。スーパーでは皮をむいたものも売られている

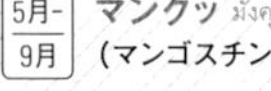

5月-9月 **マンクッ** มังคุด（マンゴスチン）

果物の女王と呼ばれ、上品な甘味が人気。硬い皮をナイフで割って中身を取り出す

5月-7月 **サラ** สละ（サラクヤシ）

独特の匂いがあるが、酸味と甘味のバランスが抜群。トゲトゲした皮をむいて食べる

通年 **ファラン** ฝรั่ง（グァバ）

ナイフでカットすると白い果肉が現れる。リンゴとナシの中間のような食感と味わい

バンコクを含む中部では華人が多いことから、中国料理の影響を受けた辛くない料理もよく食べる。

バンコクで味わうタイの地方料理

ご当地グルメが食べたい

地方に行くとご当地ならではの食べ物が楽しめるのは日本と同じ！　全国から人が集まるバンコクには地方料理の店も充実しています。

タイ東北部料理

タイ語でイーサーンと呼ばれる地方。主食はもち米（カーオ・ニァオ）で、ココナッツミルクをあまり使わず、トウガラシをふんだんに使う激辛料理が多い。

ソムタムは80B～、カイ・ヤーン120B～と手頃

オフィス街の人気イーサーン料理店

ハイ・ソムタム・コーンウェーント

Hai Somtam Convent

オフィスビルが建ち並ぶシーロム通りから少し入った、手頃な料金で人気の庶民派食堂。本格的なソムタムが食べられる。2階と3階の席はエアコンあり。

▶Map P.137-D2

シーロム通り周辺 住2/4-5 Convent Rd. TEL0-2631-0216 開月～金11:00～21:00、土11:00～20:00 休日 Cardなし 交BSala Daeng駅②出口から徒歩2分 写真Menu 英Menu

コー・ムー・ヤーン（豚ののど肉を焼いたもの）120Bはスライスするだけですぐに提供。塩卵が入ったソムタム・カイケムは75B

タイ北部料理

ミャンマーと国境を接し、山がちな地形から、野菜を使ったマイルドな味の料理が多い。

チェンマイ出身のお母さんの味

ホーム・ドゥアン・チェンマイ

Home Duan Chiangmai

カフェのようなかわいらしい雰囲気の小さな食堂。店内には日替わりのスープやおかずがずらりと並び、屋台のように指さしで注文ができる。チェンマイ名物のカオ・ソーイ100Bも人気。

▶Map P.140-B2

スクムウィット通り周辺 住70/2 Soi 63, Sukhumvit Rd. TEL08-5037-8916 開月～金9:00～16:00、17:00～22:00 休土・日 Cardなし 交B Ekkamai駅①出口から徒

1 北部のご当地カレーといえばケーン・ハンレー80B。豚の三枚肉をじっくり煮込んだタマリンドの酸味がたまらないひと品
2 アットホームな雰囲気で、ひとりで来る客も多い

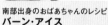

タイ南部料理

スパイスをたっぷり使うこってりした味つけ。アンダマン海とタイ湾に挟まれシーフード料理も豊富。

南部出身のおばあちゃんのレシピ

バーン・アイス

Baan Ice

南部ならではのサトー豆（ネジレフサマメ）やガピ（エビの発酵調味料）を使った料理が多い。辛さも強烈。

▶Map P.140-B2

スクムウィット通り周辺 住115 Soi 55, Sukhumvit Rd. TEL0-2381-6441 開11:00～22:30 休なし CardA.J.M.V. 交B Thong Lo駅③出口から徒歩8分 英Menu 日Menu

1 手前はカーオ・ヤム・クン・プー（サラダ風混ぜご飯）180B。ご飯の上にザボンやキュウリなどの野菜がのる　2 洗練された雰囲気の店内

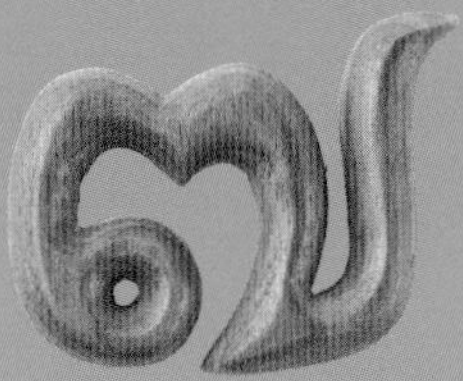

BANGKOK SHOPPING

Thai Esthnic Goods, Spa Goods, Souvenirs, Weekend Market, Shopping Mall, etc.

欲しいモノが見つかる！ バンコク買い物ナビ

安カワ雑貨から上質なタイシルクまで、
買い物天国バンコクにはお宝が勢揃い。
スーパーで見つけたバラマキみやげもチェック。

支店の多いジム・トンプソン・タイシルクで、最も品揃えが豊富なのはスリウォン通りの本店（▶Map P.96）。スワンナプーム国際空港出発ロビーの支店は免税価格。

Original Thai Goods

定番モノからおしゃれアイテムまで
こだわりのタイ雑貨

自然素材の工芸品やキュートな小物など
日本でも活躍しそうなタイ雑貨をお持ち帰り!

色、柄が豊富なクッションカバー 1000B〜

優しい風合いが楽しめるシルクスカーフ 1600B〜

Thai Silk タイシルク
光沢が美しいタイを代表する工芸品 A

ネクタイ1600B〜は男性へのみやげ人気No.1

マンゴーウッドにゾウを彫ったキャンドルホルダー90B

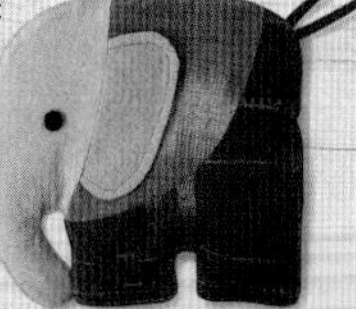

鍋つかみ&鍋敷き160B

Elephant Goods ゾウグッズ
タイを象徴する動物はグッズもいろいろ C

ゾウの置時計は文字盤がタイ語。1200B

淡い緑がきれいなコーヒーカップ365B（スプーンは別売り80B）

Celadon Ware セラドン焼
タイ北部の磁器は淡い緑色とヒビ模様が特徴 C

マンゴスチンの形をしたシュガーポット180B、大220B

Shop List

タイシルクの王様 A
ジム・トンプソン・タイシルク
Jim Thompson Thai Silk

ジム・トンプソンの家（→P.90）に併設。品質のよさと洗練されたデザインに定評があり、スカーフからぬいぐるみまで幅広いアイテムが揃う。

▶Map P.134-B2
サヤーム・スクエア周辺
住6 Soi Kasem San 2, Rama 1 Rd. 電0-2216-7368 開9:00〜20:00 休なし Card A.D.J.M.V. 交B National Stadium駅①出口から徒歩4分

テーブルウエアが多数 C
ザ・レジェンド
The Legend

オリジナルのセラドン焼が人気。ローズウッドや紫檀、黒檀を使ったカトラリー、木の葉やゾウをモチーフにした皿などもある。

▶Map P.134-B1
サヤーム・スクエア周辺
住486/127 Ratchathewi Intersection. 電0-2215-6050 開9:00〜18:00 休無休 Card なし 交B Ratchathewi駅③出口から徒歩すぐ FB The Legend

タイ北部の雑貨も揃う B
アーモン
Armong

チェンマイ出身のオーナーがタイ北部に住む少数民族の布などをアレンジした衣類や小物類をデザイン。タイらしい雑貨も多数。

▶Map P.139-D2
スクムウィット通り周辺
住1st Fl., RSU Tower, Soi 31, Sukhumvit Rd. 電08-3777-2357 開10:30〜19:00 休無休 Card J.M.V. 交B Phrom Phong駅⑤出口から徒歩5分 FB Armong Shop

フェアトレードのタイ雑貨 D
ロフティー・バンブー
Lofty Bamboo

作る人も買う人も皆が喜べる、フェアトレードのショップ。店オリジナルのデザインをタイ国内各地の少数民族や女性グループに委託製造。

▶Map P.139-D2
スクムウィット通り周辺
住2nd Fl., 20/7, Soi 39, Sukhumvit Rd. 電0-2261-6570 開9:30〜18:30 休無休 Card J.M.V.(500B〜) 交B Phrom Phong駅③出口から徒歩3分 FB LoftyBamboo

Miniature Thai Food
タイ料理ミニチュア
驚くほど精巧に再現されたタイ料理 B

人気のスイーツ、カオ・ニアオ・マムアン69B

タイのビールといえばビア・シン 1個69B

テーブルセンター（幅22cm×長さ50cm）480Bは刺繍や色が豊富

D *Fashion Goods*
ファッション雑貨
自然素材と手織りの優しさに触れる

Ethnic Goods
少数民族雑貨
伝統織物や紋様がおしゃれ雑貨に変身! E

タイ人にもウケるタイ文字入りトートバッグ　330B

カレン族の刺繍が美しいカレン・ブラウスバッグ2100B

レモングラスのルーム&ピロースプレー 180B

ポンポンがかわいらしいカレン族の布を使ったきんちゃく袋　600B

F *Cat Goods*
ネコグッズ
タイ雑貨店で人気のネコモチーフグッズ

コットンのネコ型コースター 1枚140B

Lemongrass
レモングラス製品
コーディネートのワンポイントに H

エクストラ・モイスチュアライジング・ハンドクリーム 180B

自由なポーズがかわいらしいネコのマグネット 各120B

山岳少数民族の民芸品 E
ソップ・モエ・アーツ
Sop Moei Arts

タイの山岳少数民族カレン族が作る、織物やバスケットなどの日用雑貨にモダンなデザインをプラスしたアイテムは、どれもクオリティが高い。

▶Map P.140-A1
スクムウィット通り周辺 住104 Soi 49/9, Sukhumvit Rd. TEL0-2119-7269 開火～土9:30～17:00 休日・月 Card A.J.M.V. 交 B Phrom Phong駅③出口から徒歩15分 URL www.sopmoeiarts.info 日本語（日による）

オリジナル雑貨の宝庫 G
チムリム
Chimrim

日本人オーナーのセンスが光る、オリジナル雑貨。人気はコラーゲンを含んだノニ石鹸145B、天然素材のボディスクラブシルクネット300Bなど。

▶Map P.140-A1～A2
スクムウィット通り周辺
住3/5 Soi 43, Sukhumvit Rd. TEL0-2662-4964 開火～日10:00～17:30 休月 Card A.D.J.M.V. 交 B Phrom Phong駅③出口から徒歩7分 URL www.chimrim.com

一軒家のおしゃれショップ F
チコ
Chico

インテリアデザイナーの経歴をもつチコさんのショップ。ネコと遊べる「バーン・メーオ（ネコの家）」とカフェも併設。

▶Map P.140-B1
スクムウィット通り周辺 住321 Soi 19, Soi Ekkamai, Sukhuimvit Rd. TEL0-2258-6557 開水～月9:30～18:00 休火 Card J.M.V. 交 B Ekkamai駅①出口から徒歩28分。モーターサイかMuvMi（→P.36）が便利。 FB Chico design Bangkok

よい香りに癒やされる H
レモングラス・ハウス
Lemongrass House

店名のとおりタイ名産のハーブ、レモングラスを使ったアロマ製品を各種販売。石鹸や各種クリーム、虫よけなど多彩な品揃え。

▶Map P.134-B2～B3
サヤーム・スクエア周辺
住2C-47, 2nd Fl., MBK Center, 444 Phaya Thai Rd. TEL0-2611-4006 開10:30～21:00 休無休 Card A.M.V. 交 B National Stadium駅連絡通路から徒歩すぐ

エンポリアム内のエキゾティック・タイ（→P.69）にはタイのスパブランドが集まっている。

ナチュラル・ソープ B

レモングラス、マンゴスチン、ライムなど5種類の香りがある天然石鹸

Soap 各225B

バスソルト B

100%天然オイルから作られたバスソルトでくつろぎのバスタイム

Bath Salt 440B

ミニ・オーナメント・アンダマン・セイルズ E

かわいらしいパッケージに入ったハンドクリームとボディ&ハンドクレンザーのセット

Cream & Cleanser 450B

自然素材にこだわる
タイ生まれのナチュラルコスメ

天然の植物やハーブを多用したタイのナチュラルコスメ。世界的にも有名な5つのブランドの注目アイテムはコレ!

Natural Cosmetics

エイジ・インバージョン・アイ・セラム D

ターンの人気商品、シソのシリーズ。目元のハリや乾燥、くすみが気になりだしたら

Eye Serum 1500B

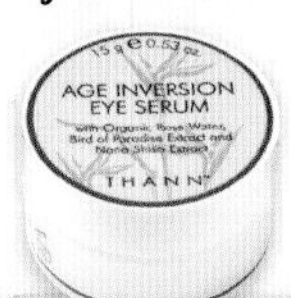

ボディ・ローション C

センテラと蜂蜜入りボディ・ローション。ラベンダーの香りで鎮静効果もある

Body Lotion 1090B

オートミール・フェイス・スクラブ D

オートミールやアプリコットの種子、米ヌカオイルが古い角質を取り除き、肌をなめらかに

Face Scrub 1200B

プロテクティブ・ヘア・セラム D

オーガニックのアルガンオイルやオリーブオイル、シソ葉成分が配合され、髪にハリとツヤを与える

Hair Serum 700B

A 好みの香りに出合える
KARMAKAMET カルマカメット

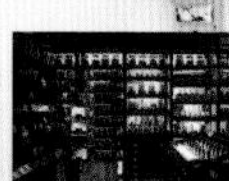

古くから伝わるお香や香水作りの技術を生かした、エッセンシャルアロマオイルを中心にキャンドルやポプリ、サシェなどホームフレグランスを扱う。

▶Map P.139-D3

スクムウィット通り周辺 住30/1 Soi Metheenvit 電0-2262-0701 開10:00～22:00 休なし Card A.D.J.M.V. 交 B Phrom Phong駅②出口から徒歩3分 URL www.karmakamet.co.th

B 癒やしのスパグッズ
Mt. Sapola マウント・サポラ

ナチュラル石鹸からスタートした、スパグッズのブランド。サムンプライ（タイの薬草学）にもとづいた自然素材を使用するアイテムは男性用もある。

▶Map P.135-C2

サヤーム・スクエア周辺 住4th Fl., Siam Paragon, 991 Rama 1 Rd. 電0-2129-4369 開10:00～21:30 休なし Card J.M.V. 交 B Siam駅③⑤出口直結 URL www.mtsapola.com

C パッケージのかわいさも◎
Erb アーブ

タイ王室に伝わるレシピを元に、20種類以上の上質なハーブとラベンダーやジャスミンなど花々の精油を使用。どの商品も日本の3分の1程度の値段。

▶Map P.139-D3

スクムウィット通り周辺 住Exotique Thai, 6th Fl., Emporium, 622 Sukhumvit Rd. 電0-2269-1000 開10:00～22:00 休なし Card A.D.J.M.V. 交 B Siam駅から連絡通路で徒歩3分 URL www.erbasia.com

ボディ・ポリッシュ Ⓔ

粉末ライスシード配合でお肌に優しいポリッシュ。保湿効果もあり

Body Polish 1650B

Drug Store

イギリス生まれドラッグストア

ブーツ（サヤーム・スクエア2店）Ⓕ

Boots

タイ国内に265店舗展開。繁華街やおもなデパートにたいてい入っていて、メイクコスメも充実。

香港発のドラッグストア

ワトソンズ（CPタワー店）Ⓖ

Watsons

生活に密着した商品が各種揃う。年中セールをやっているのでいつでもお得な価格で購入できる。

1 2 3 4

[Check!] ドラッグストアコスメも!

タイで人気のドラッグストアといえばこの2社。手頃なオリジナルコスメも展開している。

1 ラベンダーとライラックのマッサージオイル185B 2 アイ・ジェル95B 3 フェイシャルマスク各26Bも種類豊富 4 ハンドクリーム49B

アジアン・ヘリテージ・ハンドメイド・ソープ Ⓐ

パームオイルやココナッツオイル、グレープシードオイルなどの自然素材を使いコールドプレス製法で作る。広がる香りと泡のキメの細かさが特徴

Soap 各210B

シソ・ヘアマスク Ⓓ

シソの葉エキスとホホバオイルや米ヌカオイルが髪に潤いをもたらす、ヘアトリートメント

Hair Mask 800B

パフュームサシェ Ⓔ

袋の中にハーブなどを入れてクローゼットやタンス、寝室などに掛ける。ふんわりと心地よい香りが広がり、約3ヵ月持続

Sachet 600B

アロマテラピー・キャンドル Ⓓ

あたたかな炎と香りで、視覚と嗅覚の双方から癒やされるキャンドル。レモングラスとマナーオ（タイのライム）を配合したオリエンタル・エッセンスが人気

Candle 900B

Ⓓ

日本にも支店あり

Thann Sanctuary ターン・サンクチュアリ

スキンケア医療とアロマテラピーの両方からアプローチしたプロダクトは、米ヌカオイルやシソ葉エキス、植物の精油を使用。使い心地、香りもいい。

▶Map P.135-C2

プラトゥーナーム周辺 住3rd Fl., Gaysorn, 999 Phloen Chit Rd. TEL0-2656-1399 開10:00～20:00 休なし Card A.M.V. 交ⒷChit Lom駅⑨出口直結 URL www.thann.info

Ⓔ

世界のセレブも愛用

Pañpuri パンピューリ

契約農家で栽培した自然素材と無添加にこだわる、高級スパブランド。植物から抽出したエッセンシャルオイルを独自にブレンドしている。

▶Map P.135-C2

プラトゥーナーム周辺 住2nd Fl., Gaysorn Tower, Gaysorn Village, 127 Ratchadamri Rd. TEL0-2656-1149 開10:00～20:00 休なし Card A.D.J.M.V. 交ⒷChit Lom駅⑥出口から徒歩3分

Ⓕ

Boots

▶Map P.139-C2

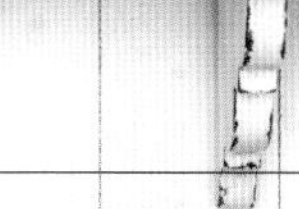

スクムウィット通り周辺 住223 Sukhumvit Rd. TEL06-5946-1627 開10:00～22:30 休なし Card A.D.J.M.V. 交ⒷAsok駅⑤出口から徒歩すぐ URL www.th.boots.com

Ⓖ

Watsons

▶Map P.137-C2

シーロム通り周辺 住1st Fl., CP Tower Bldg., Silom Rd. TEL0-2238-2216 開7:00～21:00（土・日は8:00～23:00） 休なし Card J.M.V. 交ⒷSala Daeng駅②出口からすぐ URL www.watsons.co.th

Supermarket

タイの味を日本で楽しむ
スーパーマーケットで見つけたバラマキみやげ

バラマキみやげの宝庫といえばスーパーマーケット。
日本でなじみのある商品も、タイの味で登場!

賞味期限は仏暦(P.113)で表示されていることも。液状、液体物は帰国時、必ずスーツケースの中へ。

Fruits Spreads

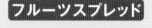

フルーツスプレッド

フルーツスプレッド

ドーイ・カムはタイ王室の地域開発プロジェクトのひとつ。減農薬や有機栽培の農産物を使ったスプレッドが各種ある。マンゴー&パッションフルーツ、マルベリー(桑の実)が人気

95B

95B

Seasoning

調味料

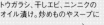

チリペースト 60B (300ml)

トウガラシ、干しエビ、ニンニクのオイル漬け。炒めものやスープに

スイートチリソース 28B (260ml)

タイで人気がある鶏印のソース。揚げものによく合う

ナムプラー 16B (300ml)

魚から作った魚醤。炒めものやドレッシングに使い方いろいろ

カップ麺 13B

本格的な辛さが味わえるトムヤム・クン味。折りたたみフォーク入り

パッ・タイ・ペースト&米麺(センレック) 26B 39B

ペーストはかなり甘めなのでレモンやトウガラシを用意して

Elements of Cuisine

料理の素

マッサマン・カレーの素 29B

ここ数年で人気が定着したマッサマン・カレーの素

カプラオスパイス 25B

鶏ひき肉を加えれば、カプラオ・カイのできあがり

グリーンカレーセット 95B

鶏肉、ナス、シメジにセットのペーストなどを加える。日本語レシピ付き

インスタント粥 30B (3袋入り)

ビッグCのオリジナル商品。水を入れて温めるだけでできあがり

庶民を支える大型スーパー
ビッグC Big-C

バンコクを中心にタイ全土で展開。食品以外に食器や雑貨、衣料品なども揃う。どれもローカルプライスなのがうれしい。

▶Map P.135-C2～D2

サヤーム・スクエア周辺 住97/11 Ratchadamri Rd. TEL0-2250-4888 開9:00～23:00 休なし CardA.D.J.M.V. 交BChit Lom駅⑨出口から徒歩5分 URLwww.bigc.co.th

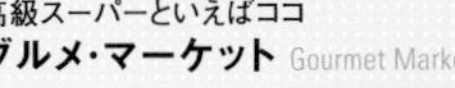

高級スーパーといえばココ
グルメ・マーケット Gourmet Market

サヤーム・パラゴン（→P.91）内。高級感あるオリジナル商品が人気。エンポリアム（→P.69）、ターミナル21（→P.69）にもある。

▶Map P.135-C2

サヤーム・スクエア周辺 住G Fl., Siam Paragon, 991/1 Rama 1 Rd. TEL0-2690-1000 開10:00～22:00 休なし CardA.D.J.M.V. 交BSiam駅③⑤出口直結 URLwww.gourmetmarketthailand.com

日本食材を揃える
フジ・スーパー UFM Fuji Super

日本人好みの食材が揃う日系スーパー。すべての商品に日本語で説明が入っているので、おみやげ探しに便利。

▶Map P.139-D2

スクムウィット通り周辺 住Soi 33/1, Sukhumvit Rd. TEL0-2258-0697 開8:00～22:00 休なし CardA.D.J.M.V. 交BPhrom Phong駅⑤出口から徒歩5分 URLwww.ufmfujisuper.com

[Check!]

Soap
デオドラント石鹸

タイは暑く汗をかくので、デオドラント系の石鹸がいろいろ売られている。欧米や日本ブランドだけでなくタイのオリジナルブランドも根強い人気がある。

45B

58B

人気ブランドのマダム・ヘン。緑はスパ・ミントの香り

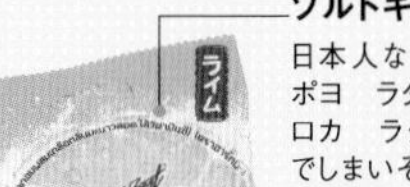

Snack & Sweets
スナック＆スイーツ

ドライ・マンゴー 229B

セミドライのカットマンゴーはしっとり感がほどよく残り、肉厚で食べ応えもある。味わいが凝縮され甘味は生のものよりも強い

プリッツ ラーブ味

150B （12袋入り）

ひき肉のスパイシーサラダ「ラーブ味」。
トムヤム・クン味もある

ソルトキャンディ 各15B

日本人なら思わず「ムエポヨ　ラタムナ」「ムヨホロカ　ラタムナ」と読んでしまいそうなレタリングはそれぞれ「LIME SALT」「LEMON SALT」

コアラのマーチ

各20B

日本でおなじみコアラのマーチ。タイではチョコレート、ストロベリー、ブラックのビターチョコレート、ホワイトミルクの4種類が発売されている

ココナッツサブレ 12B

バターたっぷりのココナッツサブレはサクサクの食感で◎

Drink
ドリンク

エナジードリンク

12B

10B

ここ一番の際や、疲れたときに飲む。ガテン系の強い味方

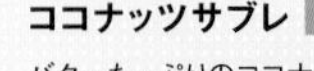

タイ・ティー・ミックス 55B

タイ紅茶といえばコレ。
ミルクと砂糖でタイ風にして飲もう

ドイ・トゥン・コーヒー 560B

山岳民族の生活向上プロジェクトで生産されたコーヒー豆

時間帯によっては大混雑になるので、スリには十分注意しよう。

Chatuchak Weekend Market

週末限定! マストGOの巨大市場

チャトゥチャック・ウイークエンド・マーケット

広大な敷地に約1万5000軒のショップがひしめく。営業は土・日曜。週末は掘り出し物を探しに行こう!

あらゆるモノが集まる!

チャトゥチャック・ウイークエンド・マーケット

Talat Chatuchak (Jatujak Market)

東南アジア最大級のマーケットと言われ、雑貨や衣料品、家具、園芸用品からペットまで何でもあり。市場内は小さな店がぎっしりと並び、見て回るだけでも楽しい。

▶Map P.128-B1

バンコク郊外 住Talat Chatuchak, Phahonyothin Rd. TEL0-2272-4440～1 営土・日9:00～18:00(店により異なる) 休月～金(一部の店は金曜も営業) Card店により異なる 交MKamphaeng Phet駅②出口直結、またはBMo Chit駅①出口から徒歩3分

アートエリア
タイ雑貨エリア
BTSモーチット駅
GATE 2
ビンテージエリア
雑貨&ホームスパグッズエリア
Kampaengpetch 3 Rd.
時計塔
GATE 3
GATE 1
Kampaengpetch 2 Rd.
Kampaengpetch1 Rd.
トレンドエリア
ファッションアクセサリーエリア
MRTカムペーン・ペッ駅

[Check!]
1～27のセクションに分かれている。エリア分けはあるが、違うカテゴリーの店も入り乱れているので注意

[Check!] マーケット攻略法

- ☑ 涼しくて人出が少なめの午前中に行くのがおすすめ。
- ☑ 複雑に入り組んだ市場内では、自分がどこにいるかわからなくなりがち。欲しいものがあれば即買い!
- ☑ エアコンはないのでとにかく暑い。水分補給はこまめに。屋台グルメやカフェ、レストランもあるので休憩に利用しよう。

ココナッツアイス!

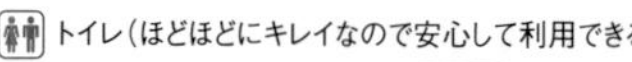

トイレ(ほどほどにキレイなので安心して利用できる)
R エアコン付きのレストラン
ATM ATM(両替所もあり)
i インフォメーション(地図をもらえる)

\ チャトゥチャックで見つけたもの大集合! /

タイ雑貨エリア

セラドン焼、タイシルク(機械プリントの量産品が多い)や木製のカトラリーなどタイの定番雑貨が揃う。

1 タイ雑貨はおみやげにマスト
2、3 セラドン焼は食器から置物までいろいろ

Thai Goods

4 マンゴーの形をしたプレート170B

1 お気に入りを見つけたら即買い 2 フルーツ型の石鹸75B 3 タイ北部ラムパーンの伝統柄ニワトリがプリントされた重ね式弁当箱 4 ナチュラルコスメもチェック

雑貨&ホームスパグッズエリア

インテリア雑貨やホームスパグッズの店が集まる。一部、アジア雑貨も見かけるのでおみやげ探しにもおすすめ。

Home Spa Goods

Fashion & Accessories

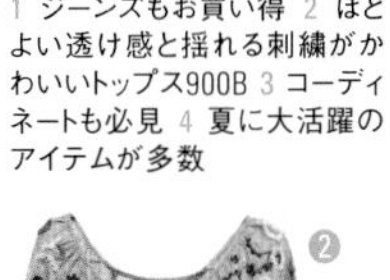

1 ジーンズもお買い得 2 ほどよい透け感と揺れる刺繍がかわいいトップス900B 3 コーディネートも必見 4 夏に大活躍のアイテムが多数

ファッション アクセサリーエリア

1枚100B程度のTシャツやパンツ、下着などがたくさん。敷地内の大部分を占めるので、見て回るのも大変。

トレンドエリア

プチプラでトレンドアイテムを購入できる。ファッション好きなら迷わずこのエリアへ行ってみよう。

Trend Area

1 個性的なショップも見つかる 2 リゾートワンピース1200B、コットン100%のトップス850B 3 ミラー刺繍がキュートなかごバッグ540B 4 ピンク色がかわいい、ウェッジサンダル 2250B

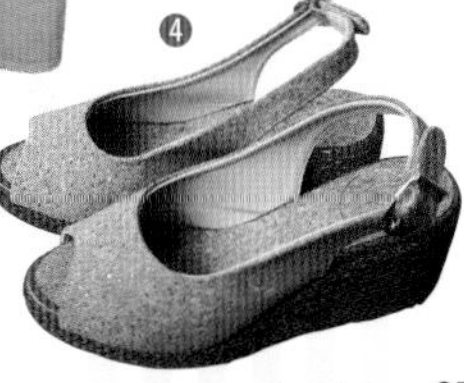

ショッピングセンターによって階数表記は異なる。日本の1階はグランドフロア、日本の2階が1階となるところも。

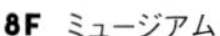

Iconsiam

8F	ミュージアム
7F	フィットネスセンター
6F	レストラン、映画館
5F	子供服、アイコンクラフト
4F	電化製品、アイコンクラフト
3F	スポーツ用品、電化製品
2F	ファッション、ライフスタイル
1F	アクセサリー、ファッション
MF	ハイブランド
GF	スックサヤーム、レストラン

\ BTSチャルーン・ナコーン駅直結 /

チャオプラヤー川岸の巨大モール

アイコンサヤーム

チャオプラヤー川の岸にオープンした巨大モール。売り場面積はタイ最大。高い天井や広々とした回廊など、ゴージャスな造り。ハイブランドのタイ旗艦店、高級レストランの支店も多数入る。日本の髙島屋も。

▶Map P.136-A2

チャルーン・クルン通り周辺 住299 Charoen Nakhon Rd. TEL0-2495-7000 開10:00～22:00 休なし Card 店により異なる 交Ⓑチャルーン・ナコーン駅連絡通路から徒歩すぐ URL www.iconsiam.com

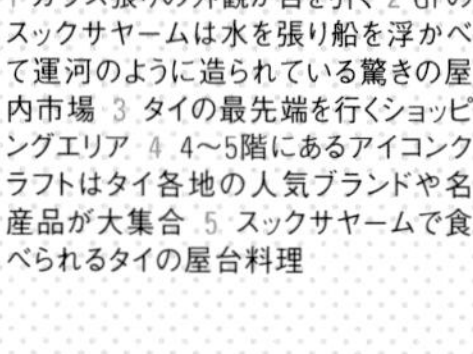

1 ガラス張りの外観が目を引く 2 GFのスックサヤームは水を張り船を浮かべて運河のように造られている驚きの屋内市場 3 タイの最先端を行くショッピングエリア 4 4～5階にあるアイコンクラフトはタイ各地の人気ブランドや名産品が大集合 5 スックサヤームで食べられるタイの屋台料理

Shopping Center

お買い物天国、バンコクの象徴

巨大ショッピングセンター

スクムウィット通りを中心に建ち並ぶ巨大ショピングセンター。注目すべき6軒の特徴を知って、目的別に賢く買い物しよう。

パンピューリやアーブ、ターンはセレクトショップにある

Central Chidlom

\ BTSチットロム駅直結 /

品揃え豊富な老舗デパート

セントラル・チットロム

イギリスのマークス&スペンサー、トップショップが入っている。カジュアルからラグジュアリーまでブランドのセレクトもいい。店の規模はやや小さめ。

▶Map P.135-D2～D3

プラトゥーナーム周辺 住1027 Phloen Chit Rd. TEL0-2793-7777 開10:30～22:00 休なし Card A.D.J.M.V. 交Ⓑ Chit Lom駅⑤出口直結

7F	セントラル・フード・ロフト、書店
6F	子供用品
5F	キッチン雑貨、スパグッズ（パンピューリ ▶P.63 アーブ ▶P.62 ターン ▶P.63）
4F	メンズファッション
3F	ファッション（無印良品など）
2F	ファッション（トップショップなど）、シューズ、バッグ、アクセサリー
1F	ファッション、コスメ、スーパーマーケット
BF	食料品店

BTSチットロム駅連絡口 2F

※2024年2月現在一部改装中

\ BTSプルンチット駅直結 /

Central Embassy

驚きの巨大吹き抜け

セントラル・エンバシー

プラダやグッチ、シャネルなどラグジュアリーブランドがズラリ。

▶Map P.135-D3

サヤーム・スクエア周辺 住1031 Phloen Chit Rd. TEL0-2119-7777 開10:00～22:00 休なし Card店により異なる 交Ⓑ Phloen Chit駅連絡通路から徒歩 URL www.centralembassy.com

1 巨大な吹き抜けを取り巻いてハイブランドのショップが並ぶ 2 高層階はホテルのパークハイアット・バンコク

1 タイのファストファッション、ジャスパルJASPALはグランドフロアに 2 ルームフレグランスのブレスBreatheは3階 3 メンズフロアはロンドンがテーマ 4 トレンドをおさえたヤングカジュアルブランドが多い

＼ BTSアソーク駅直結 ／

コンセプトは空港ターミナル

ターミナル 21

フロアごとにロンドン、東京、イスタンブールなど世界の都市をテーマにした造りがユニーク。店舗数は約560店で、ヤングカジュアルのローカルブランドが多い。

▶Map P.139-C2

スクムウィット通り周辺 住88, Soi 19, Sukhumvit Rd. TEL0-2108-0888 開10:00～22:00(店により異なる) 休なし Card店により異なる 交ⒷAsok駅①③出口直結 URLwww.terminal21.co.th

Terminal 21

6F	映画館
5F	ピア21フードコート ▶P.51 レストラン
4F	レストラン(MK ▶P.47)
3F	シューズ、バッグ、アクセサリー
2F	メンズファッション
1F	レディスファッション
MF	ファッション(H&M、カンペールなど) コスメ(マウント・サポラ ▶P.62)
GF	ファッション(ジャスパルなど)
LG	ブーツ ▶P.63 ワトソンズ ▶P.63

BTSアソーク駅連絡口 2F

ターを楽しみ尽くす!

1 フードコートの一部店舗には日本語でメニュー表記あり

＼ BTSプロムポン駅直結 ／

在住日本人御用達の高級デパート

エンポリアム

日本人が多く住むエリアにあり、世界のハイエンドなブランドからタイファッションブランドまで多彩な店が並ぶ。2023年には公園を挟んで西隣に姉妹店の「エムスフィア」が開業。

▶Map P.139-D3

スクムウィット通り周辺
住622 Sukhumvit Rd. TEL0-2269-1000 開10:00～22:00 休なし Card店により異なる 交ⒷPhrom Phong駅②出口直結 URLwww.emporium.co.th

Emporium

5F	映画館
4F	グルメ・マーケット ▶P.65 フードコート、インテリア パンピューリ ▶P.63 アーブ ▶P.62 マウント・サポラ ▶P.62 ターン ▶P.63
3F	子供用品、ジム・トンプソン ▶P.60
2F	スポーツ用品
1F	レディスファッション、コスメ
MF	レディスファッション、宝飾品
GF	宝飾品

BTSプロムポン駅連絡口 MF

1 BTSのプロムポン駅からテラスで直結。雨天時はテント式の通路が出る 2 G階にあるグルメ・マーケットにはバラマキみやげ用食品コーナーも

＼ BTSプロムポン駅直結 ／

EmQuartier

空中庭園のスタバは穴場

エムクオーティエ

BTS駅を挟んで向かいにあるエンポリアムとエムスフィアと合わせて巨大ショッピングエリアを形成。地下の高級スーパーマーケットはおみやげ探しに便利。レストラン街が充実。

▶Map P.139-D2～D3

スクムウィット通り周辺 住 693, 695 Sukhumvit Rd. TEL0 2269-1000 開10:00～21:00 休なし Card店により異なる 交ⒷPhrom Phong駅連絡通路から徒歩すぐ URLwww.emquartier.co.th

[COLUMN]

バラマキみやげにも◎

タイのビール飲み比べ!

刺激的なタイ料理と一緒に飲むビールは最高! バンコクで人気の7銘柄を編集部が飲み比べ。気になるビールは、スーパーやコンビニでGET!

「シンハ・ビール」と呼ばれることも多いが、タイでの呼び方は「シン」または「ビア・シン」。

ビア・シン
SHINGHA

5%　軽・・・★・重

タイを代表するビール。1933年から続くブランド。

☑ 独特の風味があり、ひと口飲めばこれだとわかる。

チャーン・エクスポート
Chang Export

5%　軽・・・★・重

輸出向けをうたい洗練されたイメージ。

☑ アルコール度数を抑えて万人受けする味わいに。

スノーウィ・ヴァイツェン
SNOWY WETZEN

4%　軽・★・・・重

ヴァイツェンが他のビールと変わらない値段で買える。

☑ コンビニでこれが買えるタイがうらやましい。

チャーン・クラシック
Chang Classic

6.4%　軽・・★・・重

発売当初は廉価でシェアを奪った。

☑ 高アルコール度数でヘビーな酔い心地。

チャーン・エスプレッソ・ラガー
Chang Espresso Lager

4.8%　軽・・・★・重

何かと思えばエスプレッソ風味のビール。悪くない。

☑ タイ、ラオス、ベトナム産のコーヒー豆使用。

シン・リザーブ
RESERVE

5.3%　軽・・・★・重

ビア・シンも高級路線のビールを市場に投入。

☑日本で売られているプレミアムビールの雰囲気。

コッパー
KOPPERE

4.5%　軽・・・★・重

ビア・シンが製造販売するクラフトビール。

☑ 琥珀色の美しいビール。味もなかなかいい。

[Check!] **ビールに氷?**

レストランでは、グラスに氷を入れてくれることがある。少しぐらい薄まっても冷たいほうがおいしいという、暑いタイならではの習慣だ。不思議と飲みやすくなるので、ぜひ試してみよう。

ビール&氷のタイ語

語尾に男性は「クラップ」、女性は「カ」をつけて!

● 氷を入れて下さい。
ใส่น้ำแข็งด้วย ครับ (คะ)
サイナムケーンドゥアイ クラップ(カ)

● 氷は入れません。
ไม่ใส่น้ำแข็ง ครับ (คะ)
マイサイナムケーン クラップ(カ)

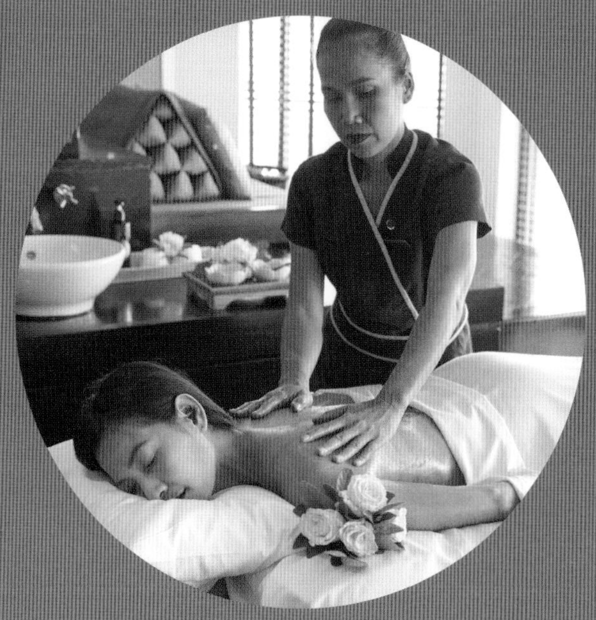

BANGKOK RELAXATION

Spa, Esthetic, Nail Salon,
Thai Traditional Massage,
Foot Massage, etc.

バンコクで癒やされる！ 厳選リラクセーションスポット

日本より割安感のある高級スパはぜひ体験したい。
イタ気持ちいいタイ式マッサージもおすすめ。
スパ&マッサージ天国バンコクで、心も体も癒やされよう。

オイルマッサージのあとはオイルを流さないほうがより効果が出るので、シャワーを浴びるならトリートメントの前に。

雰囲気、技術、サービス高!

身も心も癒やされる バンコクの極上スパ

高級ホテルやショッピングモール内のスパなどさまざま。
日本と比べて安いのにクオリティは高く、何度でも通いたくなる。

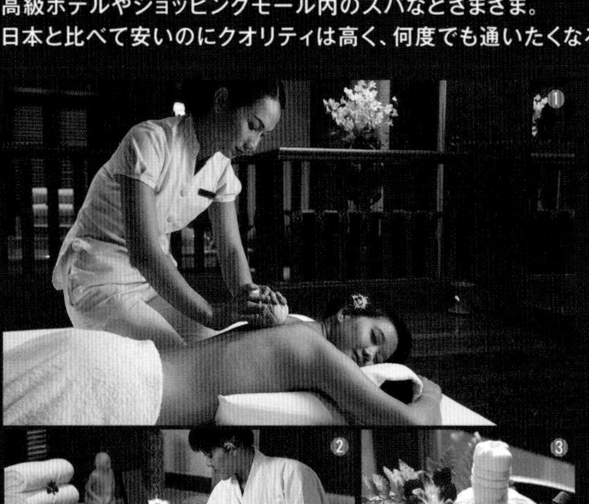

タイスパのパイオニア

オリエンタル・スパ

The Oriental Spa

マンダリン・オリエンタル・バンコク(→P.108)直営のスパ。伝統医療のタイ古式マッサージやハーブ療法から専用の部屋を使うアーユルヴェーダまで幅広いトリートメントがある。

▶Map P.136-A2

チャルーン・クルン通り周辺 住Mandarin Oriental Hotel,48 Oriental Ave., Charoen Krung Rd. TEL0-2659-9000 開9:00〜22:00(最終受付は20:00) 休なし CardA.D.J.M.V. 予前日までに要予約 交ⒷSaphan Taksin駅そばのCEN Sathornから専用渡し船 URLwww.mandarinoriental.com 英Menu

1 ハーバルボールを使ったトリートメントが人気 2 スイートの部屋はプラス2400Bで利用できる 3 オリジナルのプロダクトを使用

◆おすすめ *Menu*◆

シグネチャー・トリートメント各種	90分	4800B〜
タイ・ハーバル・コンプレス	30分	1750B〜
ボディ・スクラブ・エクスペリエンス	60分	3250B〜

プーケット発、癒やしの空間

バンヤンツリー・スパ

Banyan Tree Spa

バンヤンツリー・バンコク(→P.110)内。世界に70店舗を展開する実力派で、トップ技術をもつテラピストが行うトリートメントは、世界中のセレブから支持されている。

▶Map P.137-D2〜D3

シーロム通り周辺 住Banyan Tree Bangkok, 21/100 Sathorn Tai Rd. TEL0-2679-1052 開10:00〜22:00(最終受付はメニューによる) 休なし CardA.D.J.M.V. 予要予約 交ⓂLumphini駅②出口から徒歩8分 URLwww.banyantreespa.com 英Menu

◆おすすめ *Menu*◆

マスター・テラピスト・エクスペリエンス	90分	6000B〜
マッサージ各種	60分	3800B〜
ボディ・トリートメント各種	30分	2800B〜
フェイシャル各種	90分	5000B〜
フェイシャルのエクスプレス	30分	2800B

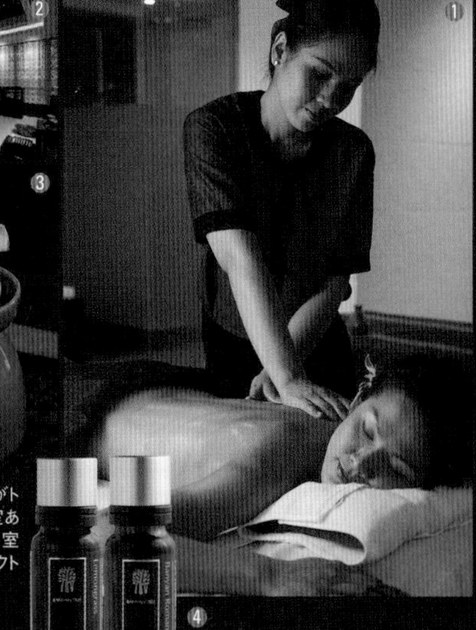

1 ホテルの19階、20階がトリートメントルーム 2 16室あり、カップルルームは10室 3,4 オリジナルのプロダクトはショップで購入できる

[Check!] 覚えておきたい タイのスパあれこれ

スパメニュー

●タイ古式マッサージ
タイの伝統医療。2500年以上の歴史があり、体の凝りをほぐしてくれる。

●タイハーバルボール
数種類のハーブを布で包んだボールを蒸して全身に押し当てる。

アロマオイル

●レモングラス
リラックス効果が高い。食欲不振、筋肉疲労に。

●ジャスミン
パワーが足りない時に。スキンケアにも◎

●ラベンダー
不眠や高血圧、肩凝りなどに効く万能オイル。

●ティーツリー
殺菌効果があるので肌荒れや風邪にもいい。

自然素材

●タマリンド
ビタミンCが豊富で、エイジングケアにおすすめ。

●レモングラス
抗酸化作用が高く、ニキビや吹き出物に効果的。

●ジャスミンライス
肌の角質除去や保湿にいい。敏感肌にも使える。

●ココナッツ
保湿効果が高く、老化防止や肌荒れを改善。

温泉施設併設の癒やしスパ

パンピューリ・ウェルネス

Panpuri Wellness

タイで人気のコスメブランド、パンピューリ（→P.63）のスパは温泉施設に併設。オフィスビルの中にあるとは思えない、癒やしの空間。ゆったりお湯につかってからのトリートメントでリラックス。

▶Map P.135-C2

プラトゥーナーム周辺 住12th Fl., Gaysorn Tower, Phloen Chit Rd. 電0-2253-8899 開10:00～22:00 休なし Card A.J.M.V 交BTS Chit Lom駅⑥出口直結 URL www.panpuriwellness.com 英Menu

◆おすすめ Menu◆

オンセン（6歳以上利用可）		750B
ディープ・スリープ・アロマテラピー・マッサージ	60分	2900B
ボディ&フェイシャル・ラディエンス（フェイシャルとマッサージの組み合わせ）	120分	4900B

1 大きな窓で明るいトリートメントルーム 2 くつろぎスペースも設置 3 スタイリッシュなオンセンスペース 4 オリジナルのオーガニックティー

人気スパグッズブランド直営

アーブ・スパ

Erb Spa

ギャラリーやショップが併設されたカルチャースポット、ウェアハウス30にある手頃なスパ。人気スパグッズのブランド、アーブの直営。トリートメントに使われるプロダクトもアーブ。

▶Map P.136-A2

チャルーン・クルン通り周辺 住Warehouse 30, Soi 30, Charoen Krung Rd. 電0-2117-2266 開10:00～20:00 休なし Card A.J.M.V 交MRT Hua Lamphong駅①出口から徒歩15分 URL erbasia.com 英Menu

◆おすすめ Menu◆

ラッタナーコーシン・ボディ・マッサージ（ロイヤル・タイ・マッサージ）	60～120分	1650～2850B
デトックス・ボディ・トリートメント	120分	4200B

1 トリートメントルームは4室で全室異なるインテリア 2 レセプションエリアにはショップも併設 3 ショップのディスプレイもおしゃれ 4 気に入ったプロダクトがあればその場で購入できる

好みのネイルデザインがない場合もあるので、日本から気に入ったものを持って行くと言葉が通じなくても困らない。

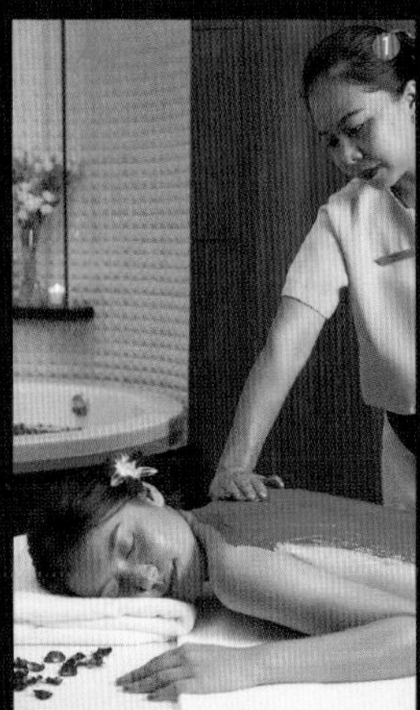

フランスから来たエレガンス

アン・セモナン・スパ・アンビエンス

Anne Semonin Spa Ambience

フランスの高級コスメとタイのハーブなど天然素材を使った、いいとこ取りのスパ。スクムウィット通りのトンローにある高級ホテル、バンコク・マリオット・ホテル・スクンビット(→P.109)内。

▶Map P.140-D2～D3

スクムウィット通り周辺 住7th Fl., Bangkok Marriott Hotel Sukhumvit, 2 Soi 57, Sukhumvit Rd. TEL0-2797-0335 開10:00～22:00 休なし CardA.D.J.M.V. 交BThong Lo駅③出口から徒歩2分 URLwww.marriott.com 英Menu

◆おすすめ Menu◆

グレープ・コンプレス・マッサージ	75分	2900B
ディープ・ティシュー(スポーツ)・マッサージ	60～90分	2700～3400B
スーパー・アクティブ・フェイシャル	55分	4500B

1 ウッディな内装で落ち着ける 2 VIPルームはジャクージもある 3 テスターが並んだレセプションのテーブル。受け付け時に好みの香りの素材を選べる

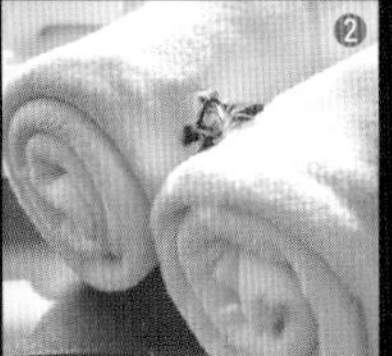

チャオプラヤー川べりの楽園

ペニンシュラ・スパ

The Peninsula Spa

チャオプラヤー川沿いにそびえる高層ホテル、ペニンシュラ・バンコク(→P.110)のガーデンエリアにあるスパ。緑茂る南国ムード満点の環境で、体だけでなく心も癒やされる。

▶Map P.136-A3

チャルーン・クルン通り周辺 住The Peninsula Bangkok, 333 Charoen Nakhon Rd. TEL0-2020-2888 開9:00～23:00 休なし CardA.D.J.M.V. 交CEN Sathorn船着場から渡し船 URLwww.peninsula.com 英Menu

◆おすすめ Menu◆

ザ・ペニンシュラ・ロイヤル・タイ・マッサージ	90分	4000B
ファーミング・コラーゲン・フェイシャル	60分	1万500B
フォー・ハンズ・シンクロナイズド・マッサージ	90分	6690B

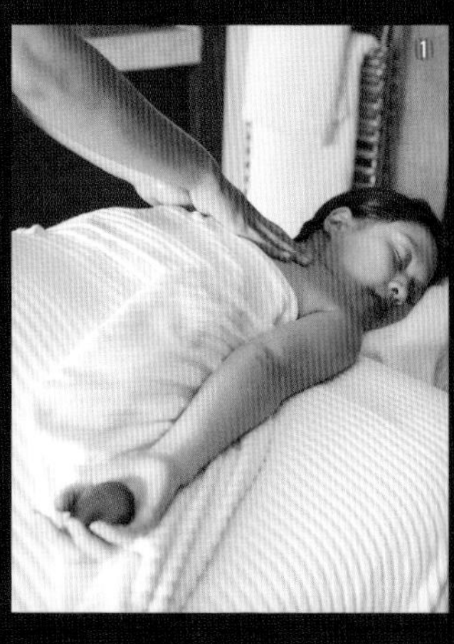

1 メニューだけでなくオーダーメイドのトリートメントも可能 2 タオルやシーツはオーガニック素材使用 3 渡し船でアクセスするのが楽しい

スタイリッシュなホテルのスパ

キリヤ・スパ

Kiriya Spa

静かな路地の奥にあるスタイリッシュなホテル内のスパ。インテリアはどこかタイの寺院を思わせるデザインで落ち着ける。

▶Map P.134-B2

サヤーム・スクエア周辺 住Lit Bangkok, 36/1 Soi Kasem San 1, Rama 1 Rd. TEL0-2612-3456 開10:00～21:00 休なし CardA.D.J.M.V. 交BNational Stadium駅③出口から徒歩3分 URLwww.litbangkok.com/hotel/kiriya-spa/ 英Menu

◆おすすめ Menu◆

バンブー・マッサージ	70分	2500B
ボディラップ(フットバス、フットスクラブ付き)	30分	1500B

1 モダンなジャクージ設置のトリートメントルームも
2 かわいらしいタイのハーバルボール

駐在員マダム行きつけの

一軒家スパ&ネイルサロン

おすすめコメント付き!

バンコク在住の日本人女性が支持する、行きつけのスパとネイルサロンを紹介。

Spa スパ

バンコクではゆったり過ごせる一軒家のスパも人気。高級ホテルスパより手頃な価格も魅力。

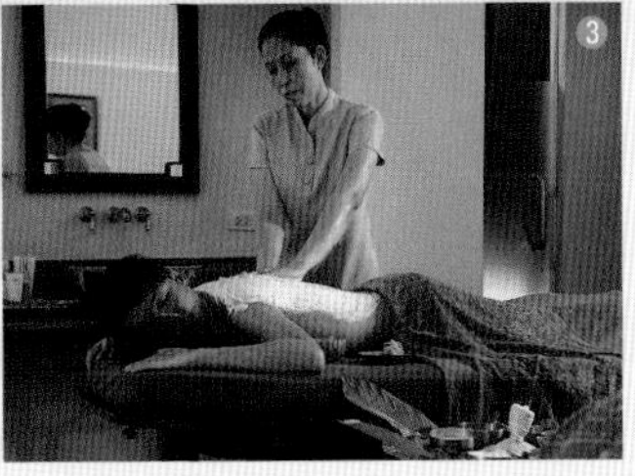

Recommend!
高級ホテル並みのサービスが受けられます! 価格も手頃です。(在住4年・M.S)

白亜の一軒家スパ

ディヴァナ・ヴァーチュ・スパ

Divana Virtue Spa

「自然に還る」をモットーにオーガニックなどコンセプトの異なる4店を展開。ここではマッサージやスクラブのほかに、レーザーに頼らないフェイシャルクリニックを併設。

▶Map P.136-B3

シーロム通り周辺 住10 Si Wiag Rd. TEL0-2236-6788 開11:00～23:00(最終受付は21:00) 休なし CardA.D.J.M.V. 予要予約 交BSurasak駅③出口から徒歩3分 URLwww.divana-dvn.com 日Menu(一部)

1 ウエイティングルームもおしゃれ 2 特注の陶器バスタブでフラワーバスを 3 全8室すべてカップルルーム 4 オリジナルの自然派コスメは敏感肌でも安心して使える

◆おすすめ Menu◆

アロマティック・リラクシング・マッサージ	90分	2350B
ネイチャー・スパ・エッセンス(スクラブ+アロマオイルマッサージ)	130分	3350B
セルラー・ラディアンス・コラーゲン・フェイシャル・トリートメント	70分	2350B

Nail ネイル

バンコクには技術の高いネイルサロンが多数ある。コスパもよく、一度は体験してみたい。

日本人経営で安心

テイクケア

Takecare

日本人オーナーの教育により、高い技術やサービスが保たれている。市内に12店舗を構え、ネイルグッズを販売するショップも運営。

▶Map P.139-D2～D3

スクムウィット通り周辺 住Soi 35, Sukhumvit Rd. TEL0-2258-7543 開9:00～21:00(最終受付は19:30) 休なし CardJ.M.V. 予したほうがよい 交BPhrom Phong駅⑤出口からすぐ URLwww.takecarebeauty.com 英Menu 日本語(日によって)

◆おすすめ Menu◆

マニキュア〈単色〉	300B	〈フレンチ〉	350B
スパ・ペディキュア〈単色〉	300B	〈フレンチ〉	350B
カルジェル〈単色〉	1600B	〈フレンチ〉	1800B
アクリルネイル〈単色〉	1600B	〈フレンチ〉	1800B

Recommend!
手足のスパとジェルネイルのセット1800Bがおすすめです。(在住1年A.S.)

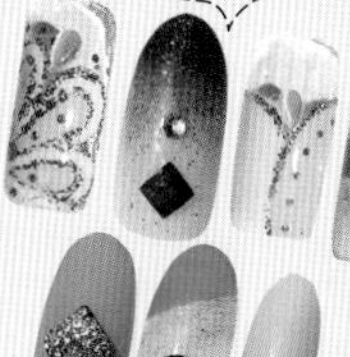

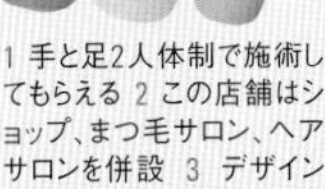

1 手と足2人体制で施術してもらえる 2 この店舗はショップ、まつ毛サロン、ヘアサロンを併設 3 デザイン持ち込みもOK

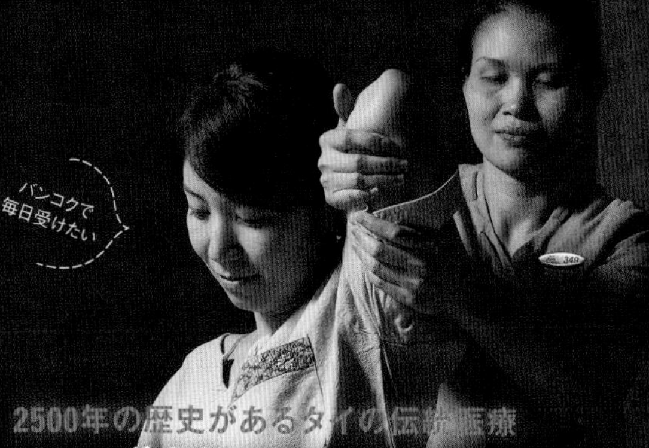

2500年の歴史があるタイの伝統医療

スゴ技でスッキリ！ タイ古式マッサージ

仏教とともにタイに伝わり発展してきたタイ古式マッサージ。バンコクには優雅な設備を整えたマッサージ店が多く、日本の3分の1程度の料金で施術を受けることができる。

日本語サービスが充実！

アジアハーブアソシエイション

Asia Herb Association

日本人女性オーナーが2003年にオープン。スパのようなおしゃれな店内と安定した技術で人気になり、現在市内に3店舗をもつ。

▶Map P.139-D2

スクムウィット通り周辺 住50/6 Soi 24, Sukhumvit Rd TEL0-2261-7401 開9:00～24:00（最終受付22:00） 休なし Card A.J.M.V 交 B Phrom Phong駅 6 出口から徒歩2分 URL www.asiaherbassociation.com 日Menu

1 マッサージ室は基本的に個室 2 オーナーはタイのハーバルボールに魅せられて店をオープンした

◆おすすめ Menu◆

タイ古式マッサージ	60～180分	700～1900B
タイ古式マッサージ＋オーガニック生ハーバルボール（ボディ）治療	90～180分	1450～2650B

高級感ある一軒家

ヘルス・ランド

Health Land

バンコクに8店舗展開するマッサージ店。アーユルヴェーダの思想にのっとった、伝統的なタイ古式マッサージを施術。

▶Map P.139-C1

スクムウィット通り周辺 住55/5 Soi 21, Sukhumvit Rd. TEL0-2261-1110 開9:00～22:00 休なし Card A.J.M.V 交 M Sukhumvit駅①出口から徒歩4分 URL www.healthlandspa.com 日本語

◆おすすめ Menu◆

トラディショナル・タイ・マッサージ	120分	650B
フットマッサージ	60分	400B
アロマテラピー・ボディ・マッサージ	90分～	1100B～

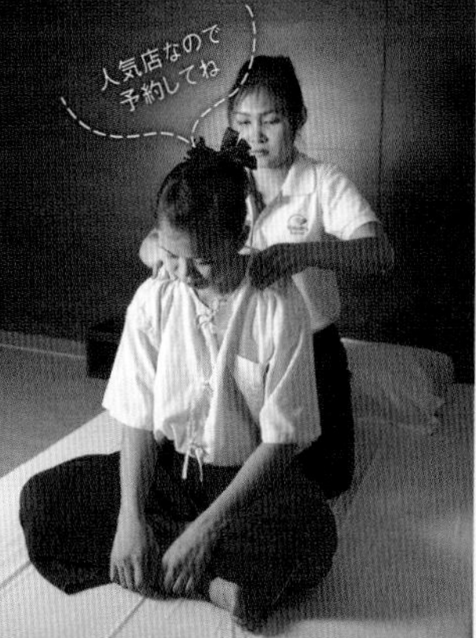

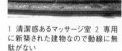

1 清潔感あるマッサージ室 2 専用に新築された建物なので動線に無駄がない

タイ古式マッサージは2時間以上受けると効果が高いといわれる。

[Check!]

タイ古式マッサージってこんな感じ！

基本的な型があり、どの店で受けても同じ流れになる。今回は2時間コースのダイジェストをご紹介。

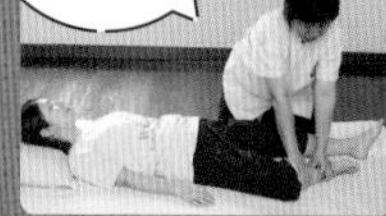

仰向けになり足裏→ふくらはぎ→太もも→手と腕の順にマッサージ

→

横向きになり、足→太もも→腰→腕→指の順にマッサージ

→

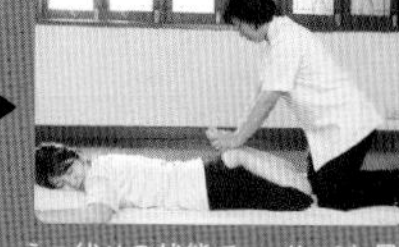

うつ伏せの状態でマッサージ。足のむくみを取る

→

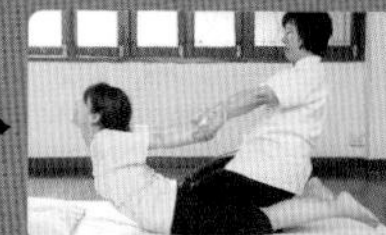

うつ伏せのまま、背中や肩甲骨、背中全体のストレッチ

→

サラデーン駅前の交通至便な立地

サバーイ・タイ・マッサージ

Sabai Thai Massage

予約なしで受けられる気軽さがうれしい店。珍しいのは北タイ式のトックセンという、タマリンドの木を使ったマッサージ。

▶Map P.137-D2

シーロム通り周辺 住16/2 Silom Rd. TEL0-2632-7579 開10:00～翌2:00（最終受付は翌1:00） 休なし CardJ.M.V（500B～） 予不要 交Ⓑ Sala Daeng駅③出口からすぐ 日Menu

◆おすすめ Menu◆

メニュー	時間	料金
タイ古式マッサージ	60分	250B
タイ古式マッサージ+ハーバルコンプレス	120分	700B

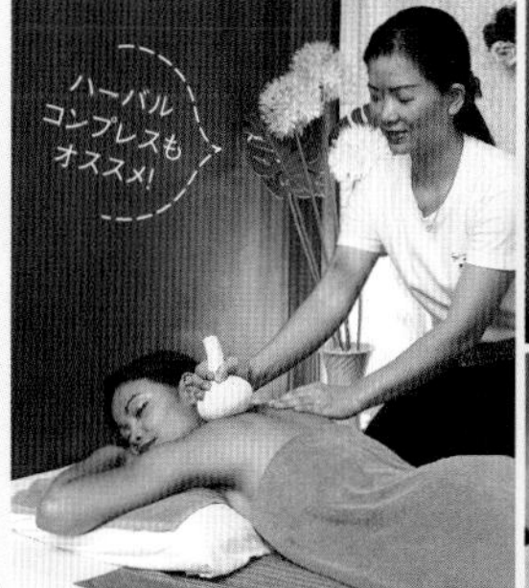

1 基本は大部屋で、カーテンで仕切られる 2 いち押しのトックセン60分500B

マッサージで社会貢献

パーセプション・ブラインド・マッサージ

Perception Blind Massage

視覚や身体に困難があるマッサージ師に職場を提供し自立を支援するマッサージ店。しっかりしたマッサージが受けられる。

▶Map P.137-C3

シーロム通り周辺 住56-58 Sathorn Nua Rd. TEL08-2222-5936 開10:00～21:00（最終入店20:00） 休なし CardA.J.M.V 交Ⓑ Chong Nonsi駅②出口から徒歩5分 URL perceptionblindmassage.com 英Menu

◆おすすめ Menu◆

メニュー	時間	料金
タイ・ボディ・マッサージ	60～120分	450～800B
ヘッド、ネック&ショルダーマッサージ	60～90分	450～600B
フットマッサージ	60～90分	450～600B

1 シンプルモダンな内装の店内 2 入口は狭いドアがあるだけなので見逃さないように

お悩み別マッサージがユニーク!

ルアムルディー・ヘルス・マッサージ

RuamRudee Health Massage

コンピューターシンドローム・マッサージ45分450Bなど、お悩み別のメニューがある。ソルトポット・マッサージ60分900Bも人気。

▶Map P.138-B1

プラトゥーナーム周辺 住20/17-19 Soi Ruamrudee, Sukhumvit Rd. TEL0-2252-9651 開10:00～24:00（最終受付はメニューにより異なる） 休なし CardA.J.M.V 予したほうがよい 交Ⓑ Phloen Chit駅⑥出口から徒歩3分 URL www.ruamrudeehealthmassage.com 日Menu

◆おすすめ Menu◆

メニュー	時間	料金
タイ古式マッサージ	60～90分	280～420B
フットマッサージ	60～90分	300～450B

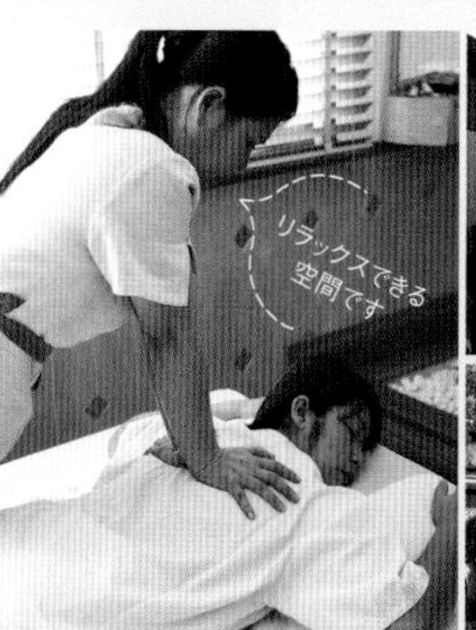

1 1階がフットマッサージスペース。ボディマッサージは2階のカーテンで仕切られたベッドで受ける 2 ルアムルディー・ビレッジ内にある

※ワット・ポー・タイ・トラディショナル・メディカル&マッサージスクール（→P.78）で撮影したもの

再度仰向けになって、足と腰の部分を中心としたストレッチ

→

最後に座位で、肩や首、頭の凝りをほぐす

→

脊椎と股関節のストレッチ。グキグキと鳴っても痛くない

→

座ったまま最後に足のストレッチをするが、仰向けで行うことも

[COLUMN]

木先生の指名は無料なので、早めに電話で予約をしておこう。

まだまだあります!

個性派癒やしスポット

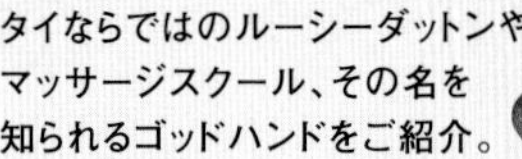

タイならではのルーシーダットンやマッサージスクール、その名を知られるゴッドハンドをご紹介。

タイ式ヨガといわれる

ルーシーダットン Rusi Datton

バンコク3大寺院のひとつワット・ポー(→P.11)で毎朝無料レッスンが行われている。予約不要の気軽さがいい。ルーシー(仙人)、ダッ(ストレッチ)、トン(自分)という名称のとおり、もともとは僧侶たちが自分の体を矯正するためにしていた体操。

観光のついでにルーシーダットンも!

ワット・ポー

Wat Pho

▶Map P.130-B3

王宮周辺 住2 Sanam Chai Rd. 電0-2226-0335 開8:00～18:30(ルーシーダットンは8:00～8:30) 休なし(ルーシーダットンは雨天中止) 料300B(ワット・ポー入場料) 予不要 交MSanam Chai駅①出口から徒歩8分 URLwww.watpho.com

1 ワット・ポー内のマッサージ小屋の前で行われる。7:50には到着しておこう 2 全部で20のポーズを30分かけて行う 3 そのままマッサージを受けて帰るのもいい

自らを癒やすことができる

マッサージスクール Massage School

タイ古式マッサージは、マッサージをする側にも癒やしの効果が高いとされる。ワット・ポー直系のマッサージを学んでみては? 基本コース5日間1万3500B。

ワット・ポー・タイ・トラディショナル・メディカル&マッサージスクール

Wat Pho Thai Traditional Medical and Massage School

▶Map P.130-B3

王宮周辺 住392/25-28 Soi Pen Phat 1, Maharaj Rd. 電0-2622-3551 開8:00～17:00(レッスンは9:00～16:00) 休なし CardM.V 予不要 交MSanam Chai駅①出口から徒歩4分 URLwww.watpomassage.com

1 ワット・ポーの裏にある建物。予約は不要だが9時までに受付を済ませよう 2 かわいいオリジナルTシャツの販売も

指名の予約はお早めに!

ゴッドハンドマッサージ God Hand Massage

あまり数は多くない台湾式フットマッサージだが、ここは1度受けただけでも全身が軽くなると在住日本人の絶大な人気を誇る。木先生は足に触れただけでその人のどこが悪いかがわかるという。足裏マッサージ60分300B、120分600B。

木先生の足の裏マッサージ

Moku Thai Traditional Massage

▶Map P.139-D3

スクムウィット通り周辺 住106/7 Soi 22, Sukhumvit Rd 電08-6789-1569 開9:00～21:00(最終受付は20:00) 休なし Cardなし 予木先生を指名するならしたほうがよい 交BPhrom Phong駅⑥出口から徒歩15分 日Menu

1 木先生以外のスタッフもレベルが高い。タイ古式マッサージも受けることができる

BANGKOK AREA GUIDE & SHORT TRIP

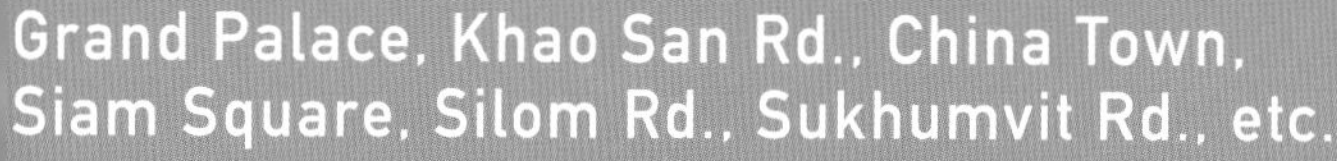

Grand Palace, Khao San Rd., China Town, Siam Square, Silom Rd., Sukhumvit Rd., etc.

バンコクエリアガイド&
バンコクからのショートトリップ

エリアによってさまざまな表情をもつバンコク。
パワフルな町を歩けば、きっと新しい発見が待っている。
世界遺産アユタヤー&メークローン・マーケットも!

ワット・プラケオ入口前の通りには地下通路を兼ねた地下広場がある。エアコンが効いておりトイレもあるので休憩に最適。

3つ並んだ仏塔は
ワット・プラケオの象徴

AREA GUIDE 01 王宮周辺

バンコク発祥の地を歩く

王宮周辺の寺院&博物館でタイ文化に触れる

由緒正しい寺院や名門大学、
国立博物館の周辺に、古くからある
ショップハウスが混在する。

1 タイで最も高貴な寺院 王宮とワット・プラケオ

Grand Palace & Wat Phra Kaeo

歴代王が暮らした王宮と、タイで最も格式が高く規模も大きな寺院。絢爛豪華な金ピカのタイ寺院は異国情緒満点。ワット・ポー、ワット・アルンと合わせて見学したい。

王宮とワット・プラケオ ▶P.10
ワット・ポー ▶P.11
ワット・アルン ▶P.11

AREA NAVI

王宮周辺

王宮
ルムピニー公園

▶詳細Map P.130

どんなところ？

歴史のある寺院、博物館、大学が並ぶエリア。周囲に旧市街。

何して楽しむ？

まずは観光のハイライト、3大寺院でタイの仏教文化を感じよう。川沿いのレストラン&モールもチェック。

交通メモ

CEN Sathorn船着場からチャオプラヤー・エクスプレス・ボート利用が便利。

2 タイ最大の規模がある バンコク国立博物館

National Museum Bangkok

先史時代からスコータイやアユタヤー時代を経て現代にいたるまでの遺物、仏像や仏教美術の数々が展示されている。毎週水・木曜の9:30から、日本人ボランティアによる日本語での館内ガイドがある。

歴代王の肖像もあるよ

▶Map P.130-B1

住Na Phra That Rd. 電0-2224-1333 開水～日9:00～16:00（最終入場15:30）休月・火・祝 料200B（外国人料金）交N9 Tha Chang船着場から徒歩7分

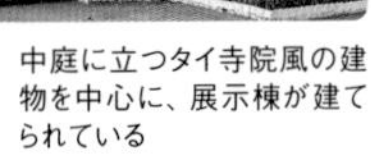

中庭に立つタイ寺院風の建物を中心に、展示棟が建てられている

▶▶所要 6時間30分

おすすめコース ☑

13:00	王宮と ワット・プラケオ
14:30	バンコク国立博物館
15:30	ワット・マハータート
16:30	ター・マハーラート
18:30	ローンロット

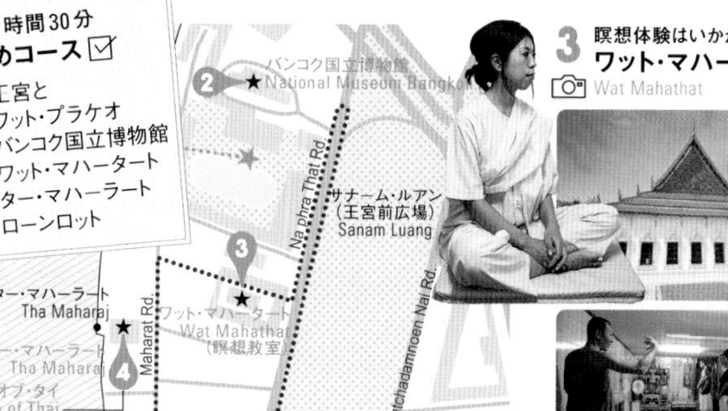

ター・マハーラート
Tha Maharaj
ター・マハーラート
Tha Maharaj
Maharat Rd.
センス・オブ・タイ
Sence of Thai
▶P.32
ワット・ラカン
Wat Rakhan
ター・チャーン
Tha Chang
Na Phra Lan Rd.
Start!
ワット・ラカン
Wat Rakhan
ワット・プラケオ
Wat Phra Kaeo
王宮
Grand Palace
Maharat Rd.
王室御座船
専用船着場

サーン・ラク・ムアン

バンコクの象徴的な発祥の地となる柱を祀る祠。

▶P.17

Check!

Thai Wang Rd.
160m 徒歩2分
Sanam Chai Rd.

美しい暁の寺

ワット・アルン

▶P.11

ター・ティアン
Tha Tien
ローンロット
Rongros
Goal!

巨大寝釈迦仏

ワット・ポー

▶P.11

N 0 100 200m

3 瞑想体験はいかが？ ワット・マハータート

Wat Mahathat

タイ最大の宗派マハー・ニカイの本山。境内の講堂で毎日無料の瞑想教室が行われている。予約不要で誰でも参加できる。

▶Map P.130-B2

住Maharat Rd. TEL0-2221-5999 開8:00～17:00（境内は～20:30）休なし 料無料 交N9 Tha Chang 船着場から徒歩4分

1 狭い境内に大きな本堂 2 瞑想教室は毎日7:00、13:00、18:00からの3回

4 川沿いの最新モールでひと休み ター・マハーラート

Tha Maharaj

渡し船の船着場を改装してカフェやショップ、レストランの集まる小さなモールがオープン。スターバックスなどもあり、このエリアでは数少ない休憩場所。

▶Map P.130-A2

住1/11 Trok Mahathat, Maharat Rd. TEL0-2024-1393 開10:00～22:00 休なし Card店により異なる 交Tha Maharaj 船着場からすぐ URLwww.thamaharaj.com

1 中庭にはフードトラックも 2 スタバのココナッツ・ケーキはタイのオリジナル

Column

変身写真に挑戦！

ター・マハーラートにある貸衣装店センス・オブ・タイでは、タイの伝統衣装が借りられる。タイ人になりきって街を歩こう。料金は1日600～800B。

センス・オブ・タイ

Sense of Thai ▶P.32

▶Map P.130-A2

時間制ではなく1日の料金なので、閉店までに戻ればオーケー。写真をたくさん撮ろう！

5 伝統的タイ料理 ローンロット

Rongros

ワット・アルンの対岸にあり、チャオプラヤー川を眺めながら伝統的なタイ料理が楽しめる。ディナータイムは屋根のない2階席が気分よし。

▶Map P.130-B3

住392/16 Maharat Rd. TEL09-6946-1785 開11:00～15:00、17:00～22:00 休なし CardA.J.M.V. 交MSanam Chai駅①出口から徒歩5分 URLwww.rongros.com

1 ヤム・ウンセン・ボーラーン240Bは辛さ控えめ 2 チャオプラヤー川に面したレストラン

ワット・スタットの前を走るバムルン・ムアン通りは仏具屋街。僧侶に寄進する日用品セットや仏像など、興味深い品物が売られている。

プーカオ・トーンから眺める
ワット・スラケートの境内

AREA GUIDE 02 民主記念塔周辺

寺院が点在する美しい街並み

古きよき趣が残る旧市街で下町情緒を満喫

現王朝第5代王ラーマ5世によって約150年前に整備され、仏教寺院や廟が点在。昔ながらの街並みを楽しみたい。

1 黄金の丘から市街を一望 ワット・スラケート

Wat Sraket

仏塔がそびえる丘プーカオ・トーンで名高い寺院。アユタヤーにある同名の仏塔プーカオ・トーンを模して人工の丘を造成。頂上に仏舎利を納める祠と仏塔を建てたもの。ありがたい仏舎利にお参りするタイ人が絶えない。頂上からの眺めも楽しもう。

1 丘の頂上にそびえる黄金の仏塔 2 巡路には鐘が並ぶ

▶Map P.131-C2～D2

住334 Chakkapatdiphong Rd. TEL0-2233-4561 開7:30～17:30（仏塔）休なし 料仏塔入場料100B（外国人料金。境内は無料）交Panfa Lelat船着場から徒歩3分

2 鳥居のような大ブランコ ワット・スタット

Wat Suthat

寺院正面にある大ブランコは、ヒンドゥー教の行事で使われたもの。寺院の境内にはラーマ8世王の遺骨が納められた台座があり、ラーマ8世の銅像も建てられている。

▶Map P.131-C2

住146 Bamrung Ruang Rd. TEL0-2244-9845 開8:30～21:00 休なし 料100B（外国人料金）交M Sam Yot駅③出口から徒歩7分

1 日本人にはどうしても鳥居に見えるサオ・チン・チャー 2 スコータイから運んだ仏像を収める本堂 3 境内にあるラーマ8世像

AREA NAVI

民主記念塔周辺

王宮
ルムピニー公園

▶詳細Map P.130～131

どんなところ？

バンコクでも早くから開けた地域。古いコミュニティが残る下町で、レトロな雰囲気が味わえる。

何して楽しむ？

約150年前のショップハウスが連なる通りを散策しよう。老舗の食堂でローカルグルメの食べ歩きも楽しい。

交通メモ

バンコク中心部からはタクシーか運河ボートを利用すると行きやすい。

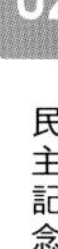

Check! プラチャーティポック王博物館

ラーマ7世の生涯をたどる博物館。王にゆかりの品々を展示。
住Larn Luang Rd. TEL0-2280-3413 開火～日9:00～16:00 休月 料無料

3 旧市街の街並みを歩こう プレーン・プートーン通り

Phraeng Phuthon Rd.

この地域が開発された約150年前当時の雰囲気がよく残されている通り。大きな通りの内側に、中庭のように街並みが続いているのがおもしろい。食堂も老舗ばかりでローカルに人気。

▶Map P.130-B2
住Phraeng Phuthon Rd. 交M Sam Yot駅③出口から徒歩14分

1 ココナッツ・アイスクリームの人気店もある 2 歴史を感じさせる古い食堂が多い 3 統一された外観が美しい古い街並み

1 近所の人や学校帰りの生徒たちでにぎわう 2 ドリンクはどれも激甘 3 おやつにちょうどいいカスタードトースト

4 トーストとミルクが甘い！ モン・ノム・ソット

Mont Nom Sod

1964年の創業当初はフレッシュミルクを飲ませる店としてスタート。現在店の看板メニューはカスタードを塗ったパン35B～。蒸しパンとトーストが選べる。甘いミルクドリンクと一緒に食べて、エネルギーを補給しよう。

▶Map P.131-C2
住160/1-3 Dinso Rd. TEL0-2224-1147 開14:00～23:00（金・土は～24:00） 休なし Cardなし 交M Sam Yot駅③出口から徒歩12分 URL www.mont-nomsod.com

5 タイ民主主義の象徴 民主記念塔

Democracy Monument

タイのシャンゼリゼにもなぞらえられる、広々としたラーチャダムヌーン・クラーン通りの中央。大きなロータリーの中心にそびえる4本の塔は、1932年に起こった立憲革命を記念して建てられた。

▶Map P.131-C2
住Ratchadamnoen Klang Rd. 開24時間 休なし 料無料 交Panfa Lelat船着場から徒歩5分

Column 運河を走るボートを利用しよう

バンコクの中心部からこのエリアへ行くには、センセープ運河ボート▶P.124が便利。プラトゥーナーム船着場（▶Map P.135-D2）から所要約15分、14B。

カオサン通りにはパブやバーが多く夜遅くまで騒がしいので、宿泊はあまりおすすめできない。

AREA GUIDE 03 **カオサン通り**

熱気あふれるバックパッカーの聖地

世界中から旅行者が集まる若者文化の発信地を探検！

外国人旅行者向けのショップやカフェ、バーがズラリ。夜までにぎわうパワフルなストリートを探検しよう。

看板が撤去され雰囲気が変わってしまったカオサン通り

AREA NAVI カオサン通り

王宮

ルムピニー公園

▶詳細Map P.130～131

どんなところ？

外国人向けのゲストハウスやショップ、バーが集まるエキゾチックな繁華街。

何して楽しむ？

無国籍なストリート散歩、プチプラショッピング。ナイトライフも楽しめる。

交通メモ

チャオプラヤー・エクスプレス・ボートのN13 Phra Arthit船着場から徒歩5分。またはⒷNational Stadium駅からタクシーで20分

1 前国王も修行した名刹 ワット・ボウォーンニウェート

Wat Bowornniwet

第4代王ラーマ4世が創始した宗派タマユット・ニカーイの総本山で、前国王ラーマ9世もここで出家修行した。現在でも多数の僧侶が在籍しており、僧坊エリアも広い。

▶Map P.131-C1

住Phra Sumen Rd. 電0-2281-2831 開6:00～18:00 休なし 料無料 交N13 Phra Arthit船着場から徒歩7分

1 仏像の後ろにまた仏像が並ぶ本堂 2 カオサン通り近くの由緒正しい寺院

2 激安服のマーケット バーンラムプー市場

Talat Banglamphu

市場を中心に周辺の路上にまでローカルファッションの屋台がぎっしり。夏物の部屋着や普段着も激安。

▶Map P.130-B1～131-C1

住Thani Rd., Banglamphu 開8:00頃～20:00頃 休なし 交N13 Phra Arthit船着場から徒歩6分

1 サイズ表示は適当なのでできれば試着したい 2 歩道上にまで露店が進出

3 硬貨の歴史を知る コイン博物館

Coin Museum Treasury Department Thailand

硬貨の誕生や製造過程など通貨の起源、タイと世界各国のおもな硬貨の歴史を展示。

▶Map P.130-B1

住Chakraphong Rd. 電0-2282-0818 開火～金8:30～16:30（入場は～15:00）、土・日・祝10:00～18:00（入場は～16:00） 休月 料50B 交N13 Phra Arthit船着場から徒歩7分 URL coinmuseum.treasury.go.th

1 金属製の硬貨がどのように作られていたのかを図解する展示 2 カオサン通り近くのモダンな博物館。30分おきに出発するガイドツアーで見学

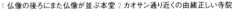

1 カオサン通りのマッサージは格安 2 おしゃれなプチプラアクセも露店で発見 3 パッ・タイの屋台は健在 4 屋台のパッ・タイで軽く腹ごしらえ

4 世界のバックパッカーが集まる カオサン通り

Khao San Rd.

安宿街として発展し、旅行者目当てのバーやレストラン、ショップが増加。それが目新しいとタイの若者たちも集まり、独特の無国籍な雰囲気に。歩いて楽しい人気散歩ストリート。

▶Map P.130-B1～131-C1

住Khao San Rd. 交N13 Phra Arthit船着場から徒歩5分

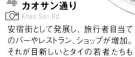

5 人気のナイトスポット ザ・クラブ

The Club

移り変わりの激しいカオサンで根強い人気があるクラブ。カオサン初心者でも入りやすい雰囲気。夜遅くなるほど盛り上がる。

▶Map P.130-B1

住123 Khao San Rd. TEL0-2629-2255 開22:00～翌3:00 休なし CardA.J.M.V.(500B～) 交N13 Phra Arthit船着場から徒歩5分 URLwww.theclubkhaosan.com

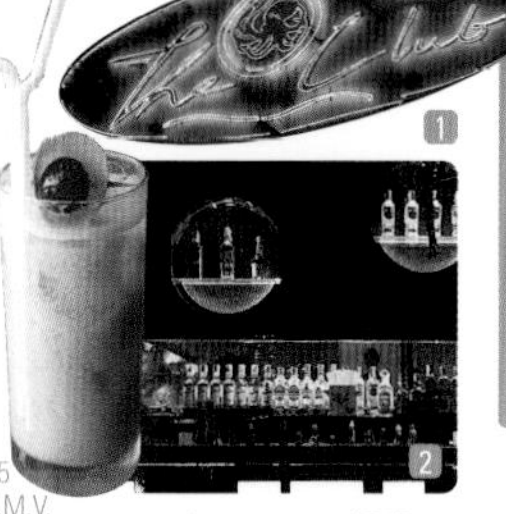

1 タコのキャラクターが目印 2 広々としたフロアにはお立ち台もある。ドリンクは200B～

6 勝負事に御利益あり ワット・チャナ・ソンクラーム

Wat Chana Songkhram

戦争（ソンクラーム）に勝つ（チャナ）という縁起のいい名前をもつ寺院。御利益を求めてタイ人の参拝者が集まる。

▶Map P.130-B1

住77 Chakraphong Rd. TEL0-2629-0603 開6:00～18:00 休なし 料無料 交N13 Phra Arthit船着場から徒歩3分

1 勝負事や宝くじ購入の前はここで願掛け 2 金ピカの本尊

▶▶所要 4時間30分

おすすめコース

9:00	ワット・ボウォーンニウェート
10:00	バーンラムプー市場
11:00	コイン博物館
12:00	カオサン通り
13:00	ワット・チャナ・ソンクラーム

Check!

夜も比較的安心

カオサン通りは人出が多いので、夜も比較的安心して歩ける。

7 ブルースが聴けるライブバー アデレ 13th・ブルース・バー

Adhere The 13th Blues Bar

ゲストハウスが増えつつある静かな下町エリアへの入口の、橋のたもとにある小さなバーでは、毎晩ブルースのライブが聴ける。

▶Map P.131-C1

住13 Samsen Rd. TEL08-9769-4613 開18:00～24:00 休なし CardM.V. 交N13 Phra Arthit船着場から徒歩6分 avAdhere 13th blues bar

1 レゲエやジャズのバンドが入ることも。ビール1本100B程度とリーズナブル 2 周囲は好ましい雰囲気の下町

バンコクのチャイナタウンは、中心となる通りの名前から「ヤオワラート」とも呼ばれる。

AREA GUIDE 04 チャイナタウン

猥雑な活気にあふれる下町エリア

安うまグルメが集まる にぎやか中華街で食べ歩き

路地が迷路のように絡み合うチャイナタウン。安くておいしい中国料理店や中華食材の店が並ぶ。

飲食屋台が並ぶヤオワラート通り

AREA NAVI チャイナタウン

王宮
ルムピニー公園

▶詳細Map P.133

どんなところ?

路地が入り組み古い建物が並ぶ雑然とした一帯。中国寺院や廟が点在、レストランの水準も高い。

何して楽しむ?

大通りのヤオワラート通りとチャルーン・クルン通りを目印に、細い路地まで入ってみよう。フカヒレ、ツバメの巣などの中華グルメも楽しみたい。

交通メモ

MRT Wat Mangkon駅、Hua Lamphong駅などから徒歩で。

1 チャイナタウンの象徴 ヤオワラート通り

Yaowarat Rd.

チャイナタウンの中心を、中国人好みの龍のように軽くうねりながら延びる大通り。両側には金を扱う金行が並び、通りに突き出した看板が異国情緒満点。古きよき時代のバンコクの活気を今に伝える、にぎやかな通りだ。

路地に入ると屋台が並ぶ。食品を扱う店が多い

▶Map P.133-C2

住Yaowarat Rd. 交MWat Mangkon駅①出口から徒歩3分

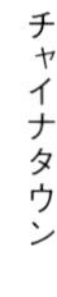

\ Check! /

サムペン・レーン市場

細い通りの両側に雑貨屋がズラリ。中華街の活気を体感できる。

大盛りバミーで人気 バミー・チャップカン

▶P.44

\ Check! /

ファラムポーン駅(クルンテープ駅)

バンコクと地方を結ぶ列車が発着する国鉄駅。入場券不要でホームへ自由に出入りできる。

Chakrawat Rd.
チャルーン・クルン通り Charoen Krung Rd.
Suapa Rd.
ワット・マンコーン Wat Mangkon
ヤオワラート通り Yaowarat Rd.
Start!
ワット・マンコーン駅 Wat Mangkon
イサラーヌパープ通り Itsaranuphap Rd.
Sampheng Lane (Soi Wanit 1)
ダブルドッグス Double Dogs
和成豊(フアセンホン) Hua Seng Hong
ティー&ケー・シーフード T&K Sea Food
バー・ハオ・ティアン・ミー Ba Hao Tian Mi
ミットラパン Mittraphan
7月22日ロータリー July 22 Rotary
エル・チリンギート El Chiringuito ▶P.55
ウォールフラワーズ・カフェ Wallflowers Cafe ▶P.53
ヘンヨートパック Hen Yot Phak ▶P.45
クワイチャップ・ナーイ・エック Nai Ek Roll Noodle ▶P.22
カントン・ハウス The Canton House
Mittraphan Rd.
Son Sawat Rd.
Maitrichit Rd.
ワット・トライミット Wat Traimit
Goal!
牌楼 Gate of China Town
ファラムポーン駅 Hua Lamphong
240m 徒歩3分
クァイティアオ・トローク・ローン・ムー Kuaitiao Trok Rong Mu ▶P.45
N 0 100 200m

▶▶所要 約6時間30分

おすすめコース

9:30	ヤオワラート通り
10:00	イサラーヌパープ通り
11:00	ワット・マンコーン
12:00	バー・ハオ・ティアン・ミー
13:00	カントン・ハウス
14:00	ミットラパン
15:30	牌楼
16:00	ワット・トライミット

1 さまざまな中国茶が200B程度から飲める 2 ゆっくり休んで英気を養おう

2 中国茶でほっとひと息 ダブルドッグス

Double Dogs

雑踏の続くヤオワラート通りで静かに休める数少ないカフェ。日本語堪能なオーナーが厳選した中国茶を、落ち着いて楽しめる。

▶Map P.133-C2

住406 Yaowarat Rd. 電08-6329-3075 開火～木13:00～21:00、金～日13:00～22:00 休月 Cardなし 交MWat Mangkon駅③出口から徒歩4分 URLwww.facebook.com/DoubleDogsTeaRoom 英Menu 日本語

3 ヤオワラートの名店 和成豊(フアセンホン)

Hua Seng Hong

フカヒレや点心で名高い老舗。バンコク市内にファミリーレストラン風の支店を展開しているが、ここ本店は昔ながらの中華レストランのたたずまい。フカヒレスープ(写真上)は600B～。カーオ・パット・プー(カニ炒飯)250Bはカニの身たっぷり。

1 クン・オブ・ウンセン(手前)とフカヒレスープ(中央) 2 奥行きがあり広い店内

▶Map P.133-C2

住371-373 Yaowarat Rd. 電0-2222-7053 開9:00～24:00 休なし Cardなし 交MWat Mangkon駅①出口から徒歩3分 URLwww.huasenghong.com 英Menu

4 中華食材店が並ぶ路地 イサラーヌパープ通り

Itsaranuphap Rd.

チャルーン・クルン通りとヤオワラート通りを結ぶこの細い路地は、両側に中華食材を扱う店がぎっしり並んでいる。生鮮食品から乾物、加工食品まで、見慣れない食品も多く興味深い。

▶Map P.133-C2

住Itsaranuphap Rd. 交MWat Mangkon駅③出口から徒歩すぐ

中華街の乾物屋ではクコの実や干しエビなどが手頃な値段で売られている。

5 華人の心のよりどころ
ワット・マンコーン
Wat Mangkon

狭い入口の奥に中国様式の廟がある。1871年に創建されたこの寺院には道教の神も祀られており、タイ仏教の寺院とはひと味もふた味も異なる。境内には常に線香の煙がたなびき、学校も併設されて大勢の人が出入りしている。

1 王室とのつながりも強い 2 赤と黄色の強烈な色使いがいかにも中国風 3 煩悩と同じ数並んでいる鉢にお賽銭を入れる

▶Map P.133-C1～C2
住32 Charoen Krung Rd. TEL0-2222-3975 開6:00～20:00 休なし 料無料 交MWat Mangkon駅③出口から徒歩すぐ

6 中華スイーツ
バー・ハオ・ティアン・ミー
Ba Hao Tian Mi

ぷるぷるプリンとドリンクが楽しめるスイーツの店。タイティー味のプリンにタピオカがたっぷりのったバブル・ミルクティー・プディング118B。レモンスライスがぎっしり入ったホンコン・レモン・アイスティーは128B。

▶Map P.133-C2
住8 Soi Padung Dao, Yaowarat Rd. TEL09-7995-4543 開10:30～21:30 休なし Cardなし 交MWat Mangkon駅①出口から徒歩2分 FBbahaotianmi 英Menu

1 タピオカぎっしり 2 中国風の店構え

7 大人気の路上レストラン
ティー&ケー・シーフード
T & K Sea Food

新鮮なシーフードが安くておいしいと、毎晩大人気。エビやカニの豪快なバーベキューや、クン・オプ・ウンセン（エビとハルサメの土鍋蒸し）などどれもひと皿300B程度。大勢でにぎやかに食べたい。

▶Map P.133-C2
住49-51 Soi Padun Dao, Yaowarat Rd. TEL0-2223-4519 開16:30～翌2:00 休なし Cardなし 交MWat Mangkon駅①出口から徒歩4分

1 新鮮なシーフードが店先に並ぶ 2 エビはそのまま豪快に網焼き 3 おいしいシーフードを召し上がれ

Column

ざくろジュースでリフレッシュ

歩き回ってのどが渇いたら、ざくろジュースを飲んでみよう。その場で搾ってジュースにする屋台がいくつも見つかるはず。氷で冷やしたざくろジュースは、酸っぱさと甘さの程よいバランスがくせになるおいしさ。

さっぱりするよ

8 お手頃飲茶ランチ カントン・ハウス

The Canton House

点心各種55B～と手頃な値段で人気の庶民的なレストラン。点心2種類に麺類を1皿、飲み物を注文しても250B程度で満足できる。

▶Map P.133-C2

住530 Yaowarat Rd. TEL0-2221-3335 開11:00～22:00（LO 21:45）休なし Cardなし 交MWat Mangkon駅①出口から徒歩5分 英Menu

1 飾り気のない店内 2 蒸しプー・パッ・ポン・カリー（左）と定番のハーカオ（右）

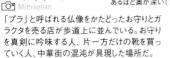

9 お守りとガラクタ屋台 ミットラパン

Mittraphan

1 一部の露店はチャルーン・クルン通りにまではみ出している 2 専門の雑誌があるほど奥が深い「プラ」の世界

「プラ」と呼ばれる仏像をかたどったお守りとガラクタを売る店が歩道上に並んでいる。お守りを真剣に吟味する人、片一方だけの靴を買っていく人、中華街の混沌が具現した場所だ。

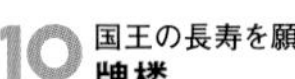

▶Map P.133-C2

住Song Sawat Rd. 交MWat Mangkon駅①出口から徒歩4分

10 国王の長寿を願う 牌楼

Gate of China Town

1999年に、国王の長寿を願って華人が建てたきらびやかな中華門。オデオン・サークルと呼ばれるロータリーの中央にある。

▶Map P.133-C2

住Odeon Circle, Charoen Krung Rd. 料無料 交MHua Lamphong駅①出口から徒歩5分

11 ありがたい黄金仏にお参り ワット・トライミット

Wat Trimit

境内のお堂最上階に安置されている、重さ5.5トン、純度60％の金の仏像が人々の信仰を集めている。お堂の中には中華街の歴史や仏像の来歴（別の廃寺に漆喰に覆われて打ち捨てられていた仏像をこの寺へ移送する際、雨にぬれて漆喰が剥がれ落ち、黄金仏だとわかった）に関する展示もある。

▶Map P.133-C2～D2

住661 Charoen Krun Rd. TEL0-2623-1226 開8:00～17:00（お堂内の展示は8:00～16:30）休なし 料仏像拝観料100B、お堂内の展示100B（いずれも外国人料金）交MHua Lamphong駅①出口から徒歩4分

1 仏像があるのは本堂ではなくこのお堂 2 仏像が移送される際の様子を再現 3 華人好みの黄金仏

AREA GUIDE 05 サヤーム・スクエア周辺

若者に人気のファッション街

バンコク最大の繁華街でショッピングクルーズ

大型モールから小さなショップまで密集。流行に敏感な若者が集まり、渋谷や原宿にもたとえられる。

ビル内に小さなショップが集まるMBKセンター

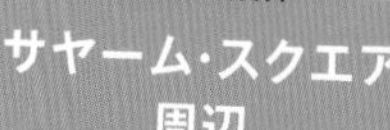

AREA NAVI

サヤーム・スクエア周辺

▶詳細Map P.134～135

どんなところ？

小さなブティックが集まるサヤーム・スクエアと、その周囲に大型ショッピングセンターが並ぶ。バンコクを代表するショッピング天国。

何して楽しむ？

エアコンの効いた大型ショッピングセンター内でウインドーショッピング。ジム・トンプソンの家とバンコク・アート・アンド・カルチャー・センターでタイの文化に触れる。

交通メモ

BTS National Stadium駅とSiam駅が便利。

1 シルク王が暮らした家

ジム・トンプソンの家

The Jim Thompson House

タイシルクを国を代表する産業に再興し、タイシルク王と呼ばれたアメリカ人ジム・トンプソンが生前住んでいた家。タイ伝統様式の家屋6軒分のチーク材を再利用して建てられている。

ショップもあるよ

▶Map P.134-B2

住6 Soi Kasem San 2, Rama 1 Rd. TEL0-2216-7368 開9:00～17:00 休なし 料100B（25歳以下と学生は50B）交B National Stadium駅①出口から徒歩4分 URL www.jimthompsonhouse.com

1 タイの古美術品が展示されている 2 部屋の中はジム・トンプソンが暮らしていた当時のまま

2 最新アートシーンを知る

バンコク・アート・アンド・カルチャー・センター

Bangkok Art and Culture Centre

吹き抜けの周囲をらせん形の通路で行き来するのはニューヨークのグッゲンハイム美術館を彷彿させる。常時企画展が行われ、タイのアーティストを積極的に紹介。館内にはアート系のショップもある。

▶Map P.134-B2

住939 Rama 1 Rd. TEL0-2214-6630 開火～日10:00～21:00 休月 料無料 交B National Stadium駅から連絡歩道橋で直結 URL www.bacc.or.th

バンコクのアートシーンをけん引する

コーヒー各種150B程度～

3 おいしいコーヒーでひと休み

ギャラリー・コーヒー・ドリップ

Gallery Coffee Drip

バンコクにすっかり定着したドリップ式コーヒー専門店のはしり。厳選した豆を使い、ていねいにコーヒーを落としてくれる。アート見学後の休憩にちょうどいい。

▶Map P.134-B2

住Room 107, 1st Fl., Bangkok Art and Culture Centre, 939 Rama 1 Rd. TEL08-1989-5244 開火～日10:00～21:00 休月 Cardなし 交B National Stadium駅から連絡歩道橋で直結 英Menu

B National Stadium駅、B Siam駅とB Chit Lom駅は、歩行者専用の高架歩道「スカイウォーク」でつながっている。

4 市場の混沌がデパートに
MBKセンター（マーブンクローン）
MBK Center (Mar Boon Krong)

広いフロアを小さく区切って雑多なショップが並ぶ、まるで市場をそのままビルの中に移したような雰囲気のデパート。雑貨やファッション、おみやげなどのショップが多い。

1 1階外周には屋台街があり毎晩が縁日のよう 2 大きな吹き抜けはタイのデパートのスタンダード

▶Map P.134-B2～B3

住444 Phaya Thai Rd. TEL0-2620-9000 FAX0-2620-7000 開10:00～22:00 休なし Card店により異なる 交Ⓑ National Stadium駅から連絡歩道橋で直結 URL www.mbk-center.co.th

5 若者向けファッションスポット
サヤーム・スクエア
Siam Square

大学の敷地を再開発し、ブティックやレストラン、映画館、大型ショッピングビルとホテルを誘致した先駆的なショッピングエリア。インディーズのブティックが多く、若手デザイナーのショップが並ぶ。

1 サヤーム・スクエアの中心にオープンした大型ショッピングビル、サヤーム・スクエア・ワン 2 ウインドーショッピングを楽しむ若者が多い

▶Map P.134-B2～135-C3

住Rama 1 Rd. 交Ⓑ Siam駅②④⑥出口から徒歩すぐ

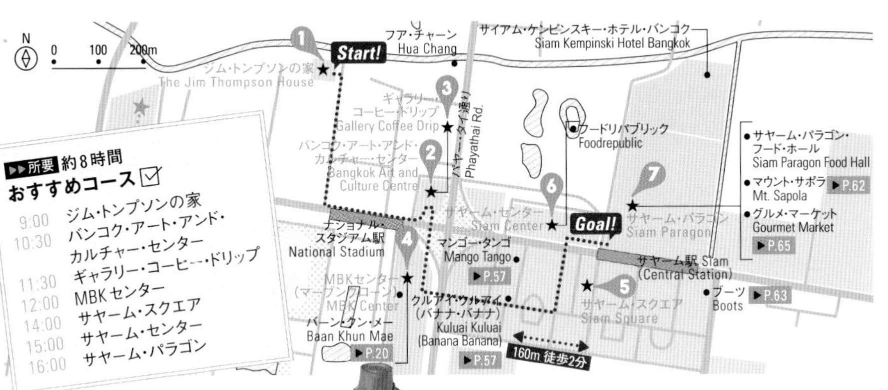

6 ファッション系ショップが多い
サヤーム・センター
Siam Center

1973年オープンと歴史のあるデパート。SodaやJaspalなどタイのブランドや、Superdry極度乾燥（しなさい）、DKNY、Bao Bao by Issei Miyakeなど海外ブランドのファッション系ショップが集まる。

▶Map P.134-B2～135-C2

住979 Rama 1 Rd. TEL0-2658-1000 開10:00～22:00 休なし Card店により異なる 交Ⓑ Siam駅から連絡歩道橋で直結 URL www.siamcenter.co.th

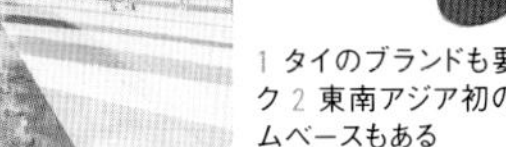

1 タイのブランドも要チェック 2 東南アジア初のガンダムベースもある

7 巨大デパート
サヤーム・パラゴン
Siam Paragon

売り場面積50万m^2の巨大デパート。4階にあるエキゾティック・タイにはタイ雑貨のブランドが集まり、おみやげ探しに便利。1階のフードコートも人気。

▶Map P.135-C2

住991 Rama 1 Rd. TEL0-2610-8000 開10:00～22:00 休なし Card A.D.J.M.V. 交Ⓑ Siam駅③⑤出口から徒歩すぐ URL www.siamparagon.co.th

1 全面ガラス張りのエントランス 2 フードコートで人気のカーオ・カー・ムー 3 スパグッズのショップもある

このエリアは人出が多く、歩道が狭いので常に混雑。スリに注意しよう。

AREA GUIDE 06 プラトゥーナーム周辺

高級ブランドから激安服まで

最旬ファッションが集まる巨大マーケットと大型モールでお買い物

バンコク最大級のショッピングセンターとプチプラファッションの巨大市場が並ぶ。ハイソ系とローカル系の対比を楽しみながら、掘り出し物を探そう。

プチプラアクセやファッションの宝庫

1 バンコクで最も高いホテルから絶景満喫 バイヨック・スカイ展望台

Baiyoke Sky Observation Deck

高さ309m、2024年3月現在、タイで最も高いホテルの最上階にある回転展望台。1階のチケット売り場脇にある乗り場から、展望エレベーターで77階の屋内展望台へ。別のエレベーターに乗り換えて83階まで上がり、さらに階段を上がると到着。

▶Map P.135-C1

住222 Ratchaprarop Rd. TEL0-2656-3000 開月～金10:00～22:30、土・日9:30～22:30（最終入場21:30） 休なし 料10:00～18:00は300B、18:00～22:30は490B 交B Ratchathewi駅④出口から徒歩16分

1 鉛筆のように細いビルの屋上にある 2 目の大きな金網が張られただけ。高い所が苦手な人は注意

2 カオ・マン・カイの人気店 コーアーン・カオマンカイ・プラトゥーナーム

Go-Ang Kaomunkai Pratunam

従業員のユニホームから「ピンクのカオ・マン・カイ」として知名度の高い店。創業は1960年。軟らかめのライスにしっとりとしたチキンの切り身、ナムチム（つけダレ）もおいしい。

▶Map P.135-D2

住958/6 Phetchburi Rd. TEL08-1778-7255 開6:00～22:30 休なし Cardなし 交B Chit Lom駅⑨出口から徒歩12分 FB Go-Ang Pratunam Chicken Rice 英Menu

AREA NAVI

プラトゥーナーム周辺

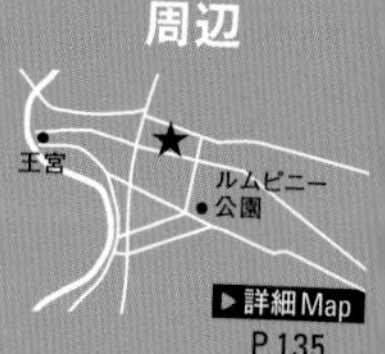

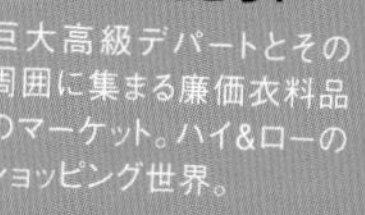

▶詳細Map P.135

どんなところ？

巨大高級デパートとその周囲に集まる廉価衣料品のマーケット。ハイ&ローのショッピング世界。

何して楽しむ？

ファッション系ショップ巡り。歩き疲れたらショッピングモール内のカフェやファストフード店で休憩を。

交通メモ

BTS Chit Lom駅、Ratchathewi駅から徒歩。

▶▶所要 約5時間
おすすめコース☑

10:00 バイヨック・スカイ展望台
11:00 コーアーン・カオマンカイ・プラトゥーナーム
12:00 プラティナム・ファッションモール
13:00 ナラ・タイ・クイジーン
14:00 パワースポット4ヵ所巡り

3 ビルになったファッション市場 プラティナム・ファッションモール

The Platinum Fashionmall

巨大なショッピングビルの中に、ファッション系のショップが約2000軒！　流行を取り入れた最新ファッションがプチプラで手に入るとあって、多くの人が集まる。

▶Map P.135-C2

住222 Phetchburi Rd. TEL0-2121-8000 開9:00～20:00 休なし 交BChit Lom駅⑨出口から徒歩10分 URLwww.platinumfashionmall.com

スパグッズもあるよ！

4 1日過ごせる巨大ビル セントラルワールド

CentralWorld

1棟の巨大ビル内に伊勢丹やZENなどのデパート、ショップ、映画館、レストランやカフェがぎっしり。バンコクらしい大型ショッピングセンター。

▶Map P.135-C2

住4/3 Ratchadamri Rd. TEL0-2640-7000 開10:00～22:00 休なし 交BChit Lom駅⑨出口から徒歩3分

5 写真入りメニューで安心 ナラ・タイ・クイジーン

Nara Thai Cuisine

セントラルワールド7階のレストランフロアにある高級店。新鮮なシーフードを使った料理が評判で、ダークブラウンの重厚な内装を施した店内で落ち着いて食事ができる。料理は1品300B程度から。

▶Map P.135-C2

住7th Fl., CentralWorld, 4/3 Ratchadamri Rd. TEL0-2613-1658 開10:00～22:00 休なし CardA.J.M.V. 交BChit Lom駅⑨出口から徒歩5分 URLwww.naracuisine.com 英Menu

1 インテリアも高級感満点 2 大カニの黒胡椒炒め1000B

Column

パワースポット巡りで運気アップ！

タイで最も御利益があるとされるエーラーワンの祠（→P.16）以外にもこのエリアには4ヵ所の祠があり、幸運や美を得られるパワースポットとして人々の信仰を集めている。

▶Map P.135-C2、D3

住A:アマリン・プラザ前、B:インターコンチネンタル・バンコク前、C:ゲイソーン4階屋外テラス（オフィス脇の中庭の先）、D:ビッグC前 開24時間。Cは10:00～20:00 休なし

A 幸運

プラ・イン（インドラ神）

B 仕事運

プラ・ナーラーイ（ヴィシュヌ神）

C 幸運

プラ・メー・ラクサミー（ラクシュミー神）

D 美と権力

プラ・マハー・ウマー・テーウィー

チャオプラヤー川を対岸へ渡るなら、橋ではなく渡し船がおすすめ。料金は5B程度で、長くても10分も待てば出発する。所要5分程度。

バンコク発展の礎チャオプラヤー川

AREA GUIDE 07 チャルーン・クルン通り周辺

バンコクで最初に栄えた繁華街

母なるチャオプラヤー川と高級ホテルが並ぶ旧市街へ

バンコク初の本格道路チャルーン・クルン通り。
川沿いに高級ホテルや各国大使館が集まり歴史を感じさせるエリア。

1 ジャンク船型の仏塔 ワット・ヤーンナーワー

Wat Yannawa

中の構造も船そっくりに造られている

チャオプラヤー川を遡ってバンコクへやってくるヨーロッパ諸国の近代的な船舶を目にしたラーマ3世が、やがて消えるであろうジャンク船の墓碑代わりに建てたとされる、船の形をした仏塔がある。

▶Map P.136-A3

住1648 Charoen Krung Rd. TEL0-2672-3216 開8:00〜20:00 休なし 料無料
交Ⓑ Saphan Taksin駅④出口から徒歩すぐ

2 スイーツでひと息 ロビー・ラウンジ

Lobby Lounge

チャオプラヤー川に面したシャングリ・ラ・ホテルのロビー・ラウンジで、優雅にハイティーを味わおう。ひと口サイズのケーキやサンドイッチ、スコーン、ムースなどで贅沢気分。

▶Map P.136-A3

住The Shangri-La Hotel, 89 Soi Wat Suan Plu, Charoen Krung Rd. TEL0-2236-7777 開8:00〜24:00（ハイティーは14:00〜18:00） 休なし 料ハイティーセット1588B CardA.D.J.M.V. 交Ⓑ Saphan Taksin駅③出口から徒歩すぐ URLwww.shangri-la.com 英Menu

1 隣にあるチョコレート・ブティックからのスイーツも 2 アフタヌーンティーのセットは2300B。午後はピアノの生演奏も

AREA NAVI

チャルーン・クルン通り周辺

王宮
ルムピニー公園

▶詳細Map P.136

どんなところ?

バンコクで最初に発展し経済の中心となったエリア。現在は古びたショップハウスが通りの両側に並んでいる。

何して楽しむ?

高級ホテルでのお茶や食事。古い街並みに点在する寺院を見学。

交通メモ

BTS Saphan Taksin駅利用が便利。

1 バンコクのアートトレンドに触れられる
2 入口で警備員に断ってから入場

3 有名デパート発祥の地 セントラル第一家

Central: The Original Store

タイの流通業界大手のセントラルグループ1号店だったビルが、ギャラリーやアート系のショップとなって復活。1階にはショップとカフェ、ライブも行われるミュージックバーがある。3階と4階がギャラリーで、随時企画展が行われている。5階はミシュランの星を取ったシェフがプロデュースするレストランAKSORNで要注目。

▶Map P.136-A2

住1266 Charoen Krung Rd. TEL0-2267-0412 開火～日10:00～18:00 休月 料無料 交B Saphan Taksin駅③出口から徒歩10分 URL www.centraltheoriginal.store.com

4 古きよき時代のバンコク バンコク人博物館

Bangkokian Museum

20世紀初頭、第2次世界大戦の前後におけるバンコクの比較的裕福な階層の暮らしを、当時のまま残されていた家屋の中に展示する博物館。タイの伝統的な暮らしに洋風の文化が流入してきた様子もわかり興味深い。広い庭に建てられた3棟の洋館で構成されている。

▶Map P.136-B2

住273 Soi 43, Charoen Krung Rd. TEL0-2233-7027 開火～日9:00～16:00 休月 料無料 交B Saphan Taksin駅③出口から徒歩18分 FB Bangkokian Museumstore

1 風がよく通るように窓やドアが多く開放的な造り 2 館内は土足厳禁。入口で靴を脱ぐこと

5 新しい文化の発信地 ザ・ジャム・ファクトリー

The Jam Factory

元製氷工場を建築家が改装し、自らのデザイン事務所のほかモダン生活雑貨のショップ、書店、カフェ、レストランのネバー・エンディング・サマーをオープン。ギャラリーでは随時企画展が行われるほか、中庭でマーケットやライブなどのイベント開催も。

▶Map P.136-A2

住41/1-4 Charoen Nakhon Rd. TEL0-2861-0950 開10:00～20:00 休なし 交N3 Si Phraya船着場から渡し船 URL www.facebook.com/TheJamFactoryBangkok

天井の高い建物をそのままショップやカフェに

6 テラス席で食事ができる ビー・マイ・ゲスト

Be My Guest

チャオプラヤー川に面したテラス席で気分よく食事ができるレストラン。新鮮なハーブをふんだんに使った香り高いタイ料理が食べられる。

▶Map P.136-A2

住217 Charoen Nakhon Rd. TEL0-2437-2653 開16:00～24:00 休なし Card M.V. 交N3 Si Phraya船着場から渡し船 英Menu

1 目の前を船が行き来するのもおもしろい 2 料理は150～200B程度

ルムピニー公園沿いに並ぶ屋台

AREA GUIDE 08 シーロム通り周辺

ビジネス街と大公園へ

ビルが並ぶオフィス街と路上の人気屋台街ふたつの顔を楽しむ

シーロム通り周辺は昼はビジネスエリア、夜は露店が並びパッポン通りなどの観光スポットも

朝ごはん食べてって！

パッポン通りの1本東にあるタニヤ通りは、日本人向けの飲食店やカラオケ屋が集まっている。

1 都心にある緑のオアシス ルムピニー公園

Lumphinee Park

ラーマ6世がブッダの生誕地であるネパールのルンビニーを記念し造成した大公園。朝は運動に、昼は散歩に、夕方以降は涼みに訪れるバンコク市民は多い。朝、昼、夜と時間帯別に食事ができる屋台も出る。ローカル気分で屋台グルメにトライ！

▶Map P.137-D1～D2

住139/4 Witthayu Rd. TEL09-0248-9874 開4:00～21:00 休なし 料無料 交MSi Lom駅①出口から徒歩すぐ

1 公園内には大きな池もある 2 ヨガや太極拳、ジョギングなどにいそしむ人々が見られる

2 タイシルクを買うならここで ジム・トンプソン・タイシルク（本店）

Jim Thompson Thai Silk

一度は廃れかけたタイシルク産業を復興し、タイ発の世界ブランドに育て上げたジム・トンプソンのショップ。ネクタイやスカーフ、ポーチやリップケースなどの小物類は比較的手頃。ドレスも仕立てられる。

▶Map P.137-C2

住9 Suriwong Rd. TEL0-2632-8100 開9:00～20:00 休なし CardA.D.J.M.V 交BSala Daeng駅③出口から徒歩5分 URLwww.jimthompson.com 日本語

かわいらしいゾウ柄のスカーフ

1 1階にはスカーフや小物類が並ぶ 2 スリウォン通りを代表するショップ

AREA NAVI

シーロム通り周辺

▶詳細Map P.137

どんなところ？

オフィスビルと旅行者向けのショップやナイトスポットが集まる。昼も夜もにぎやかな繁華街。

何して楽しむ？

旅行者のニーズを満たす、グルメにショッピング。ルムピニー公園でお散歩＆屋台グルメ、夜はパッポン通りを冷やかしても。

交通メモ

BTS Sala Daeng駅、MRT Si Lom駅が便利。

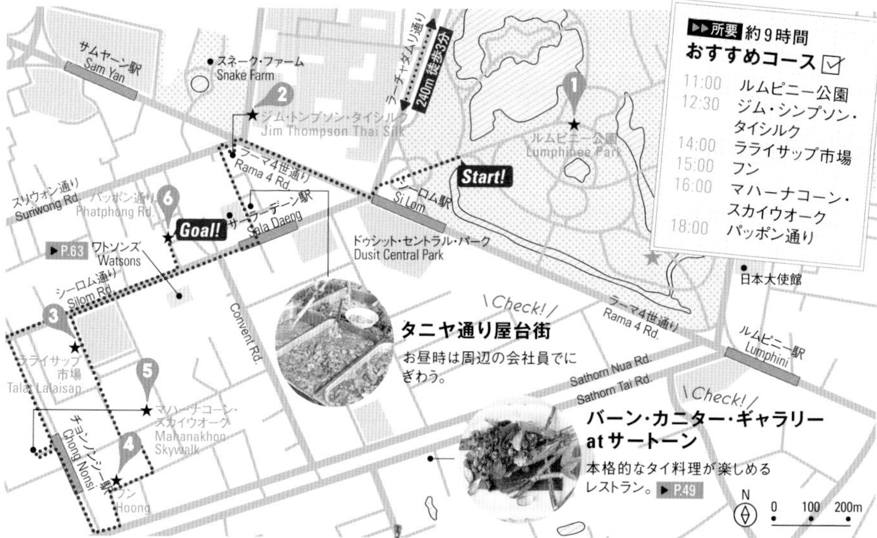

3 地元の人向けマーケット ラライサップ市場

Talat Lalaisap

シーロム通りから少し入った路地にある、周辺で働く女性向けのファッションやコスメを扱うショップが集まった市場。どれもプチプラ。

▶Map P.137-C2

住Soi 5, Silom Rd. 開月～金10:00～18:00(店により異なる) 休土・日 Cardなし 交BSala Daeng駅②出口から徒歩6分

1 ハートのドットワンピースは150B 2 ボーダースカート100B 3 お昼休みは大混雑になる

4 カオ・マン・カイの進化系 フン

Hoong

ゆでたチキンと揚げチキンの合盛りがパソム。スープにはトウガン入り

どことなく和を感じさせる店構え

深皿に盛ったご飯に、厚切りにした低温調理チキンを並べ、スープを注いで食べる新感覚のカオ・マン・カイを提供。チキンはしっとりとして軟らかく、見た目の印象よりも食べやすい。カオ・マン・カイ159B。合盛りのパソムもある。

▶Map P.137-C3

住Sathorn Corner, 46 Soi Phiphat 2, Silom Rd. TEL06-5590-4162 開9:30～20:00 休なし CardM.V. 交BChong Nonsi駅②出口から徒歩4分 IGhoongriceshop 英Menu

5 バンコク最高の絶景 マハーナコーン・スカイウオーク

Mahanakhon Skywalk

タイで最も高い建物のひとつ、キングパワー・マハーナコーン(314m)最上階にある展望台。床の一部がガラス張りのシースルーで、足もすくむ絶景が楽しめる。

1 高所恐怖症の人は近寄ることすらできないシースルー 2 独特の形状がよく目立つビル

▶Map P.137-C2

住114 Narathiwas Ratchanakarin Rd. TEL0-2677-8721 開10:00～19:00(最終入場は18:30) 休なし 料10:00～15:30は880B、16:00～18:30は1080B CardA.D.J.M.V. 交BChong Nonsi駅③出口から連絡歩道橋ですぐ URLkingpowermahanakhon.co.th/skywalk

6 夜の観光マーケット パッポン通り

Phatphong Rd.

昼間は何もない広い通り。毎日夕方になると露店の設営が始まり、暗くなる頃には観光客向けのマーケットが出現。通りの両側にあるゴーゴーバーやパブを冷やかしながら、夜店の雰囲気を楽しもう。

▶Map P.137-C2

住Phatphong Rd. 開18:00頃～翌1:00頃 休なし 交BSala Daeng駅①出口から徒歩2分

外国人に声をかけてくる客引きには絶対についていかないこと

スクムウィット通り周辺には手頃な中級ホテルが多い。交通も便利なので、個人旅行者におすすめ。

デパートの中で世界旅行気分が味わえるターミナル21

AREA GUIDE 09 スクムウィット通り周辺

大型デパートやショップが次々オープン

在住日本人御用達 最旬アドレス巡りを楽しむ

バンコクのなかでも外国人旅行者や居住者が多く
路地の奥にもハイセンスな店が潜んでいる。

1 空港のようなショッピングモール ターミナル21

Terminal 21

フロアごとに「イスタンブール」「ロンドン」などインテリアのテーマがあり、それぞれの街並みを再現したショッピングモール。1階は「東京」。

▶Map P.139-C2
▶詳細 P.69

2 最新巨大デパート エムスフィア

EmSphere

ベーンチャシリ公園隣の広大な敷地を再開発した巨大ショッピングモールが2023年12月にオープン。エンポリアム、エムクオーティエと合わせ、全体をエム・ディストリクトとして盛り上げる。

▶Map P.139-D2～D3

住628 Sukhumvit Rd. TEL0-2269-1000 開10:00～22:00 休なし Card店により異なる 交BPhrom Phong駅から連絡歩道橋ですぐ URLemsphere.co.th

テナントにはIKEAも入る。飲食店やショップ、銀行の支店などここだけでさまざまな用事がこなせる

1 ポッキーのマンゴー味、コアラのマーチのチョコバナナ味はタイ限定販売 2 1階はコスメのショップと女性向けファッション。スーパーマーケットは地下1階

3 バラマキみやげを買うなら ロビンソン

Robinson

タイの流通グループ、セントラル系列の庶民的なデパート。地下1階にスーパーマーケットがあり、バラマキみやげがいろいろ買える。

▶Map P.139-C2

住259 Sukhumvit Rd. TEL0-2651-1533 開10:00～22:00 休なし CardA.D.J.M.V. 交BAsok駅から連絡歩道橋ですぐ

AREA NAVI

スクムウィット通り周辺

王宮
ルムピニー公園

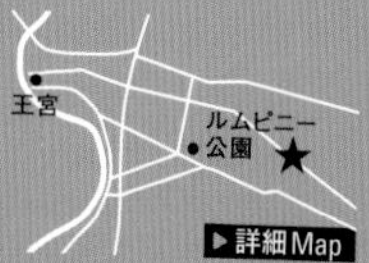

▶詳細Map P.139～140

どんなところ?

エリアを横切るスクムウィット通りを中心に、大型のショッピングセンターが何軒もある。中級以上のホテルも大小さまざまに並び、外国人旅行者度が高い。

何して楽しむ?

ショッピングにグルメに、水準の高い店が集まっている。地元の人たちでにぎわっている庶民的な店も多く、好みで選べる。

交通メモ

BTSがスクムウィット通り上を走っており、掲載エリア内はNana駅、Asok駅、Phrom Phong駅、Thong Lo駅、Ekkamai駅が利用できる。Asok駅でMRT Sukhumvit駅と連絡。

ナーナー駅 Nana
240m 徒歩3分
ロビンソン Robinson
タラート・ルワムサップ Talat Ruamsap
ウエスティン・グランデ・スクンビット The Westin Grande Sukhumvit
グランドセンターポイントホテル・ターミナル21 Grande Centre Point Hotel Terminal 21
オラヌック・バンコク Oranuch Bangkok
ザ・ローカル The Local
ピア21フードコート Pier 21 Food Court ▶P.51
スクムウィット駅 Sukhumvit
ターミナル21 Terminal 21
アソーク駅 Asok
シェラトン・グランデ・スクンビット Sheraton Grande Sukhumvit Bangkok
Interchange 21 Tower
Exchage Tower
スクムウィット通り Sukhumvit Rd.
ピース・ストア Peace Store
アーモン Armong ▶P.60
フジ・スーパー UFM Fuji Super ▶P.65
エムスフィア EmSphere
ヘンヘン・チキンライス Heng Heng Chicken Rice
テイクケア Takecare ▶P.75
アジアハーブアソシエイション Asia Herb Association ▶P.76
ベーンチャシリ公園 Queen Sirikit Park
イム・チャン Im Chan
プロムポン駅 Phrom Phong
エンポリアム Emporium ▶P.69
エンポリアム・フード・ホール Emporium Food Hall ▶P.51
カルマカメット Karmakamet ▶P.62
アーブ Erb ▶P.62
ヒルトン・スクンビット・バンコク Hilton Sukhumvit Bangkok
Soi Asok (Soi 21) / Soi 23 / Soi 8 / Soi 12 / Soi 14 / Soi 18 / Soi 20 / Soi 22 / Soi 29 / Soi 33 / Soi 35
N 0 100 200m

\Check!/ **カムティエン・ハウス**

チェンマイから移築された伝統的なタイの古民家。

▶Map P.139-C2

住131 Asok Montri Rd. (Soi 21), Sukhumvit Rd. TEL0-2661-6470 開火～土9:00～17:00 休日・月・祝 料100B 交MSukhumvit駅①出口から徒歩すぐ

\Check!/ **ソイ33/1日本人街**

日本人駐在員向けの、日本食材を扱うスーパーマーケットや日本食レストランが集まっている。

4 伝統的な料理をていねいに作る ザ・ローカル

The Local

タイのハーブドリンクをどうぞ

築約70年の古民家を改装し、タイの古い道具や楽器が飾られた店内は博物館の趣。伝統的な家庭料理のレシピを忠実に再現した、現在では材料集めも大変で手間もかかる料理が食べられる。

▶Map P.139-C1

住32 Soi 23, Sukhumvit Rd. TEL0-2664-0664 開11:30～14:30 (LO 14:00)、17:30～23:30 (LO 23:00) 休なし CardA.D.J.M.V. 交MSukhumvit駅②出口から徒歩4分 URLwww.thelocalthaicuisine.com 英Menu

各地の料理がひと口サイズで並ぶ前菜セット250B

5 かわいい雑貨がいっぱい ピース・ストア

Peace Store

おみやげに人気です

タイをはじめ東南アジア各地の道具などをアレンジしたかわいらしい雑貨が店内にぎっしり。ほかでは買えないオリジナルばかりで、随時新製品が登場する。燃えるとそのままの形で灰になる象のお香がロングセラー。4個入りで120B。日本人女性がオーナー。

▶Map P.139-D2

住7/3 Soi 31, Sukhumvit Rd. TEL0-2662-0649 開木～火10:00～18:00 休水 CardJ.M.V. 交BPhrom Phong駅⑤出口から徒歩7分 URLwww.peacestorebkk.com 日本語

コースターやカトラリーなどのテーブルウエアも人気

6 道端で食べるカオ・マン・カイ ヘンヘン・チキンライス

Heng Heng Chicken Rice

高級デパートのエンポリアム前、BTSプロムポン駅の階段下で営業するカオ・マン・カイの人気屋台。つやつやのチキンが食欲をそそる。

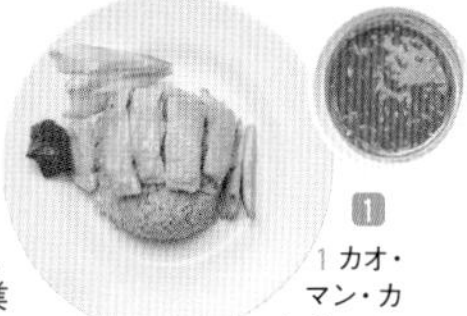

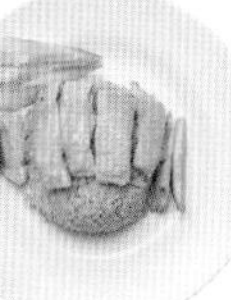

1 カオ・マン・カイ・トーン（いわゆるカオ・マン・カイ）50B 2 通りに面したショップの前を間借りして歩道に並ぶテーブルと椅子

回転が早いので満席でもすぐ食べられますよ!

▶Map P.139-D3

住622 Sukhumvit Rd. TEL09-6245-2224 開月～土16:00～21:00 休日 Cardなし 交BPhrom Phong駅④出口から徒歩すぐ 英Menu

トンロー通りやエカマイ通りにはタイ人ハイソに人気のパブやクラブが多く、週末の夜は高級車で大渋滞になる。

7 繁華街の大公園 ベーンチャシリ公園

Queen Sirikit Park

シリキット皇太后の還暦祝いとして、占いで吉日吉時間とされた1999年8月5日の5時55分にオープン。池の脇には無料で使えるフィットネス機器があり、タイ人の若者が汗を流している。公園を取り巻く道路はジョギングコース。

▶Map P.139-D3

住Sukhumvit Rd. TEL0-2262-0810 開5:00～21:00 休なし 料無料 交BPhrom Phong駅⑥出口から徒歩すぐ

8 巨大屋台街 タラート・ルワムサップ

Talat Ruamsap

古くからのオフィス街にある、驚きの巨大屋台街。飲食店の数は50軒以上あり、広いホールに並ぶテーブルが昼時にはぎっしりと人で埋まる。午後早い時間には店じまいが始まる、文字通りのランチ屋台街。

▶Map P.139-C1

住Asok Montri Rd.
開月～金11:00頃～14:00頃
休土・日・祝
Card店によるがほとんど使えない
交MSukhumvit駅①出口から徒歩7分

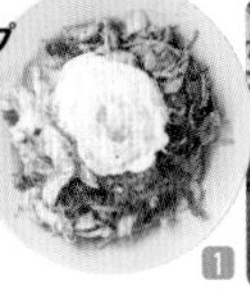

1 おかず2種類に目玉焼きをのせて60B程度 2 多彩な食べ物があるので目移りしそう 3 食器類は係の人が片付けるので食べ終わったらそのまま立ち去っていい

10 気軽な屋台風食堂 イム・チャン

Im Chan

日本人が多く住むエリアにある気軽な食堂で、ひと皿ものがいろいろ食べられる。全メニュー日本語表記なのもありがたい。料理の数は150種以上!

インスタント麺のシーフードバジル炒め 80B

▶Map P.139-D3

住Soi 39, Sukhumvit Rd. TEL08-9813-7425 開8:30～21:40(LO) 休なし
CardJ.M.V.(300B～)
交BPhrom Phong駅②出口から徒歩すぐ
日Menu

1 通りに面して壁のない開放的な造り 2 100B以下で食事ができる

9 洗練されたタイの家庭料理 オラヌック・バンコク

Oranuch Bangkok

オーナーのオラヌックさんは子供の頃、カレン族のメイドさんが作る家庭料理を食べていた。その味を再現し、伝統的なタイ料理にカレン風の辛さやハーブを多用する特徴を加えた、ひと味違うタイ料理が食べられる。

▶Map P.139-C1

住36 Soi 23, Sukhumvit Rd. TEL0-2125-3715 開火～日11:00～22:00 休月 CardJ.M.V. 交BAsok駅③出口から徒歩9分 URLwww.oranuchbangkok.com 英Menu

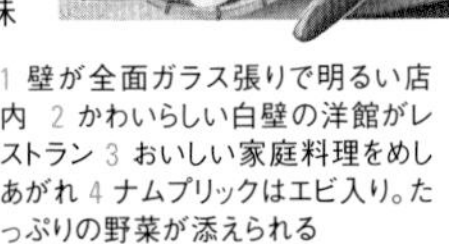

1 壁が全面ガラス張りで明るい店内 2 かわいらしい白壁の洋館がレストラン 3 おいしい家庭料理をめしあがれ 4 ナムプリックはエビ入り。たっぷりの野菜が添えられる

11 エコなおしゃれモール ザ・コモンズ

The Commons

1 壁がなく全館吹き抜け。風が通るエコ構造 2 屋上にはハーブ園もある

ソイ・トンローの奥にあるザ・コモンズは、規模は小さめながらおしゃれなショップや飲食店が並び、大型デパートにはない魅力のモール。半屋外のエコな造りで、4階にはカフェ「ロースト」、1階には伝統菓子店「Sri」がある。

▶Map P.140-B1

住335 Soi Thong Lo 17, Sukhumvit Rd. TEL08-9152-2677 開9:00～23:00 休なし Card店により異なる
交BThong Lo駅③出口から徒歩13分 URLwww.thecommonsbkk.com

12 あのドンキがバンコクに ドンキモール・トンロー

Donki Mall Thonglor

24時間営業のドンドンドンキ（ドン・キホーテ）を核に日本食レストランや喫茶店などが並ぶドンキモール。店内にぎっしり詰め込まれた商品陳列やあの中毒性の高いBGMなど、雰囲気は日本のドン・キホーテと全く同じ。

▶Map P.140-B1

住107 Soi 63, Sukhumvit Rd. TEL0-2301-0451 開ドンドンドンキは24時間。テナントは店により異なる 休なし Card店により異なる 交Ⓑ Ekkamai駅①出口から徒歩18分 URL www.donkimallthonglor.com 日本語

1 エントランスではおなじみのペンギンがお出迎え 2 2019年3月オープン。地元タイの人たちにも大人気

13 コットン製品なら パーヤー

Paya

コットン製品とマットミー（タイの絣）専門店。素朴な色合いの草木染めコットンスカーフは200B程度からある。色のバリエーションも豊富で手頃なおみやげに人気。メートル売りの生地も各種あり、カーテンなども仕立てられる。

▶Map P.140-B1

住203 Soi 10, Soi 55 (Soi Thong Lo), Sukhumvit Rd. TEL0-2711-4457 開月～土9:00～18:00 休日 Card A.M.V. 交Ⓑ Thong Lo駅③出口から徒歩18分 URL payashop.net

1 クッションカバーやベッドカバーなどの大物も 2 コンクリート打ちっぱなしの外観がモダン

14 バンコクで銭湯体験 レッツ・リラックス・温泉・アンド・スパ

Let's Relax Onsen and Spa

日本のスーパー銭湯によく似たシステムで、大きな浴槽につかってリラックスできるとバンコク在住風呂好き日本人の間で評判。サウナ、岩盤浴、スチームバスもあり、たっぷり汗をかいたらリラックスルームでひと休み。

▶Map P.140-B1～B2

住Centre Point Sukhumvit 55, Soi 55 (Thonglor), Sukhumvit Rd. TEL0-2042-8045 開10:00～24:00 休なし 料入湯料750B。タイ式マッサージ1200B(120分)、足裏マッサージ500B(45分) Card J.M.V. 交Ⓑ Thong Lo駅③出口から徒歩9分 URL letsrelaxspa.com/ja/branch/thonglor 日Menu

1 露天風呂風になった半屋外の浴槽もある 2 洗い場の造りや仕様はまるで日本のスーパー銭湯

Column 便利なトンローバス

トンロー通りには赤い車体の循環バスが走っており便利。毎日6:00～21:30の間、5～10分おきに出発。料金は一律7B。バス停はなく、合図をすれば止まってくれ、車内のブザーを鳴らすと停車する。

\ Check! / Jアベニュー

カフェやレストランが多いので、トンロー歩きの休憩や食事に便利なショッピングモール。

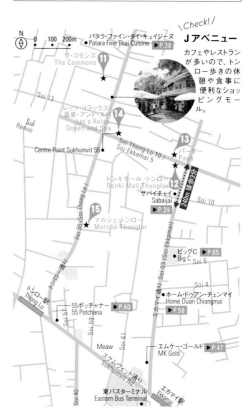

15 2023年オープンの最新モール マルシェ・トンロー

Marché Thonglor

2023年3月にオープンした、最新のコミュニティモール。建物を覆うような外壁がなく、風が吹き渡り開放的。階段やエスカレーターの踊り場がテラス状に造られており、ベンチもあってテイクアウトのドリンクなどで休憩できる。

▶Map P.140-B2

住150 Soi 55, Sukhumvit Rd TEL09-5207-9477 開10:00～24:00 休なし Card店により異なる 交Ⓑ Thong Lo駅③出口から徒歩7分 FB Marche' Thonglor

曲線を描いた空中回廊が特徴的な外観。1階にはスーパーマーケットもある

列車は遅延することもあるので、時間に余裕をもっておきたい。帰りの列車に間に合わない場合はロットゥー（ミニバス）を利用しよう。

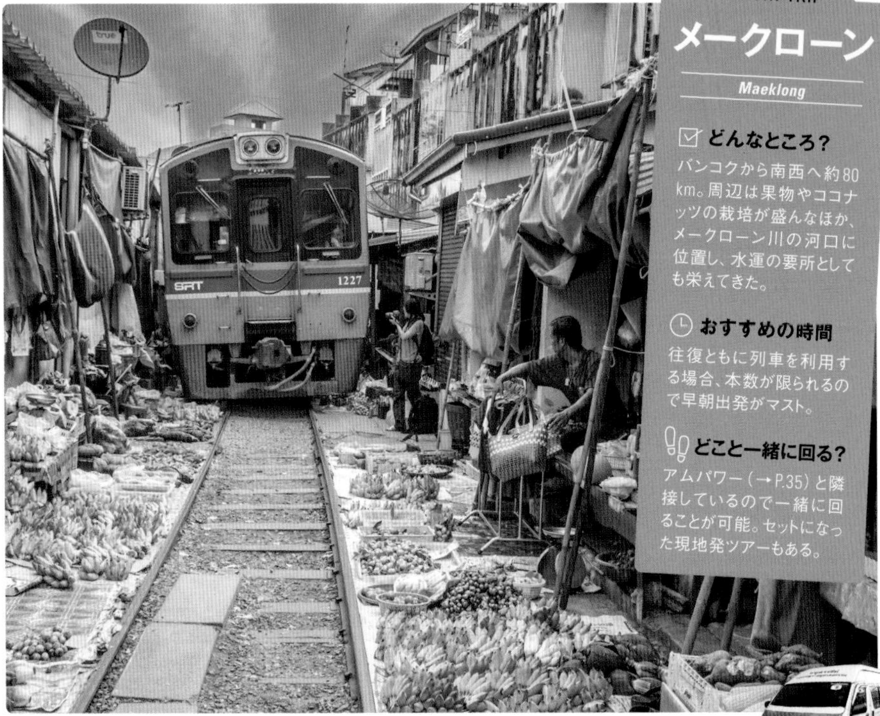

SHORT TRIP

メークローン

Maeklong

どんなところ？

バンコクから南西へ約80km。周辺は果物やココナッツの栽培が盛んなほか、メークローン川の河口に位置し、水運の要所としても栄えてきた。

おすすめの時間

往復ともに列車を利用する場合、本数が限られるので早朝出発がマスト。

どことー緒に回る？

アムパワー（→ P.35）と隣接しているので一緒に回ることが可能。セットになった現地発ツアーもある。

これが通称折りたたみ市場！

SHORT TRIP 01 メークローン

タイならではの珍風景に出合う

メークローンの折りたたみ市に大興奮！

今や人気の観光名所となった折りたたみ市場。列車が通るたびに繰り返されるマーケットの閉店作業のすばやさは感動もの！

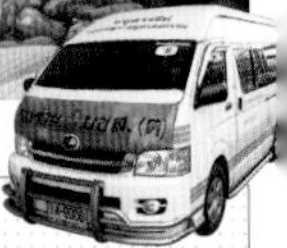

メークローン・マーケット Maeklong Market

国鉄メークローン駅に隣接する生鮮食品を扱う市場。列車の本数が少ないことから、線路にまで店がせり出したのがきっかけで、観光名所になった。列車が通るのは1日8回（P.103の時刻表参照）。

▶Map P.129-D1
開9:00～17:00頃 休無休

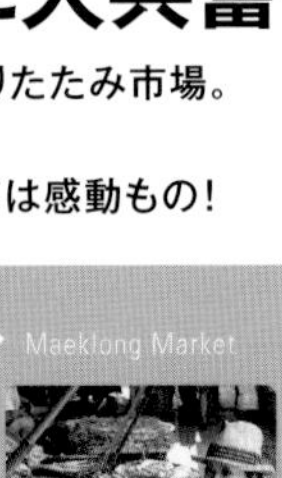

麺の店もあるよ

バンコクからのアクセス

鉄道かミニバスを利用！

タイのローカル列車に乗りたい人は鉄道を、時間を節約したい人はロットゥー（ミニバス）を利用しよう。現地旅行会社（P.103）が催行するローカル列車の乗車体験付きツアーも便利。

鉄道を利用する場合は上記参照。運行時刻はP.103で確認を。マハーチャイ駅～バーンレーム駅間は、マハーチャイ駅から徒歩5分の船着場から随時運航する渡し船で対岸へ。そこからバーンレーム駅まで徒歩10分。不安な人は人力車（交渉制30B）やモーターサイ（10B）を利用。

東バスターミナル（エカマイ ▶Map P.140-B3）からメークローン行き（所要約1時間、100B。7:30～20:30の間1時間に1本弱）のロットゥー（ミニバス）が出ている。終点から徒歩5分（案内地図あり）。

これがメークローンの日常だ！

列車が来たぞ～
やれやれまたか。買い物中だってのに

今日も旅行者でいっぱいだなぁ
＼おおおおお～！／
シャッターチャーンス！

＼ひえぇ～ギリギリ！／
食べ物もそのままなのか！
毎度毎度そこまで片付けていられないよ

はいはい戻しましょうね～
ハイもとどおり！
／らっしゃいらっしゃい＼

メークローン線の時刻表

メークローン発	6:20	9:00	11:30	15:30
バーンレーム着	7:20	10:00	12:30	16:30

バーンレーム発	7:30	10:10	13:30	16:40
メークローン着	8:30	11:10	14:30	17:40

往復ともに鉄道を利用する場合の時刻表

5:30または8:35　ウォンウィエン・ヤイ発
↓
6:23または9:28　マハーチャイ着
↓渡し船＋徒歩
7:30または10:10　バーンレーム発
↓
8:30または11:10　メークローン着
↓（9:00または11:30折りたたみ市を見学）
11:30または15:30　メークローン発
↓
12:30または16:30　バーンレーム着
↓渡し船＋徒歩
13:15または17:35　マハーチャイ発
↓
14:13または18:25　ウォンウィエン・ヤイ着

＼ウォンウィエン・ヤイ駅のホーム／

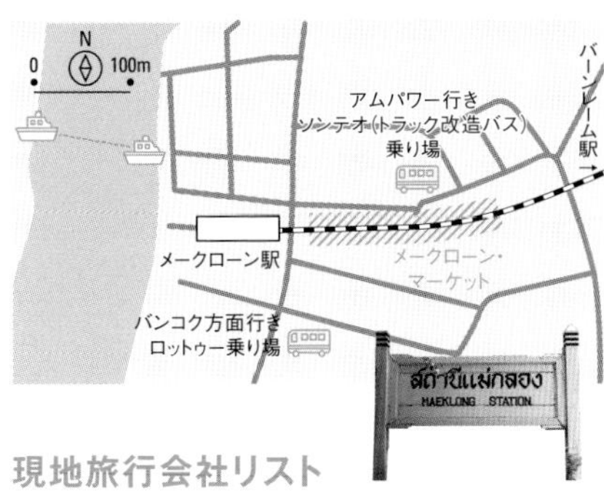

現地旅行会社リスト

バンコクにある旅行会社が催行する日本語ガイド付きツアーは何かと便利。メークローン・マーケットへのツアーもある。ただし2024年3月現在状況は不安定なので、ツアーが希望の日程で催行されるかどうか必ず事前に確認すること。

ウェンディー・ツアー Wendy Tour

定番人気の日本語ツアーを催行。

▶Map P.134-B1　サヤーム・スクエア周辺

住Room J, 6th Fl., Phayathai Plaza Bldg., 128/63 Phaya Thai Rd. TEL0-2216-2201 開月～金9:00～18:00 休土・日 CardM.V. 交BPhaya Thai駅から連絡歩道橋で直結 URLwww.wendytour.com/thailand 日本語

パンダ・トラベル（パンダバス） Panda Travel Agency

定番はもちろん、稲作体験やサイクリングなどのユニークなものまで、種類豊富なツアーを催行。

▶Map P.137-C2　シーロム通り周辺

住12th Fl., Wall Street Tower, 33/58 Suriwong Rd. TEL0-2632-9914 開月～金9:00～18:00 休土・日 CardM.V. 交BSala Daeng駅①出口から徒歩3分 URLwww.pandabus.com/thailand

バンコク中心部からBTSでパクナームまで往復し、立ち寄りで途中下車するならワンデイ・パス(→P.121)を利用しよう。

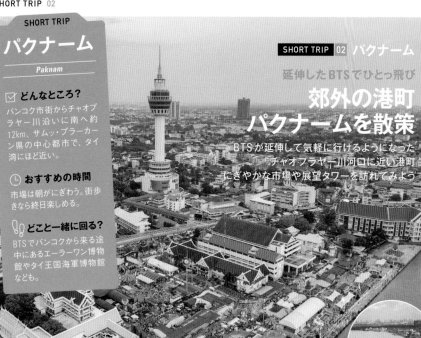

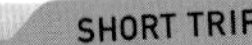

パクナーム

Paknam

どんなところ?

バンコク市街からチャオプラヤー川沿いに南へ約12km、サムッ・プラーカーン県の中心都市で、タイ湾にほど近い。

おすすめの時間

市場は朝がにぎわう。街歩きなら終日楽しめる。

どこと一緒に回る?

BTSでバンコクから来る途中にあるエーラーワン博物館やタイ王国海軍博物館なども。

SHORT TRIP 02 パクナーム

延伸したBTSでひとっ飛び

郊外の港町 パクナームを散策

BTSが延伸して気軽に行けるようになったチャオプラヤー川河口に近い港町 にぎやかな市場や展望タワーを訪れてみよう

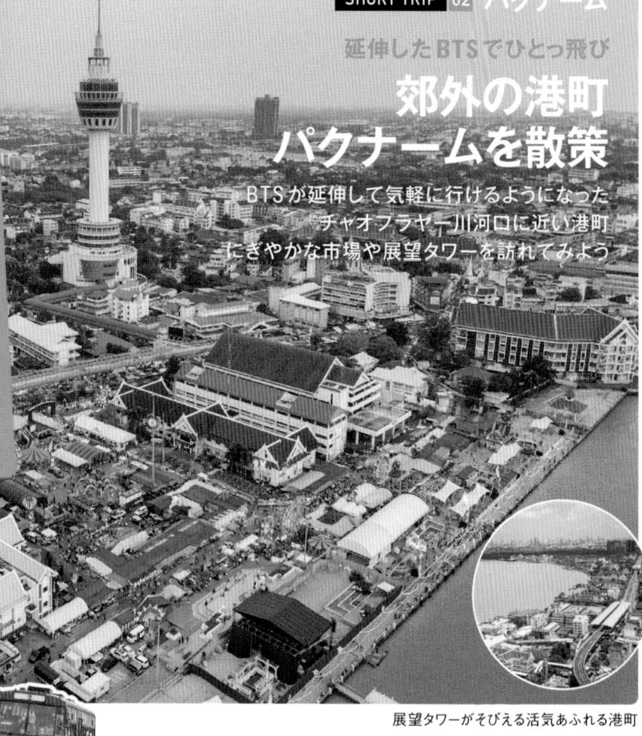

展望タワーがそびえる活気あふれる港町

バンコクからのアクセス

BTSかバスを利用!

BTSスクムウィットラインで、バンコクの中心CENサヤーム駅からパクナーム駅まで所要36分、62B。

スクムウィット通りを南下しサムッ・プラーカーンまで行く508番、511番などのバスが利用できる。ただし渋滞すると1時間以上かかることもある。

はるかタイ湾まで見渡せる

サムッ・プラーカーン・ラーニング・パーク&シティー・タワー

Samut Prakan Learning Park and City Tower

2022年8月22日にオープンした、高さ179.55mの展望タワー。23階と25階の展望台からは、ビルが林立するバンコク市街から反対側のタイ湾方面まではるかに眺められる。

▶Map P.129-D1

住858 Amorndet Rd., Samut Prakan TEL09-8241-9495 開火〜日10:00〜17:00(学習施設エリアの見学は予約制で〜15:00。展望台見学だけなら予約不要) 休月 料60B 交BPak Nam駅⑥出口から徒歩6分

1 サムッ・プラーカーン・ラーニング・パーク&シティー・タワー23階の展望台は360度見渡せる 2 基壇部分は学習施設で見学は要予約。展望台は予約不要

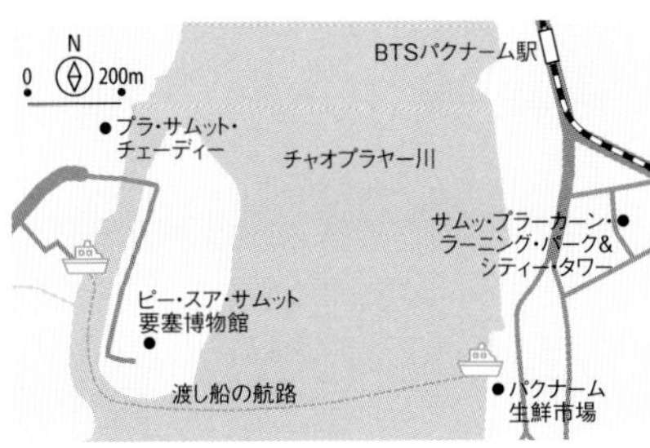

アユタヤー時代に建てられた

プラ・サムット・チェーディー

Phra Samut Chedi

パクナームの対岸にある白い仏塔。世界各国とアユタヤーを結ぶ海運を支える港町として繁栄したパクナームの象徴。

▶Map P.129-D1
住Suk Sawat Rd., Pak Khlong Bang Pla Kot 開5:00～20:00 休なし 料無料 交プラ・サムット・チェーディー船着場から徒歩3分

プラ・サムット・チェーディーの高さは38mとなかなか立派

新鮮な魚介や野菜が売られる

パクナーム生鮮市場

Paknam Market

チャオプラヤー川の河口に近いパクナームは漁業の中心でもあり、新鮮が魚介類が水揚げされて毎日大量に販売される。

▶Map P.129-D1
住Sri Samut Rd., Pak Nam 開24時間 休なし 料なし 交ⒷPak Nam駅⑥出口から徒歩8分

活気にあふれる生鮮市場

河口を守った要塞

ピー・スア・サムット要塞博物館

Fort Phi Sua Samut Museum

外敵からアユタヤーを守る最初の砦として築かれた砲台が、海軍が管理する博物館として保存されている。

▶Map P.129-D1
住Pak Khlong Bang Pla Kot 電0-2425-8419 開8:00～19:00 休なし 料無料 交プラ・サムット・チェーディー船着場から徒歩6分

1 河口に向いて掩蓋内に大砲が3門設置されている 2 近代タイ海軍の基礎を作ったチュムポーン王子の像

途中のここにも寄ってみよう!

エーラーワン象の内部まで入ることができる

巨大なエーラーワン像がある

エーラーワン博物館

The Erawan Museum

BTSの車窓からも見える巨大なエーラーワン象の像内部が博物館になっている。円筒の台座に乗ったエーラーワン象の高さは43.6mもある。

▶Map P.129-C3外
住99/9, Moo 1, Bangmuangmai, Samut Prakan 電0-2371-3135 開9:00～18:00 休なし 料400B(外国人料金) 交ⒷPu Chao駅③出口から徒歩10分 URL www.erawanmuseum.com

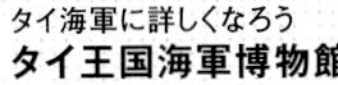

タイ海軍に詳しくなろう

タイ王国海軍博物館

Royal Thai Naval Museum

広い前庭に飛行艇や装甲車、タイ海軍で使われた日本製潜水艦の司令塔部分などが展示されている。奥の建物が博物館。

▶Map P.129-C3外
住99 Sukhumvit Rd., Paknam 電0-2394-1997 開8:30～15:30 休祝 料無料 交ⒷRoyal Thai Naval Academy①出口から徒歩すぐ FB navalmuseumsamutprakan

1 奥の建物内に海軍の装備や軍装、歴史などに関する展示がある 2 軍艦の艦首に飾られていたガルーダ像

自力で遺跡を巡る場合、ゲストハウスやアユタヤー駅のレンタサイクルやレンタバイク、またはトゥクトゥク（1時間150B～、1日500B程度）をチャーターするのが一般的。

雨の多い時期には水面に遺跡が映り美しい（ワット・チャイワッタナーラーム）

SHORT TRIP 03 アユタヤー

「ロンドンのように見事」とたたえられた

世界遺産アユタヤーの遺跡を巡る

▶Map P.129-D1

最盛期には現在のタイ北部と東北部を除く全域を掌握し、日本との貿易も盛んだったかつての国際都市アユタヤー。当時の建物は遺跡となり、世界遺産に登録されている。

SHORT TRIP

アユタヤー

Ayutthaya

どんなところ？

バンコクから北へ約80kmにある都市の遺跡。1350年、地方豪族ラーマティボディにより建都。ビルマ軍の攻撃で滅亡するまで、417年間35人の王により繁栄を続けた。

おすすめの時間

一般的には8:00～17:00。ライトアップが見たい人は、夕方まで遺跡内を見学し、そのままライトアップを見学して戻ろう。

バンコクからのアクセス

バスや鉄道でアクセス可能

公共交通機関の利用も可能だが、現地旅行会社（→P.103）のツアー利用が一般的。半日、1日、ライトアップ、チャオプラヤー川クルーズ利用など種類も豊富だ。

北バスターミナル（▶Map P.128-B1）から早朝4:30～19:30の間、30分～1時間おき、所要1時間30分～2時間、2等83B。北バスターミナルと南バスターミナル（▶Map P.128-A1外）からは20～30分おきにロットゥー（ミニバス）がある。70～80B。

国鉄フアラムポーン駅（▶Map P.133-D2）から早朝4:20～18:20の間に1日8本以上。クルンテープ・アピワット中央駅からは7:30～22:30の間1日7本。所要1時間10～30分。料金は列車の種類と座席の等級によって大きく異なり15～341B。

1 頭部がない姿の仏像が並ぶ ワット・マハータート

Wat Mahathat

13世紀に建てられた重要な寺院のひとつ。高さ44mの黄金に輝く仏塔があったとされるが、ビルマ軍によって破壊され、今は一部の仏塔と基礎が残るのみ。

▶Map P.141-C2～D2

開8:00～18:00 休なし 料50B

1 崩れかけた仏塔も多い 2 落とされた仏頭が木の根に取り込まれ神秘的なパワーを感じさせる

2 地下から宝物が発見された ワット・ラーチャブーラナ

Wat Ratchaburana

1424年、8代王ボロム・ラーチャーが亡くなったふたりの兄のために建造。1958年、王が納めた宝箱が見つかったことでも知られる。仏塔内部の壁画も必見だ。

塔の途中まで上ることができる

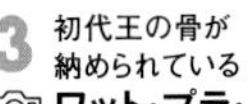

▶Map P.141-C2
開8:00～18:00 休なし 料50B

3 初代王の骨が納められている ワット・プラ・ラーム

Wat Phra Ram

1368年、2代王ラームスエンによって建てられた、アユタヤーでも古い寺院のひとつ。中央にはクメール様式の仏塔がそびえ、北側には初代王の青銅像が立つ。

夜はライトアップされる

▶Map P.141-D2
開8:00～18:00 休なし 料50B

1 セイロン様式の仏塔はアユタヤー中期(15世紀)に建てられたもの 2 隣接するのはビルマ軍に破壊されたアユタヤー王宮跡（開8:00～16:30 休なし 料50B)。今は何も残っていない

4 アユタヤー王朝の王室守護寺院 ワット・プラ・シー・サンペット

Wat Phra Sri Sanphet

1491年、8代王により建てられた、アユタヤー王朝で最も格式の高い寺院。3基のセイロン様式の仏塔にはトライローカナート王とその王子ら3人が眠る。

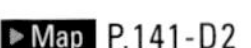

▶Map P.141-D2
開7:00～18:00 休なし 料50B

5 青空の下、巨大な寝釈迦仏が横たわる ワット・ローカヤースッター

Wat Lokayasutha

アユタヤー中期に造られた寺院。建物は破壊されてしまったが、1956年に芸術局により再建された全長28m、高さ5mの巨大な涅槃仏が見られる。

▶Map P.141-D1
開8:00～16:30
休なし 料無料

1 今でも信仰の場所になっている 2 まるでほほ笑んでいるかのようなおだやかな表情

超人を意味する涅槃仏の平らな足の裏

6 亡くなった母のために王が建立 ワット・チャイ ワッタナーラーム

Wat Chaiwatthanaram

1630年、プラサート・トーン王により建てられた寺院。中央のクメール様式の仏塔は、カンボジアとの戦いに勝利したことを記念しているとの説がある。

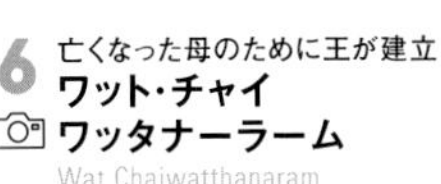

▶Map P.141-D1
開8:00～18:00
休なし 料50B

1 夜のライトアップは19:00～21:00頃 2 中央のクメール様式の仏塔は高さ35m

7 20代王ナレースワンが眠る ワット・ヤイ・チャイ・モンコン

Wat Yai Chai Mongkon

初代王によって1357年に建立。セイロン様式の仏塔は1592年に20代王ナレースワンが建てたもの。周囲を囲む何十もの坐仏像、大きな寝仏像も見ものだ。

▶Map
P.141-D3
開8:00～17:00
休なし 料20B

高さ72mを誇る仏塔は、ビルマ王子との戦いに勝利したことの記念

エリア別おすすめホテル

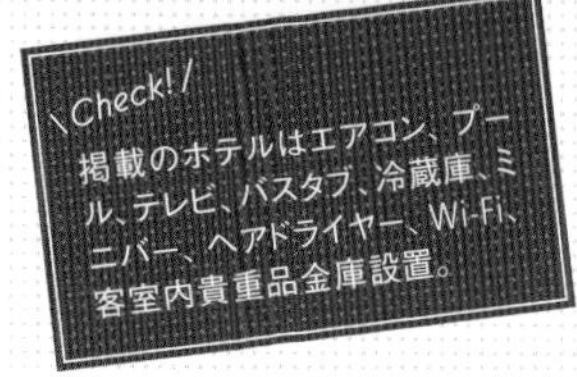

\ Check! /
掲載のホテルはエアコン、プール、テレビ、バスタブ、冷蔵庫、ミニバー、ヘアドライヤー、Wi-Fi、客室内貴重品金庫設置。

マンダリン・オリエンタルに代表される名門から
ツアーで利用される手頃なホテルまで、
観光やショッピングに便利なホテルを厳選してご紹介。
バンコクで、快適なステイを楽しんで！

ホテルの予約は各種予約サイトのほか、各ホテルの公式ウェブサイトにもお得な料金が出ていることがあるので要チェック。

チャオプラヤー川沿い

古くはバンコク経済の中心だったエリアで、
バンコクを代表する歴史ある高級ホテルが点在している。

バンコク屈指の伝統を誇る
マンダリン・オリエンタル・バンコク
Mandarin Oriental, Bangkok

バンコクを代表する高級ホテル。コロニアルスタイルのオーサーズ・ラウンジでハイティーも楽しめる。フレンチレストランのノルマンディーも人気。スパは→P.72。

Map P.136-A2～A3

住48 Oriental Ave., Charoen Krung Rd.
TEL0-2659-9000 FAX0-2659-0000 料2万4650B～
Card A.D.J.M.V 室374室 予Free0120-663230
交Ⓑ Saphan Taksin駅③出口から徒歩11分
URL www.mandarinoriental.com

川に面したロビーが優雅
シャングリ・ラ・ホテル
The Shangri-La Hotel

シャングリラ・ウイングとクルンテープ・ウイングの2棟ある。川に面した庭園のプールが気分よし。ハイティーはロビー・ラウンジ(→P.94)で。

Map P.136-A3

住89 Soi Wat Suan Plu, Charoen Krung Rd.
TEL0-2236-7777 FAX0-2236-8579 料6950B～
Card A.D.J.M.V 室799室 予Free0120-944162
交Ⓑ Saphan Taksin駅①出口から徒歩すぐ
URL www.shangri-la.com/bangkok

川沿いにそびえるシティリゾート
ロイヤル・オーキッド・シェラトン・ホテル&タワーズ
Royal Orchid Sheraton Hotel & Towers

全室リバービュー。ホテルオリジナルの特製ベッド、シェラトン・スイート・スリーパーは夢の寝心地。タイ料理のタラ・トンなどレストランも高評価。

Map P.136-A2

住2 Soi 30, Charoen Krung Rd.
TEL0-2266-0123 FAX0-2236-8320 料4703B～
Card A.D.J.M.V 室726室 予Free0120-925659
交Ⓜ Hua Lamphong駅①出口から徒歩14分
URL www.royalorchidsheraton.com

チャオプラヤー川岸のシティリゾート
フォーシーズンズ・ホテル・バンコク・アット・チャオプラヤー・リバー
Four Seasons Hotel Bangkok at Chao Phraya River

下町エリアのチャオプラヤー川岸に広がる広大な敷地に建てられている。庭園にあるプールからは川が広々と眺められて気分よく過ごせる。

Map P.128-A3

住300/1 Charoen Krung Rd.
TEL0-2032-0888
料1万7067B～ Card A.D.J.M.V 室299室
予Free 0120-024754
交Ⓑ Saphan Taksin駅④出口から徒歩12分
URL www.fourseasons.com/bangkok/

シーロム通り周辺

旅行者向けのショップやレストランが多いエリア。
交通の便もよいので、短期旅行者に向いている。

幻想的なインテリアが独特
スコータイ・バンコク
The Sukhothai Bangkok

スコータイ王朝の遺跡をイメージした内装が重厚な雰囲気。ロビー・サロンの週末限定チョコレート・ビュッフェはおすすめ。

Map P.137-D3

住13/3 Sathorn Tai Rd.
TEL0-2344-8888 FAX0-2344-8899
料7150B～ Card A.D.J.M.V 室210室
交Ⓜ Lumphini駅②出口から徒歩7分
URL www.sukhothai.com

スタイリッシュなシティホテル
ル・メリディアン・バンコク
Le Méridien Bangkok

大きく深いバスタブが日本人好み。窓際のソファからバンコクの街並みを見下ろすのも趣深い。館内にあるスパのル・スパも人気。

Map P.137-C2

住40/5 Suriwong Rd. TEL0-2232-8888
FAX0-2232-8999 料4998B～
Card A.D.J.M.V 室282室 予Free0120-925659
交Ⓜ Sam Yan駅①出口から徒歩4分
URL www.lemeridienbangkokpatpong.com

サヤーム・スクエア周辺

大型デパートやショッピングモールが集まっており、買い物好きにおすすめ。交通の便もいい。

広々とした庭園が人気
サイアム・ケンピンスキー・ホテル・バンコク
Siam Kempinski Hotel Bangkok

巨大デパートのサヤーム・パラゴン（→P.91）裏手にあり、繁華街のすぐお隣ながら静かな環境。緑が茂りプールのある中庭は南国気分満点。

Map P.135-C2
住991/9 Rama 1 Rd.
TEL0-2162-9000 FAX0-2162-9009
料1万30B～ CardA.D.J.M.V 室303室
交B Siam駅①出口から徒歩3分
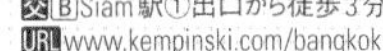
URL www.kempinski.com/bangkok

外界から隔絶された別世界
ローズウッド・バンコク
Rosewood Bangkok

控えめな外観で目立たないが、繁華街のすぐ近くにありながらプライベート感のあふれる高級ホテル。9階のプールは宿泊客専用。29階のバーが人気。

Map P.135-D3
住1041/38 Phloen Chit Rd.
TEL0-2080-0088 料1万800B～
CardA.D.J.M.V 室158室
交B Phloen Chit駅③出口から徒歩すぐ
URL www.rosewoodhotels.com/en/bangkok

日系ホテルならではのおもてなし
オークラ・プレステージ・バンコク
The Okura Prestige Bangkok

オフィスビルの23階から上がホテルで、客室は26階から。全室眺めはバツグン。25階のプールはインフィニティ・スタイルで空中浮遊感覚が楽しめる。

Map P.135-D3
住Park Ventures Ecoplex, 57 Witthayu Rd.
TEL0-2687-9000 FAX0-2687-9001 料6225B～
CardA.D.J.M.V 室240室 予Free0120-003741
交B Phloen Chit駅連絡通路から徒歩すぐ
URL www.okurabangkok.com

スクムウィット通り周辺

中級～高級ホテルが多数集まっている。交通の便もよく、買い物やグルメなど何をするにも便利。

バスルームにも外向きの窓
バンコク・マリオット・ホテル・スクンビット
Bangkok Marriott Hotel Sukhumvit

ベッドルームとバスルームの仕切りが大きな引き戸で、開け放つと広々と使える。屋上のオクターブ・ルーフトップ・ラウンジ&バーが人気。

Map P.140-B2～B3
住2 Soi 57, Sukhumvit Rd.
TEL0-2797-0000 FAX0-2797-0001
料5831B～ CardA.D.J.M.V 室296室
予Free0120-925659
交B Thong Lo駅③出口から徒歩2分
URL www.marriott.co.jp

BTSアソーク駅に歩道橋で直結
シェラトン・グランデ・スクンビット
Sheraton Grande Sukhumvit

BTSアソーク駅から歩道橋で直結。プールの周囲は緑が茂り、まるでジャングルの中で泳いでいるような気分になる。広いウオークインクローゼットが便利。

Map P.139-C2
住250 Sukhumvit Rd.
TEL0-2649-8888 FAX0-2649-8000
料7154B～ CardA.D.J.M.V 室420室
予Free0120-925659
交B Asok駅連絡通路から徒歩すぐ
URL www.sheratongrande sukhumvit.com

繁華街至近で便利
ハイアット・リージェンシー・バンコク・スクムウィット
Hyatt Regency Bangkok Sukhumvit

スクムウィット通りのにぎやかなエリアにあり、連絡歩道橋でBTSのナーナー駅に直結。どこへ行くにも何をするにも便利。

Map P.139-C1
住1 Soi 13, Sukhumvit Rd.
TEL0-2098-1234 料6218B～
CardA.D.J.M.V 室273室
予Free0120-923299
交B Nana駅から連絡歩道橋で直結
URL www.hyatt.com

安心の日系ホテル
ホテル・ニッコー・バンコク
Hotel Nikko Bangkok

日本人在住者が多いトンローエリアにある。日系のホテルだけに日本語が通じるスタッフが多く、言葉に不安がある人にはありがたい。

Map P.140-A2
住27 Soi 55(Thong Lo), Sukhumvit Rd
TEL0-2080-2111 料6200B～
CardA.D.J.M.V 室301室
予Free0120-003741
交B Thong Lo駅③出口から徒歩2分
URL nikkobangkok.com

ホテルはたいてい朝食付き。高級ホテルはビュッフェが主流で内容も豪華。朝ごはんで1日のエネルギーをチャージしよう。

人気の大型ホテルリスト

バンコクには世界の高級ブランドホテルが揃っており、比較的割安感のある料金で利用できる。

セント・レジス・バンコク
St. Regis Bangkok

バトラーサービスで優雅に過ごせる。

Map P.135-C3

住159 Ratchadamri Rd. TEL0-2207-7777 料8624B～ 交BRatchadamri駅④出口連絡通路から徒歩すぐ URLstregis.com/bangkok

コンラッド・バンコク
Conrad Bangkok

客室は落ち着いた色調のインテリア。

Map P.135-D3

住All Seasons Place, 87 Witthayu Rd. TEL0-2690-9999 料4675B～ 交BPhloen Chit駅⑥出口から徒歩8分 URLwww.conradhotels.com

ペニンシュラ・バンコク
The Peninsula Bangkok

大きな窓からチャオプラヤー川を見渡せる。

Map P.136-A3

住333 Charoen Nakhon Rd., Klongsan TEL0-2020-2888 FAX0-2020-2889 料1万5300B～ 交CEN Sathorn船着場から渡し船 URLbangkok. peninsula.com

クラウンプラザ・バンコク・ルンピニーパーク
Crowne Plaza Bangkok Lumpini Park

町の中心で好立地。日本語スタッフも常駐。

Map P.137-D2

住952 Rama 4 Rd. TEL0-2632-9000 FAX0-2632-9001 料4198B～ 交MSilom駅②出口から徒歩2分 URLwww.crowneplaza.com

バンヤンツリー・バンコク
Banyan Tree Bangkok

ホテル内のスパ（→P.72）はビジターにも評判。

Map P.137-D2～D3

住21/100 Sathorn Tai Rd. TEL0-2679-1200 FAX0-2679-1199 料5280B～ 交MLumphini駅②出口から徒歩8分 URLwww.banyantree.com

ウエスティン・グランデ・スクンビット
The Westin Grande Sukhumvit

ショッピングエリアに近い。

Map P.139-C2

住259 Sukhumvit Rd. TEL0-2207-8000 料6078B～ 交BAsok駅①出口から徒歩すぐ URLwww.westingrandesukhumvit.com

アナンタラ・サヤーム・バンコク・ホテル
Anantara Siam Bangkok Hotel

元フォーシーズンズ・ホテル。高級感あり。

Map P.135-C3

住155 Ratchadamri Rd. TEL0-2126-8866 料5107B～ 交BRatchadamri駅④出口から徒歩すぐ URLwww.siam-bangkok.anantara.com

ミレニアム・ヒルトン
Millennium Hilton

最上階は展望バー（→P.29）。

Map P.136-A2

住123 Charoen Nakhon Rd. TEL0-2442-2000 料5297B～ 交CEN Sathorn船着場から渡し船 URLwww.bangkok.hilton.com

ヒルトン・スクンビット・バンコク
Hilton Sukhumvit Bangkok

日本人が多く住むプロムポンに立地。

Map P.139-D3

住11 Soi 24, Sukhumvit Rd. TEL0-2620-6666 料4704B～ 交BPhrom Phong駅④出口から徒歩3分 URLwww.sukhumvitbangkok.hilton.com

ソラリア西鉄ホテルバンコク
Solaria Nishitetsu Hotel Bangkok

日本料理レストラン「梅の花」がある。

Map P.139-C2

住Soi 14, Sukhumvit Rd. TEL0-2092-8999 料4251B～ 交BAsok駅連絡歩道橋で直結 URLwww.solariabangkok.com

アマリ・ウォーターゲート・バンコク
Amari Watergate Bangkok

プラトゥーナーム（→P.92）のランドマーク。

Map P.135-C2

住847 Phetchburi Rd. TEL0-2653-9000 FAX0-2653-9045 料3024B～ 交BChit Lom駅⑨出口から徒歩13分 URLjp.amari.com/watergate

ルブア・アット・ステート・タワー
lebua at State Tower

広々とした客室。最上階に絶景バー（→P.29）。

Map P.136-A3

住1055/111 Silom Rd. TEL0-2624-9999 FAX0-2624-9998 料6500B～ 交BSaphan Taksin駅③出口から徒歩7分 URLwww.lebua.com

手頃なホテル

設備に比べて割安感があり個人旅行にも便利。

ダブルツリー・バイ・ヒルトン・バンコク・プルンチット
Double Tree by Hilton Bangkok Ploenchit

コネクティングルームが可能。

Map P.138-B1

住12 Soi 2, Sukhumvit Rd. TEL0-2262-2999 料2503B～ 交BPhloen Chit駅④出口から徒歩6分 URLwww.hilton.com

ツイン・タワーズ・ホテル・バンコク
The Twin Towers Hotel Bangkok

現地発着ツアーの集合場所にも使われる。

Map P.133-D1

住88 Rong Muan Rd. TEL0-2216-9555 FAX0-2216-9544 料1596B～ 交MHua Lamphong駅②出口から徒歩10分 URLwww.thetwintowershotel.com

イビス・バンコク・サヤーム
ibis Bangkok Siam Hotel

ひとつのビルに2軒のホテル。

Map P.134-B2

住927 Rama 1 Rd. TEL0-2659-2888 料1836B～ 交BNational Stadium駅①出口から徒歩すぐ URLwww.accorhotels.com

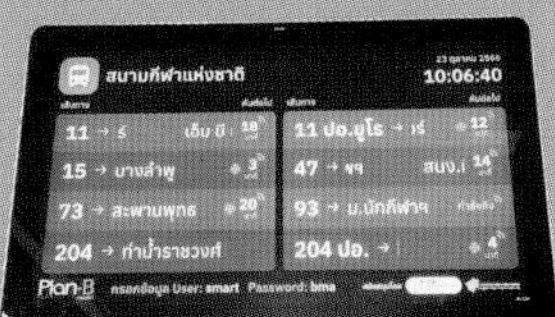

TRAVEL INFORMATION

Arrival and Departure,
Public Transport, Security, etc.

旅の基本情報

バンコク行きが決まったら、準備をスタート。
入出国から現地の交通、トラブル対策まで、
まずは基本情報をチェック!

タイの基本情報

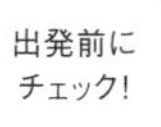

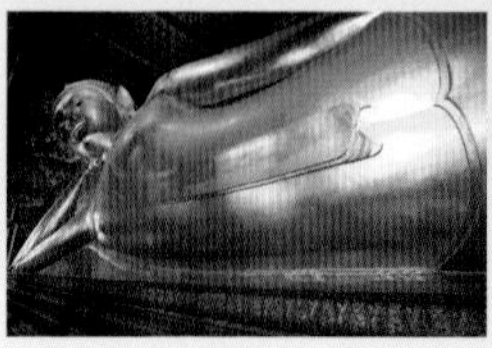

習慣や文化も日本とは異なるタイ。
イメージは何となくあるけれど、実際はどんな国?
基本をおさえて、安全に楽しくバンコクを旅しよう。

基本情報

● 国旗

最も太い中央の紺帯は国王、その上下の白帯は宗教、外側の赤帯は国民を象徴。

● 正式国名
タイ王国
(プラテート・タイ)
Kingdom of Thailand

● 国歌
プレーン・チャート・タイ
(タイ王国国歌)

● 面積
約51万4000km²
日本の約1.4倍

● 人口
約6609万人('22)
日本の約半分

● 首都
バンコク
人口約549万人('22)

● 元首
ワチラーロンコーン国王
(ラーマ10世)
Vajiralongkorn

● 政体
立憲君主制

● 民族構成
タイ族75%、華人14%、そのほかマレー族、クメール族、カレン族、ミャオ族、モン族、ヤオ族、ラフ族、リス族、アカ族など11%。

● 宗教
仏教徒94%、ムスリム(イスラーム教徒)5%、キリスト教徒0.5%、ヒンドゥー教徒0.1%、そのほか0.4%

通貨・レート

タイの通貨はバーツ(バートとも)と呼ばれており、Bhatと表記される。本書ではBと表記する。補助通貨はサタンSatangで、100サタンが1B。

● 1B=約4.1円
(2024年4月4日現在)

1000バーツ紙幣

500バーツ紙幣

100バーツ紙幣

50バーツ紙幣

20バーツ紙幣

10バーツ硬貨　5バーツ硬貨

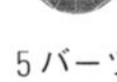

2バーツ硬貨　1バーツ硬貨

50サタン硬貨

25サタン硬貨

電話

固定電話は市内なら時間無制限で1通話3B。公衆電話は市内なら3分1Bで、硬貨式とカード式がある。硬貨専用機でも使える硬貨に違いがあり5B硬貨専用機はおつりが出ない。カードはコンビニなどで購入できる。

● 日本→バンコク

001/0033/0061など ▶	010 ▶	66 ▶	最初の0は取る
国際電話会社の番号	国際電話識別番号	タイの国番号	相手の電話番号

● バンコク→日本　〈03-1234-5678にかける場合〉

001/007/008/009 ▶	81 ▶	3-1234-5678
電話会社の番号	日本の国番号	固定電話、携帯電話とも最初の0は取る

● 現地で
市外局番はないので、固定電話なら9桁、携帯電話なら10桁の番号をそのままかける

スワンナプーム国際空港地下1階、エアポートレイルリンク駅横の両替所は、空港内の銀行よりも有利なレートで両替できる。

祝祭日の営業

タイでは4月13～15日がソンクラーン（タイ暦のお正月）に当たり、年中無休の店でも休業することがある。店によっては1週間程度休むところも。華人経営の店では旧暦の中国正月にも休むところが多い。

タイの暦

タイでは仏暦が用いられている。西暦＋543がタイの仏暦で、2024年は仏暦2567年、2025年は仏暦2568年となる。食品の賞味期限も08-10-2568日→月→年の順）と表記される。仏暦は上2桁を省略し08-10-68となっていることも。

両替

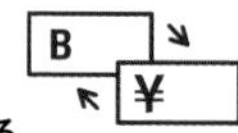

●レートは両替所によって異なる

円からタイバーツへの両替は、空港や町なかの銀行、両替所でできる。現金を両替する場合、手数料はないところがほとんど。レートは銀行や両替所によって異なるので必ず確認を。両替所によっては銀行よりレートがいい。日本で両替するとレートが悪いので、最低限に。

クレジットカード

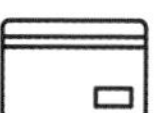

●現金との併用で

中級以上のホテルやレストラン、ショップなどではVisaやMaster、JCBが使えるところが多い。ICチップ付きカード利用時には暗証番号（PIN）が必要なので事前に確認を。食堂や屋台、町の雑貨屋などは現金払いがほとんど。

時差

●－2時間

日本との時差は2時間で、日本時間から2を引くとタイ時間になる。つまり日本が午前10時ならタイは午前8時。サマータイムはない。

日本からの飛行時間

●約5時間30分～6時間

バンコクへの直行定期便は羽田、成田、中部、関西、福岡、新千歳（札幌）、仙台の7ヵ所。タイ国際航空、日本航空、全日空、ZIPAIR、ピーチ、タイベトジェットエア、エアアジア、エアージャパンの8社ある（2024年4月現在）。

旅行期間

●3泊5日あれば楽しめる

帰国便をバンコク深夜発にすれば、最終日もまる1日使える。

ATM

●いたるところにあり便利

空港やショッピングセンターはもちろんコンビニ、オフィスビル、BTSやMRTの駅など人が集まる場所には必ずATMがある。国際ブランドのクレジットカードならタイバーツをキャッシングできる。便利だが金利には留意を。

言語

●タイ語

公用語はタイ語で、ホテルや高級レストランなどを除くと英語はあまり通じない。日本人の多い場所では日本語のほうが通じることもある。簡単なあいさつぐらいは、タイ語でできると喜ばれる。

物価

●交通費やB級グルメは日本よりも安い

交通費と、屋台や食堂などでの飲食は安い。質のよい日用品、海外からの輸入品などは日本よりも割高感がある。

ex.
- ペットボトルの水　10B～
- BTS初乗り　17B～
- タクシー初乗り　35B～
- 外食　40B～

チップ

●感謝の気持ちで

高級店ではいくらか渡すとスマート。レストランでは会計の10％程度。サービス料が含まれている場合は不要。マッサージは満足度に応じて1時間50B～、スパは100B～。

パスポート／ビザ

●パスポートの残存有効期間は入国時6ヵ月以上必要

観光での入国は30日以内の滞在ならビザは不要（出国用の航空券がある場合）。

BTS駅やバスターミナルなど公共の場所では8時と18時に、映画やコンサートなどでは上映、上演前に国歌や国王賛歌が流される。その際は起立し、不動の姿勢を取ること。

ベストシーズン　●11～2月

日本のような四季はない。大きく雨季、乾季、暑季と3つの季節に分かれる。空気が乾燥して雨も少ない乾季の11～2月頃が快適でおすすめ。

雨季入り前で気温、湿度ともに高い（3～4月）

外は暑いが建物や乗り物内はエアコンが効き過ぎ。はおるものを1枚用意（3～5月）

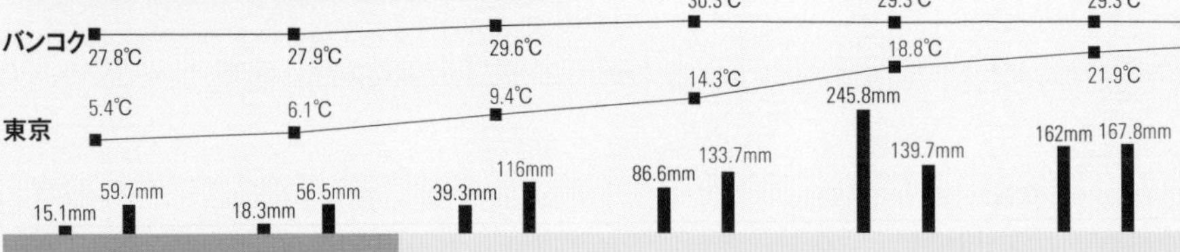

1月

1/1
元日

第2土曜日
子供の日
学校が休みになる。

1/29（'25）★
中国正月
旧暦の元日で、毎年1～3月にある。華人経営の店はほとんど休みになり、中華街では獅子舞なども行われる。

2月

2/12（'25）★
マーカブーチャー（万仏節）
ブッダ入滅3ヵ月前、1250人の比丘が期せずして集まった奇跡を記念する日。

3月

大きな行事はないが、学校は夏休みになる。

4月

4/6
チャクリー王朝記念日
1782年、現王朝の開祖ラーマ1世がチャクリー王朝を開いた記念日。

4/13～15（'25）
タイ正月（ソンクラーン）
タイ暦の新年。水かけ祭りとしても有名。

5月

5/1
レイバーデイ

5/4
戴冠記念日
1950年に前国王ラーマ9世が即位した日。

5/6（'24）★
プートモンコン
農耕祭とも。王宮前広場でその年の収穫を占う。官公庁は休み。

5/22（'24）★
ウィサーカブーチャー
ブッダの悟り、入滅を記念する日。

6月

6/3（'24）
王妃誕生日
現国王王妃の誕生日。

電圧・電源

●プラグの形状はさまざま
タイの電圧は220V、50Hz。日本の電化製品を使用する場合は変圧器が必要。プラグは日本と同じ2穴のA型やBF、C型が主流。ホテルなどには数種類のプラグ共通の差込口が用意されている。

トイレ

●紙を流してはいけないことも
ホテルやレストラン等には洋式便器が備えられている。「紙を流さないで」と表示のあるトイレでは、トイレットペーパーは備え付けのゴミ箱へ捨てること。大型ショッピングセンター内のトイレはおおむね清潔。

郵便

●赤がシンボルカラーのタイ郵便
郵便局の営業時間は月～金曜8:30～16:30、土曜9:00～12:00（局によって多少異なる）。日本へのエアメールは、はがき25～30B。封書は20gまで34B、超過10gごとに5B加算。

水

●水道水は飲まないように
バンコクの水道水は飲まないほうが無難。ほとんどのホテルでは無料の飲料水が用意されている。コンビニやスーパーマーケットでは300㎖のペットボトルが10B程度～で各種販売されている。

バンコクと東京の月ごとの平均気温と降水量（バンコク:タイ気象局、東京:気象庁）

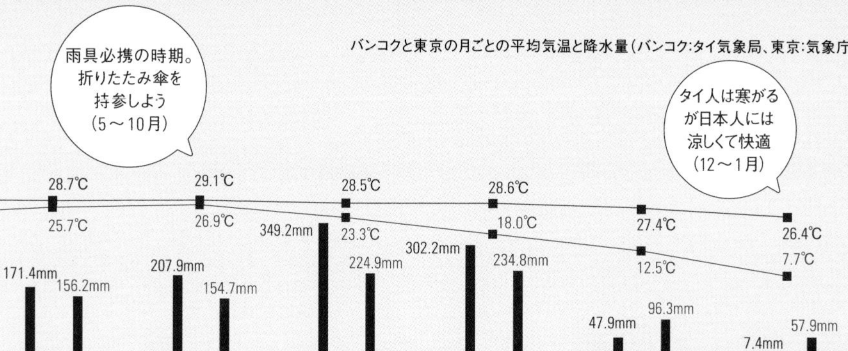

7月

7/20（'24）★

アーサーンハブーチャー

ブッダの最初の説教を記念する日。

7/21（'24）★

カオ・パンサー

安居入り。仏教徒はこの日から外出を控える。

7/28（'24）

国王誕生日

現国王の誕生日。

8月

8/12

皇太后誕生日

1932年にシリキット前王妃が生まれた日。

9月

大きな行事はない。

10月

10/13（'24）

ラーマ9世記念日

前国王の命日。

10/23

チュラーロンコーン大王記念日

名君として名高いラーマ5世チュラーロンコーン王が1910年に崩御した日。

11月

11/15（'24）★

ローイ・クラトーン

ろうそくをのせた小さな灯籠を池や川に流す、タイらしい風情の感じられる行事。

12月

12/5

国家の日

1927年に前国王ラーマ9世が生まれた日。

12/10

憲法記念日

1932年にタイで初めての憲法が発布された日。

12/31

大晦日

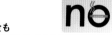

※赤字は祝日。★は移動祝祭日で、毎年日付が変わる。祝祭日が土・日曜と重なった場合、月曜が振替休日となる。

インターネット

●無料Wi-Fiスポットも充実

バンコクでは無線LAN接続（Wi-Fi）が主流。スワンナプーム国際空港をはじめ、大半のホテル、カフェなどでも無料でWi-Fiが利用できるところが多い。ファストフード店ではレシートにパスワードが印字されているところもある。

喫煙

●違反者には罰金も

エアコンが効いていて密閉された公共の場所はほとんど禁煙。全館禁煙のホテルも多く、飲食店も基本的にすべて禁煙（日本人が多い飲み屋などでは吸えるところも）。違反者には2000Bの罰金が科される。

マナー

●やわらかな物腰で

タイでは穏やかな物腰が尊重される。相手を見下した態度で大声を出したりすると馬鹿にされ、度を越すと逆ギレされかねない。また日本語がわかる人も多いので、BTSの中などで会話する際も話題には注意。

たばこ、アルコール

●販売規制がある

たばこは展示販売禁止で、陳列されていない。アルコール類を購入できるのは11:00～14:00と17:00～24:00。指定時間以外は酒類を出さない飲食店も。また、仏教の祝日や選挙の前日と当日も酒類の販売や飲食店での提供は禁止。

タイ入出国

タイの入出国は簡単。空路入国の場合入出国カードの記入は不要。空港にはフライトの出発2時間前を目安に到着したい。

日本からバンコクへ

1 バンコク到着
Arrivalの案内に従い入国審査場へ。

2 タイ入国審査
タイ人用と外国人用のカウンターに分かれているので、外国人用の列に並ぶこと。パスポートを審査官に提示し、入国スタンプを押してもらう。

3 荷物受け取り
搭乗時に荷物を預けた人は、到着便名の表示されたターンテーブルでピックアップ。

4 税関検査
申告するものがない人は緑の通路から出る。課税対象となる人（下記参照）は赤のカウンターで申告。

5 到着ロビー
銀行の両替カウンターや携帯キャリアのSIMカード販売カウンターがある。市内への移動手段はP.118参照。

バンコクから日本へ

1 免税手続き
VAT（付加価値税）の還付を受けたい人は、空港内の税関カウンターで用紙にスタンプを押してもらう。その際パスポートの提示が必要（→P.118）。

2 搭乗手続き（チェックイン）
航空会社のカウンターで航空券（eチケット控え）とパスポートを提示。荷物を預けて、ボーディングパスとクレームタグ（荷物の引換証）を受け取る。

3 セキュリティチェック
機内持ち込み荷物のチェックとボディチェック。ペットボトルなど液体物は没収されるので注意。

4 タイ出国審査
パスポートと搭乗券を提示し、出国スタンプをもらう。

5 出国ロビー
免税店やレストランなどがある。使い残したタイバーツは、銀行で再両替が可能。スワンナプーム国際空港は広いので、搭乗時間をチェックし、早めに搭乗ゲートへ。

6 帰国
機内で配られる「携帯品・別送品申告書」に記入して税関に提出。別送品がある場合は2枚必要。その後到着ロビーへ。長旅おつかれさま。

タイ入国時の免税範囲

たばこ	紙巻きたばこ200本、またはその他250g以内
酒類	1本または1ℓ以内
外貨	US$2万相当額以内

日本入国（帰国）時の免税範囲

● **税関** URL www.customs.go.jp

酒類	3本（1本760mℓ程度のもの）
香水	2オンス（1オンスは約28mℓ。オー・ド・トワレは含まれない）
たばこ	紙巻きたばこ200本、加熱式たばこ個装等10個、または葉巻50本、その他250g
その他	1品目ごとの購入金額の合計が1万円以下のもの。そのほかのものの合計額20万円まで。
おもな輸入禁止品目	麻薬、向精神薬、大麻、あへん、覚せい剤、MDMA、けん銃等の鉄砲 爆発物、火薬類、貨幣、有価証券、クレジットカード等の偽造品、偽ブランド品、海賊版ソフト等

機内持ち込み制限

● **おもな制限品**

刃物類（ナイフ、はさみなど）…持ち込み不可　**液体物**　容量制限あり※
喫煙用ライター　ひとり1個のみ　（機内預けの荷物に入れるのは不可）
※100mℓ以下の容器に入った液体物（ジェル類、エアゾール類含む）で、容量1ℓ以下の再封可能な透明プラスチック袋に入れられている場合は持ち込み可。

● **機内預け荷物重量制限**

タイ国際航空の場合、原則として量の合計が30kgを超えないこと（エコノミークラス）。超過料金は、航空会社や路線、クラスなどによって異なるので要確認。

タイ入出国カードの記入例 （2024年4月現在、空路入国の場合入出国カードは提出不要）

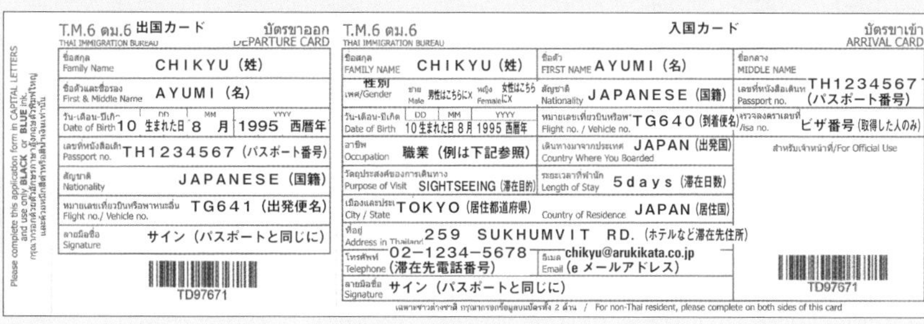

T.M.6 ตม.6 出国カード บัตรขาออก DEPARTURE CARD
THAI IMMIGRATION BUREAU

Please complete this application form in CAPITAL LETTERS and use only BLACK or BLUE ink.

ชื่อสกุล Family Name	CHIKYU（姓）
ชื่อตัวและชื่อรอง First & Middle Name	AYUMI（名）
วัน-เดือน-ปีเกิด Date of Birth	10 生まれた日 / 8 月 / 1995 西暦年
เลขที่หนังสือเดินทาง Passport no.	TH1234567（パスポート番号）
สัญชาติ Nationality	JAPANESE（国籍）
หมายเลขเที่ยวบินหรือพาหนะอื่น Flight no./ Vehicle no.	TG641（出発便名）
ลายมือชื่อ Signature	サイン（パスポートと同じに）

TD97671

T.M.6 ตม.6 入国カード บัตรขาเข้า ARRIVAL CARD
THAI IMMIGRATION BUREAU

ชื่อสกุล FAMILY NAME CHIKYU（姓）	ชื่อตัว FIRST NAME AYUMI（名）	ชื่อกลาง MIDDLE NAME
性別 เพศ/Gender ชาย Male 男性はこちらにX หญิง Female 女性はこちらにX	สัญชาติ Nationality JAPANESE（国籍）	เลขที่หนังสือเดินทาง Passport no. TH1234567（パスポート番号）
วัน-เดือน-ปีเกิด Date of Birth 10 生まれた日 8 月 1995 西暦年	หมายเลขเที่ยวบินหรือพาหนะ Flight no. / Vehicle no. TG640（到着便名）	หนังสือเดินทาง/Visa no. ビザ番号（取得した人のみ）
อาชีพ Occupation 職業（例は下記参照）	เดินทางมาจากประเทศ Country Where You Boarded JAPAN（出発国）	สำหรับเจ้าหน้าที่/For Official Use
วัตถุประสงค์ของการเดินทาง Purpose of Visit SIGHTSEEING（滞在目的）	ระยะเวลาที่พำนัก Length of Stay 5days（滞在日数）	
เมืองและประเทศ City / State TOKYO（居住都道府県）	Country of Residence JAPAN（居住国）	
ที่อยู่ Address in Thailand 259 SUKHUMVIT RD.（ホテルなど滞在先住所）		
โทรศัพท์ Telephone 02-1234-5678（滞在先電話番号）	อีเมล Email chikyu@arukikata.co.jp（e メールアドレス）	TD97671
ลายมือชื่อ Signature サイン（パスポートと同じに）		

เฉพาะชาวต่างชาติ กรุณากรอกข้อมูลบนบัตรทั้ง 2 ด้าน / For non-Thai resident, please complete on both sides of this card

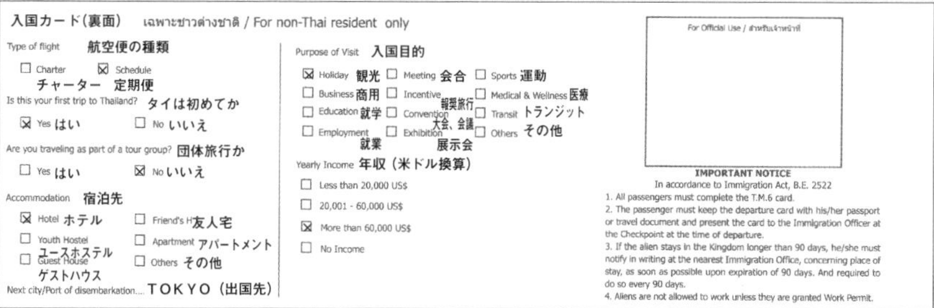

入国カード（裏面） เฉพาะชาวต่างชาติ / For non-Thai resident only

Type of flight 航空便の種類
☐ Charter チャーター ☒ Schedule 定期便

Is this your first trip to Thailand? タイは初めてか
☒ Yes はい ☐ No いいえ

Are you traveling as part of a tour group? 団体旅行か
☐ Yes はい ☒ No いいえ

Accommodation 宿泊先
☒ Hotel ホテル ☐ Friend's H 友人宅
☐ Youth Hostel ユースホステル ☐ Apartment アパートメント
☐ Guest House ゲストハウス ☐ Others その他

Next city/Port of disembarkation.... TOKYO（出国先）

Purpose of Visit 入国目的
☒ Holiday 観光 ☐ Meeting 会合 ☐ Sports 運動
☐ Business 商用 ☐ Incentive 報奨旅行 ☐ Medical & Wellness 医療
☐ Education 就学 ☐ Convention 大会、会議 ☐ Transit トランジット
☐ Employment 就業 ☐ Exhibition 展示会 ☐ Others その他

Yearly Income 年収（米ドル換算）
☐ Less than 20,000 US$
☐ 20,001 - 60,000 US$
☒ More than 60,000 US$
☐ No Income

For Official Use / สำหรับเจ้าหน้าที่

IMPORTANT NOTICE
In accordance to Immigration Act, B.E. 2522
1. All passengers must complete the T.M.6 card.
2. The passenger must keep the departure card with his/her passport or travel document and present the card to the Immigration Officer at the Checkpoint at the time of departure.
3. If the alien stays in the Kingdom longer than 90 days, he/she must notify in writing at the nearest Immigration Office, concerning place of stay, as soon as possible upon expiration of 90 days. And required to do so every 90 days.
4. Aliens are not allowed to work unless they are granted Work Permit.

英語での職業記入例

会社員：OFFICE CLERK　公務員：GOVERNMENT OFFICIAL　医師：DOCTOR　看護士：NURSE
教師：TEACHER　農業：FARMER　漁業：FISHERMAN　学生：STUDENT
主婦：HOUSEWIFE　年金生活者：PENSIONER　無職：NONE

携帯品・別送品申告書の記入例

● A面　● B面

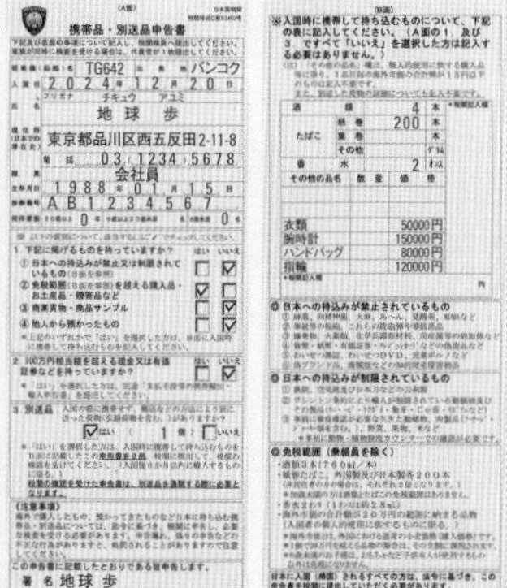

携帯品・別送品申告書

搭乗機（船舶）名	TG642 出発地 バンコク
入国日	2024年12月20日
氏名	フリガナ チキュウ アユミ 地球 歩
現住所	東京都品川区西五反田2-11-8
電話	03（1234）5678
職業	会社員
生年月日	1988年01月15日
旅券番号	AB1234567
同伴家族	0名 0名 0名

1. 下記に掲げるものを持っていますか？
① 日本への持込みが禁止又は制限されているもの（B面を参照） いいえ
② 免税範囲（B面を参照）を超える購入品・お土産品・贈答品など はい
③ 商業貨物・商品サンプル いいえ
④ 他人から預かったもの いいえ

2. 100万円相当額を超える現金又は有価証券などを持っていますか？ いいえ

3. 別送品 はい（1個）

署名 地球 歩

品名	数量	価格
酒類	4本	
たばこ 紙巻	200本	
香水	2オンス	
衣類		50000円
腕時計		150000円
ハンドバッグ		80000円
指輪		120000円

日本帰国時に便利なウェブサイト

Visit Japan Web

日本帰国時に7つの空港（羽田、成田、関西、中部、福岡、新千歳、那覇）で、税関の電子申告ゲートが利用できる。ウェブサイト上で事前に情報を登録しておき、取得したQRコードを空港の申告端末で読み取ると申告完了。顔認証ゲートを通ってスムーズに入国できる。QRコードを表示するためにはネット接続が必要となる。空港内の接続状況が悪い可能性もあるので、取得したQRコードはスクリーンショットを取っておくと安心。

スワンナプーム国際空港の出発手続きフロアは4階。3階にはファストフードショップやレストラン、ドラッグストア、コンビニエンスストア、マッサージ店がある。2階は到着フロアで、両替所、SIMカードが買える携帯電話キャリアのショップなどがあり。1階はバスロビー、タクシー乗り場。エアポートレイルリンクの駅は地下1階

空港から市内へ

タイは免税範囲を超えるたばこの持ち込みに対するペナルティが厳しく、高額の罰金が科される。そして電子たばこは持ち込み不可なので注意。

バンコクの空港は、スワンナプーム国際空港とドーン・ムアン国際空港のふたつ。
どちらもバンコク市内から30分～1時間程度の距離にあり、アクセス手段もいろいろ。

● バンコク最大の国際空港

スワンナプーム国際空港

Suvarnabhumi International Airport

バンコク東郊外にあるタイ最大の空港。2006年開業で、24時間オープン。ターミナルビルの敷地面積56万3000m²は成田空港の第1、第2、国内線ターミナルを合わせた広さとほぼ同じ。

スワンナプーム国際空港ターミナルビル出発フロア

スワンナプーム国際空港発着のおもな航空会社

タイ国際航空(TG)　全日空(NH)
日本航空(JL)

空港ターミナルビル案内

7階	展望台
6階	航空会社オフィス
5階	セキュリティチェック
4階	出発フロア。郵便局、コンビニ
3階	ショップ、レストラン、メディカルセンター、ツーリストポリス
2階	到着フロア。インフォメーション、エアポートリムジン、SIMカード販売カウンター
1階	メータータクシー乗り場、レストラン
地下1階	ARL(エアポートレイルリンク)駅、レストラン、コンビニ、タイ式マッサージ

URL suvarnabhumi.airportthai.co.th

VATの還付について

タイではほとんどの商品に7%のVAT(付加価値税)が課されている。「VAT REFUND FOR TOURISTS」の表示がある店で、1店舗で同日中に2000B以上の買い物をすれば還付の権利が発生するので、書類を発行してもらおう。出国時、チェックイン前に税関でその書類を提示しスタンプをもらう。出国手続き後、出発ロビーにあるVAT還付窓口で書類を提示し、還付金を受け取る。混雑することがあるので、通常よりも30分ほど余裕をもって空港へ到着しよう。

出国手続き前にここで書類にスタンプをもらう

VAT REFUND FOR TOURISTS

このサインがある店で免税ショッピングができる

スワンナプーム国際空港から市内へのアクセス

種類	運行時間	所要時間	料金	行き先
エアポートリムジン	24時間	30～60分	バンコク市内まで1200B～	希望の場所
メータータクシー	24時間	30～60分	バンコク市内まで250～300B程度＋配車手数料50B	希望の場所
エアポートレイルリンク	5:30～22:36	終点パヤー・タイ駅まで27分	パヤー・タイ駅まで45B	終点パヤー・タイ駅はBTSパヤー・タイ駅に連絡
エアポートバスA1	6:00～20:00、20～30分おき	1時間～1時間30分	60B	カオサン通り

1 安さが魅力の路線バス 2 メータータクシーの自動配車機はタッチパネル式

エアポートリムジン

ターミナルビル2階、荷物受け取りエリアと到着ロビーにカウンターがある。料金は割高ながらトラブルが少なく、英語も多少通じる。料金は車種や距離により異なる。料金の高い車種からすすめられるので、確認すること。有料道路代は料金に含まれる。

メータータクシー

ターミナルビル1階、建物から出た所にあるタッチパネル式の自動配車機を操作すると、ゲート番号が印字された紙が出る。そのゲート番号の場所にいる車を利用。出発時にはメーターが初乗りの35になっているか必ず確認を。運転手がメーター使用を嫌がった場合その車は使わないこと。有料道路代は乗客の負担。メーターの数字に配車手数料50Bを加えた額を支払う。

ARL（エアポートレイルリンク）

空港とバンコク市内を結ぶ高速鉄道。ターミナルビル地下1階に駅がある。終点のパヤー・タイ駅はBTSパヤー・タイ駅と歩道橋で連絡している。途中のマッカサン駅は、MRTペッチャブリー駅と歩道橋で連絡している。

路線バス、ロットゥー

空港で働く人の通勤用にも使われ、料金が安いのが魅力。ロットゥーに大きな荷物を持ち込む場合は、2席分の料金を請求される。空港敷地内にあるパブリック・トランスポーテーション・センターに発着。空港ターミナルビルからは無料の空港内シャトルバスで移動。

●LCCが利用する

ドーン・ムアン国際空港

Don Mueang International Airport

バンコク北郊外にあり、スワンナプーム国際空港が開港するまではこちらがタイの空の玄関だった。現在ではおもにLCCが利用している。隣接してふたつのターミナルがあり、第1ターミナルは国際線、第2ターミナルが国内線となっている。

URL donmueang.airportthai.co.th

ドーン・ムアン国際空港から市内へのアクセス

種類	運行時間	所要時間	料金	行き先
メータータクシー	24時間	30～60分	バンコク市内まで170～220B程度＋配車手数料50B	
エアポートバスA1	7:30～24:00の間12～20分おき	約25分	30B	BTSモーチットゥ駅経由北バスターミナル
エアポートバスA2	8:00～21:00の間30分おき	約40分	30B	BTSモーチットゥ駅経由戦勝記念塔
路線バス	24時間	バンコク市内まで約1時間	21B	29番のバスは国鉄フアラムポーン駅（クルンテープ駅）終点
SRTダークレッドライン	5:37～翌0:07	バーンスー・グランド駅まで16分	バーンスー・グランド駅まで33B	バーンスー・グランド駅でMRTブルーラインに乗り換え
エアポート・リモバス・エクスプレス	4:00～20:30	約1時間	150B	カオサン通り

1 ドーン・ムアン国際空港到着ロビー 2 市内行きのエアポートバス

空港MAP

BTSのラビットカードは、マクドナルドや主要フードコートの支払いにも使えてけっこう便利。

スワンナプーム国際空港

2階 到着フロア

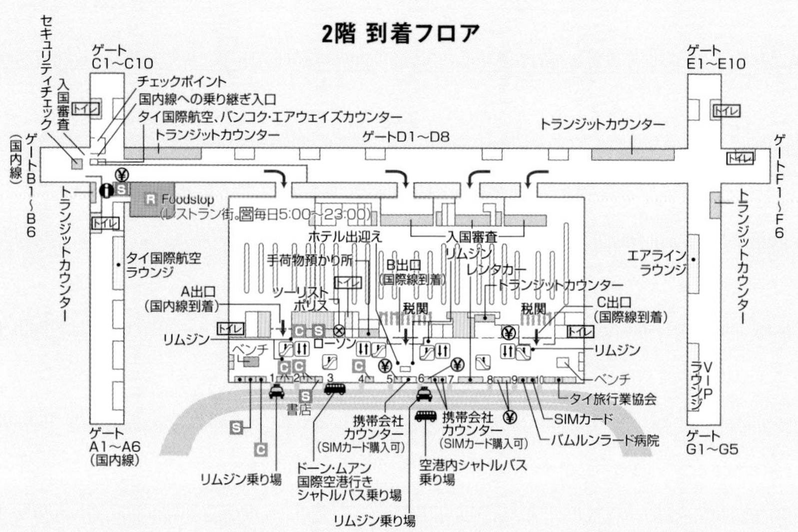

4階 出発フロア

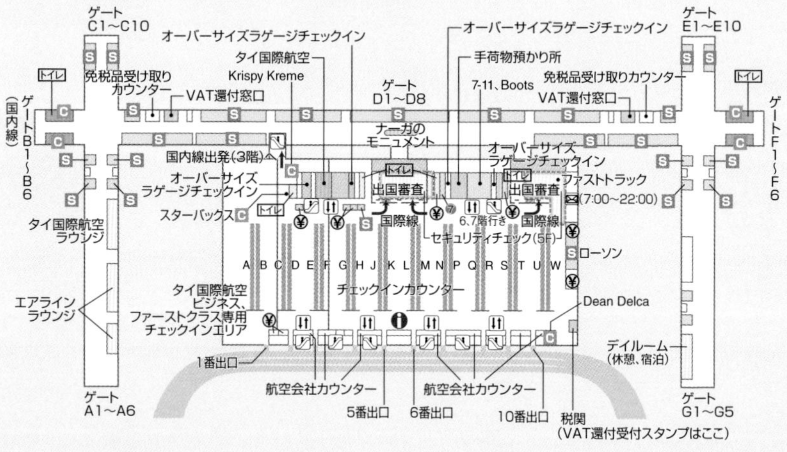

R レストラン　S ショップ　銀行の両替カウンター　インフォメーション　航空会社カウンター
C カフェ　エレベーター　エスカレーター　ツーリストポリス　部は国内線

バンコクの市内交通

旅行者が利用できるおもな交通手段は高架鉄道のBTS（スカイトレイン）、MRTブルーライン（地下鉄）、タクシー、チャオプラヤー・エクスプレス・ボートの4種類。ほとんどのエリアはこれらで回れる。利用しやすいのはBTSとMRTブルーライン。目的地まで直接行けるタクシーも便利。

BTS（スカイトレイン） BTS Skytrain

路線図 P.126

シーロム線とスクムウィット線の2路線あり、バンコクの人気エリアをだいたいカバーしている。運行時間は5:15～翌0:51（終電の始発駅出発時刻）。

チケットの種類と料金

●1回券 Single Journey Ticket

自動券売機で購入する乗車券。磁気カード式。料金は17～62B。

●ラビットカード Rabbit Card

改札機にタッチするだけで乗車できるチャージ式のICカード。BTSは混雑が激しく、ラッシュ時には切符を買うだけで10分以上並ぶこともあるので、入手しておくと便利。提携の飲食店やフードコート、ショップなどでの支払いにも利用可能。200B（発行手数料100B、運賃100B）。

●1日券 One-Day Pass

購入当日1日乗り放題（24時間ではないので注意）。150B。

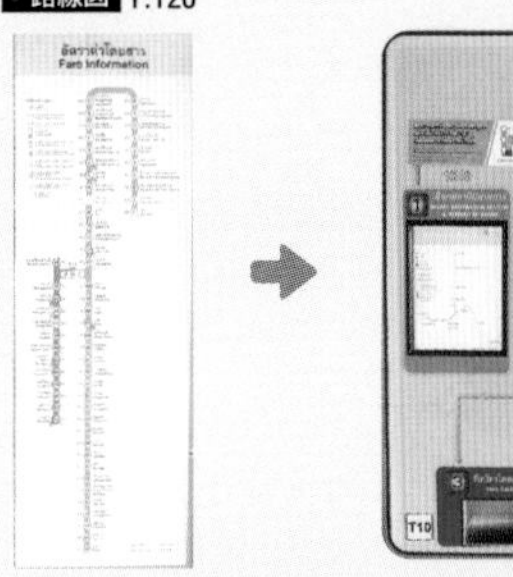

●自動券売機での切符（1回券）の買い方

1 料金表で目的駅までの運賃を確認、同じ数字のボタンを押す
2 お金を入れる（1、2、5、10B硬貨のみ）
3 切符が出る（タッチパネル式で紙幣が使える新型自動券売機もある）
4 おつりが出る

BTSの乗り方

1 駅を探す

BTSは全線高架なので駅も探しやすい。

2 改札、ホームへ

1回券や1日券は改札機手前のスリットへ入れると奥から出るので忘れずにピックアップ。ラビットカードは改札機上面のセンサー部にタッチ。

3 乗車、降車

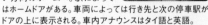

案内表示に従い、自分が行きたい方向のホームへ。駅によってはホームドアがある。車両によっては行き先と次の停車駅がドアの上に表示される。車内アナウンスはタイ語と英語。

4 乗り換え

乗り換えできるのはサヤーム駅のみ。ホームは2層式で、上層階がナショナル・スタジアム駅（W1）とモーチット駅（N8）方面行き、下層階がバーンワー駅（S12）とベーリン駅（E14）方面行き。朝夕のラッシュ時は大変な混雑になるので注意。

5 出口

1回券は回収される。1日券は取り忘れないように。ラビットカードは改札機上面のセンサー部にタッチすると改札が開く。

BTSやMRTの駅構内や車内では飲食禁止なので気をつけよう。

MRTブルーライン MRT Blue Line

MRTブルーラインはBTSの通っていないエリアをカバーしており、ウイークエンド・マーケット（→P.66）やチャイナタウン（→P.86）へ行くのに便利。スクムウィット駅でBTSスクムウィット線のアソーク駅と連絡。運行時間は6:00～24:00（終電の始発駅出発時刻）。

路線図 P.126

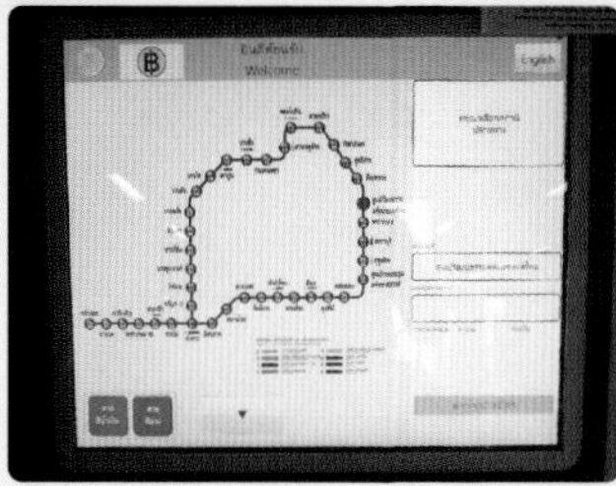

チケットの種類と料金

●1回券 Single Journey Token

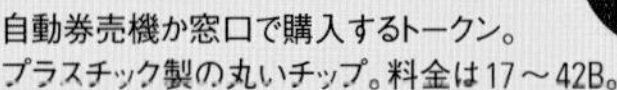

自動券売機か窓口で購入するトークン。プラスチック製の丸いチップ。料金は17～42B。

●ストアード・バリュー・カード Stored Value Card

チャージ式のICカード。180B（うちデポジット50B、発行手数料30B）

●タッチ決済可能なクレジットカード

タッチ決済が可能なクレジットカードなら、改札機のセンサー部分にかざすだけで利用でき、トークン購入が不要で便利。

●自動券売機での1回券の買い方

1 表示画面の言語を選択し（タイ語と英語があり、それぞれタイとイギリスの国旗で表示される）、目的の駅名をタッチすると料金が表示される。
2 投入口からお金を入れる。1、5、10B硬貨と20、50、100B紙幣が使える。
3 1回券（トークン）とおつりが出る。おつりは硬貨のみ。

どのチケットを買ったらお得？

MRT沿線に旅行者が訪れる場所は少ないので、基本的には利用のつど1回券を買えばいい。ストアード・バリュー・カードの購入は目的により検討しよう。

MRTの乗り方

1 駅を探す

歩道上や道路脇の広場などに地下への下り口がある。すべての出入口が階段数段分高くなっているのは洪水対策。

2 手荷物検査を受ける

危険物の持ち込み防止のため、駅によって地下に下りる階段の入口か、階段を下りた駅構内入口前に、手荷物検査のゲートがある。かばんを開けて中を係員に見せること。

3 改札、ホームへ

切符（トークンかカード）を改札機のセンサー部へタッチすると改札が開く。シーロム駅、ルムピニー駅など上りと下りでホームが別になっている駅もあるので、行き先を間違えないように注意。写真はタッチ決済式クレジットカード利用の場合。

4 乗車、降車

ホームドアが開くと車両のドアも開くので乗車。車内ではタイ語と英語のアナウンスがある。

5 到着

改札を出る際、ストアード・バリュー・カードは改札機のセンサー部分にタッチする。トークンはセンサー部分の左にあるスロットに投入する。写真はタッチ決済式クレジットカード利用の場合。

タクシー Taxi

赤、青、緑、オレンジ、ピンクなどの車体で、メーター制。基本料金は1kmまで35B、以降1kmごとに6.5～10.5B加算（距離による）。運転手のよい悪いはあるが、ツボを押さえて利用すれば問題ない。メーターが付いていない料金交渉制のタクシーは、違法なので見かけたとしても利用しないこと。

メーター

使っちゃいけない交渉制

タクシーメーターの見方

目的地に着いたときのメーターの数字が料金を表す。料金以外に表示される小さな数字は、それぞれ走行時間と走行距離。

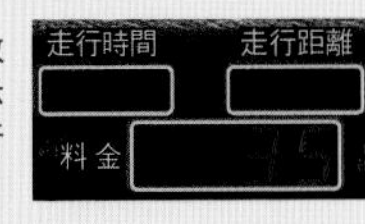

タクシーの乗り方

1 空車をひろう

流しのタクシーをひろうのが安全。フロントガラス右下のランプが赤く点灯しているのが空車のサイン。斜め下に手を挙げて呼び止め、通り名など行き先を告げ、乗車OKかどうかを確認。違法だが乗車拒否も少なくない。

2 乗り方

OKが出たら自分でドアを開けて乗車。レストラン名など、詳しい行き先を告げて出発。前部座席に座る場合はシートベルトを締めること。メーターを使い忘れたふりをするドライバーに注意。

3 支払い

目的地に着いたらメーターに従って支払い。おつりをちゃんとくれるドライバーは3割くらい。適当に切り上げられるのが気になる人は事前に小銭の用意を。

ドライバーの登録番号

タクシー利用の注意5ヵ条

●客待ちしているタクシーは相手にしない

客待ちをしているタクシーはメーターを使わず「100バーツ」などと言ってくることが多い。流しのものをひろおう。

●メーターを使わないタクシーには乗らない

出発時にメーターが「35」Bなのを確認。作動させない、数字が違う場合は注意し、聞かないときは降りる。

●メーターがやけに速く回る車は途中でも降車する

メーターが速く回る車だった場合、適当な場所で停めてもらい、そこまでの料金を払ってすぐに降りる。

●おつりがないことが多いので小銭を事前に用意する

数10バーツの料金に500Bや1000B紙幣を出すとおつりがないことも。小銭を用意しておこう。

●暗くなってから女性のみ（特にひとり）での利用は注意

特に22:00以降、どうしても利用しなければならない場合は、登録番号を確認し、何かあったら携帯でツーリストポリス TEL1155に通報できるようにしておく。

便利な配車アプリを利用しよう

「乗車拒否ばかり」「メーターを使わずに高い料金を提示する」「英語が通じない（これは仕方がない）」「いきなり怒り出す」などなど、バンコクのタクシーは何かと評判が悪い。不愉快をできるだけ避けるために、配車アプリでタクシーや一般の車を呼ぶ方法が広まっている。流しのタクシーよりは割高になるものの、安心を買うと思えば安い。スマートフォンを使っている人は、出発前にインストールしておこう。クレジットカードを登録すれば、現金での支払いも不要。行き先もアプリ上で指定できるので、言葉のやり取りもない。

Grab

Bolt

チャオプラヤー・エクスプレス・ボート Chaophraya Express Boat

バンコクを南北に流れるチャオプラヤー川を行き来する乗合船。王宮やワット・プラケオ、カオサン通りなどへのアクセスに便利。

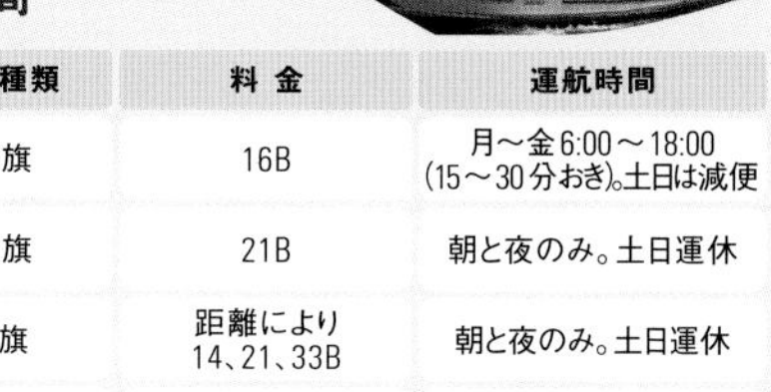

オレンジ旗の船は終日運航

チケットの料金と運航時間

ボートの種類	料金	運航時間
● オレンジ旗	16B	月〜金6:00〜18:00(15〜30分おき)。土日は減便
● イエロー旗	21B	朝と夜のみ。土日運休
● グリーン旗	距離により14、21、33B	朝と夜のみ。土日運休
● レッド旗	30B	朝と夜のみ。土日運休
● ブルー旗	1日150B、区間利用は30B	9:00〜19:15(30分おき)

観光ガイド付きのツーリストボート(ブルー旗船)

チャオプラヤー・エクスプレス・ボートには、観光客向けの特別船チャオプラヤー・ツーリストボートがある。観光客に便利な船着場のみに停まり、簡単な英語の観光ガイド付き。チケットの購入はサートーンとプラ・アーティット船着場の2ヵ所。

URL www.chaophrayaexpressboat.com

チャオプラヤー・エクスプレス・ボートの乗り方

1 船着場で待つ

20分近く待たされることもあるので、屋根の下で待とう。船が見えてから桟橋に下りても十分間に合う。

2 船尾から乗り込む

船尾が乗降用スペース。船が接舷し係員がロープを舫ったら、係員の指示に従い降りる人が済んでから乗船。

3 支払い

チケットは乗船してから購入可

料金徴収係が回ってくるので料金を支払い、切符を受け取る。

4 下船

外国人の利用が多い船着場なら、係員が大声で教えてくれることもある(ター・ティアン:ワット・ポー最寄り、ター・チャーン:ワット・プラケオ最寄り)。教えてくれないことも多いので、路線図などを見ながら自分で確認すること。船着場が近づいたら、船尾の下船用スペース近くに移動しよう。

バンコク名物の乗り物

トゥクトゥク Tuk Tuk

かわいらしい車体の三輪タクシー。軽快なエンジン音を響かせて走り回る。小回りが利くので場所によっては便利。乗車前に料金を交渉し、到着後に支払う。

BRT(高速バス) BRT

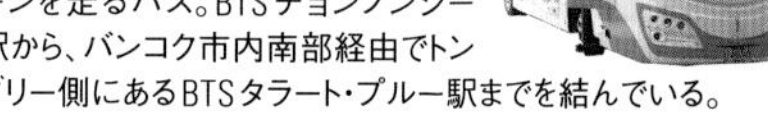

2010年に運行をスタートした専用レーンを走るバス。BTSチョンノンシー駅から、バンコク市内南部経由でトンブリー側にあるBTSタラート・プルー駅までを結んでいる。

路線バス Bus

200近い路線があり、市内をくまなく網羅している。観光客が乗りこなすのは難しい。利用する場合は、路線図を書店で購入し、行き先とルートを確認。

シーロー Siro

在住日本人の強い味方

スクムウィット通りのプロムポン駅周辺で利用しやすいのがこれ。軽トラックの荷台を座席に改装したもので、ソイ(路地)の入口に乗り場がいくつかある。

モーターサイ Bike Taxi

ソイ(路地)の移動に便利なバイクタクシー。BTSで目的地近くの駅まで移動し、そこから利用するのがおすすめ。ドライバーは赤やオレンジ色のベストを着ている。

運河ボート Saen Saeb Boat

セーンセープ運河のボート。ジム・トンプソンの家(船着場フア・チャーン)〜セントラルワールド(プラトゥーナーム)〜トンロー(ソイ・トンロー)間の移動に便利。

バンコクで旅行者が巻き込まれる犯罪に暴力的なものは少なく、詐欺まがいのものがほとんど。少しの注意で防げる。

旅の安全対策

概して安全な街とはいえ油断は禁物。外国人に対する暴力的な犯罪は比較的少ないが、詐欺やひったくりなどの窃盗犯は非常に多い。心構えひとつで防げるケースが多いので、常に注意を怠らないように。

治安

バンコクではスリやひったくり、置き引きが多発しているので、貴重品の管理には気をつけたい。旅行者を狙った詐欺事件も多く、多額の金銭をだまし取られたり、クズのような宝石やスーツを法外な値段で売りつけられるケースも。

外務省海外安全ホームページ
URL www.anzen.mofa.go.jp

病気・健康管理

年間を通して暑さが厳しいので、こまめに水分を補給して熱中症や日射病対策を。屋内では逆に冷房が強く、内外の温度差で体調を崩すケースもある。タイ料理のスパイスによる刺激や鮮度の悪いシーフード、冷たい飲み物の取り過ぎにも注意したい。

海外旅行保険

病院での診療は、保険に加入していないと高額の医療費を請求される。携行品の盗難も、保険に加入していれば補償の対象になる。出発前に海外旅行保険に入っておけば安心。地球の歩き方ホームページで加入できる。
URL www.arukikata.co.jp/hoken

こんなことにも気をつけて！

● 人混みではスリ対策を徹底

大勢の人でにぎわう繁華街は、スリの出没スポット。ウイークエンド・マーケットやアジアティック・ザ・リバーフロントなどでは暑さもあって注意も散漫になりがち。かばんやバッグは体の前に持ち、財布もポケットから見えないように用心すること。

● 話しかけられても無視

バンコクでは詐欺まがいの犯罪が多発しているが、ほとんどの事例は見知らぬ人にフレンドリーに話しかけられるところから始まる。親切そうに「どこへ行くんだい？」などと話しかけられたり、わざとらしくぶつかられたりしても相手にしないこと。

● 深夜のひとり歩きは避ける

人通りの少ない夜道をひとりで歩くのは避けるのが無難。遠回りになったとしても大通りを使ったり、できれば複数でタクシーを利用しよう。女性のひとり旅の場合は、できるだけBTSやMRTの終電までにホテルへ戻るように心がけたい。

困ったときの緊急連絡先（バンコク）

ツーリストポリス
1155（英語可）
警察　191、123
消防／救急　1669（英語可）

在バンコク日本国大使館
0-2207-8500（代表）
0-2207-8502、
0-2696-3002（邦人援護）
Map P.138-A3
URL www.th.emb-japan.go.jp

日本語が通じる病院

● サミティヴェート病院スクンビット	0-2022-2222
● バムルンラード病院	0-2066-8888
● バンコク病院	0-2310-3000
● プラ・ラーム・ナイン病院	0-2202-9999
● BNH病院	0-2022-0700

遺失物

● BTS	0-2617-6000
● MRT	0-2624-5200
● スワンナプーム国際空港	0-2132-1880
● ドーン・ムアン国際空港	0-2535-1192

カード会社

● アメリカン・エキスプレス	65-6535-1561
● ダイナース	81-3-6770-2796
● JCB	001-800-81-10036
● マスター	001-800-11-887-0663
● Visa	001-800-12121212

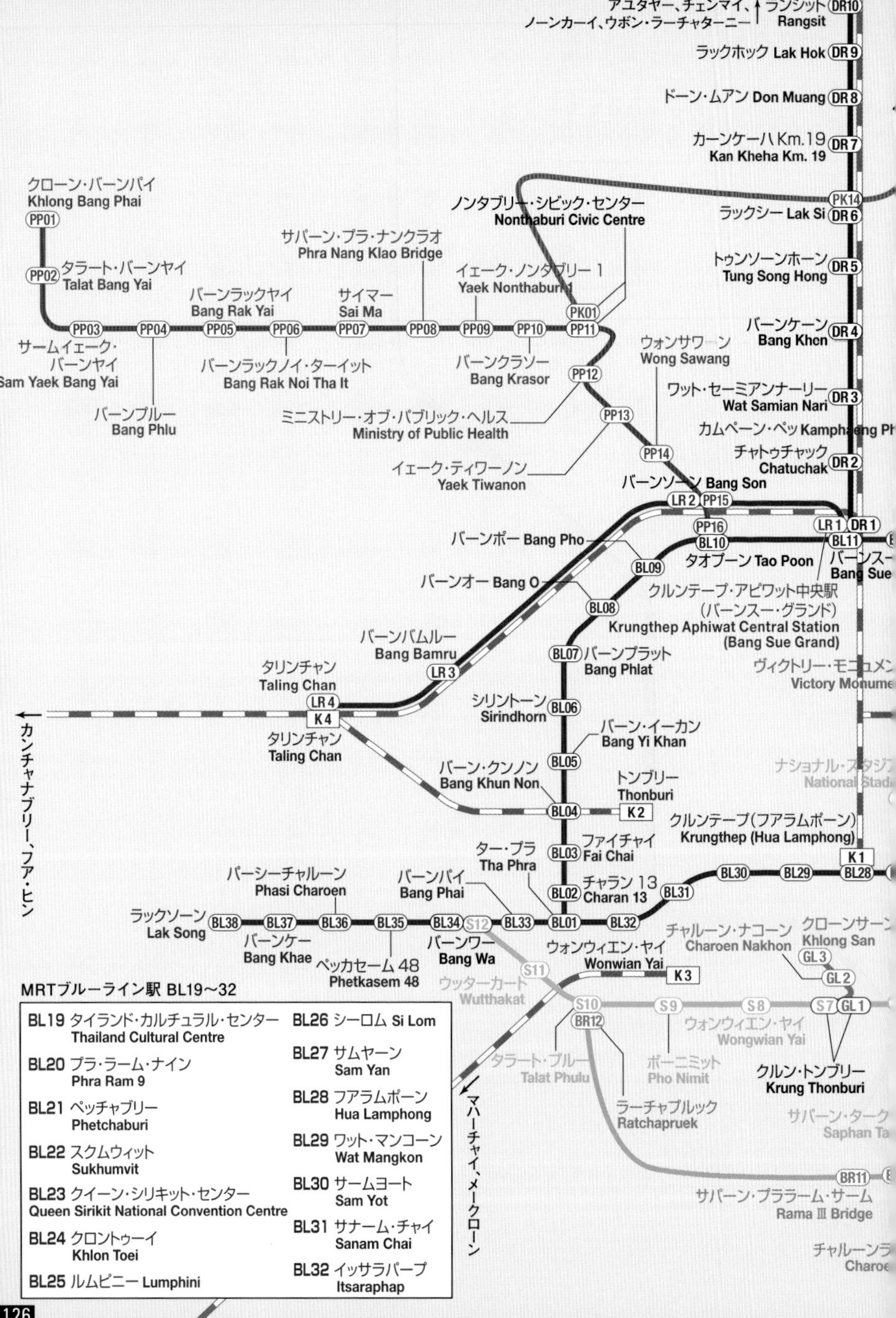
アユタヤー、チェンマイ、ノーンカーイ、ウボン・ラーチャターニー
ランシット Rangsit DR10
ラックホック Lak Hok DR9
ドーン・ムアン Don Muang DR8
カーンケーハ Km.19 Kan Kheha Km. 19 DR7
PK14
ラックシー Lak Si DR6
トゥンソーンホーン Tung Song Hong DR5
バーンケーン Bang Khen DR4
ワット・セーミアンナーリー Wat Samian Nari DR3
チャトゥチャック Chatuchak DR2
LR1 DR1
クローン・バーンパイ Khlong Bang Phai PP01
タラート・バーンヤイ Talat Bang Yai PP02
サームイェーク・バーンヤイ Sam Yaek Bang Yai PP03
バーンプルー Bang Phlu PP04
バーンラックヤイ Bang Rak Yai PP05
バーンラックノイ・ターイット Bang Rak Noi Tha It PP06
サイマー Sai Ma PP07
サパーン・プラ・ナンクラオ Phra Nang Klao Bridge PP08
イェーク・ノンタブリー 1 Yaek Nonthaburi 1 PP09
バーンクラソー Bang Krasor PP10
ノンタブリー・シビック・センター Nonthaburi Civic Centre PK01 PP11
ミニストリー・オブ・パブリック・ヘルス Ministry of Public Health PP12
イェーク・ティワーノン Yaek Tiwanon PP13
ウォンサワーン Wong Sawang PP14
バーンソーン Bang Son LR2 PP15
PP16
バーンポー Bang Pho BL09
タオプーン Tao Poon BL10
BL11
バーンオー Bang O BL08
クルンテープ・アピワット中央駅（バーンスー・グランド） Krungthep Aphiwat Central Station (Bang Sue Grand)
バーンプラット Bang Phlat BL07
シリントーン Sirindhorn BL06
バーン・イーカン Bang Yi Khan BL05
バーンバムルー Bang Bamru LR3
タリンチャン Taling Chan LR4
タリンチャン Taling Chan K4
カンチャナブリー、ファア・ヒン
バーン・クンノン Bang Khun Non BL04
トンブリー Thonburi K2
クルンテープ（フアラムポーン） Krungthep (Hua Lamphong) K1
ファイチャイ Fai Chai BL03
ター・プラ Tha Phra
チャラン 13 Charan 13 BL02
BL01
BL30 BL29 BL28
BL31
BL32
パーシーチャルーン Phasi Charoen BL36
バーンパイ Bang Phai BL33
ラックソーン Lak Song BL38
バーンケー Bang Khae BL37
ペッカセーム 48 Phetkasem 48 BL35
バーンワー Bang Wa BL34 S12
ウォンウィエン・ヤイ Wonwian Yai K3
ウッターカート Wutthakat S11
S10 BR12
タラート・プルー Talat Phulu
ラーチャプルック Ratchapruek
S9 ポーニミット Pho Nimit
S8 ウォンウィエン・ヤイ Wongwian Yai
チャルーン・ナコーン Charoen Nakhon
GL3 GL2 S7 GL1
クルン・トンブリー Krung Thonburi
BR11
サパーン・プララーム・サーム Rama Ⅲ Bridge
マハーチャイ、メークローン
MRTブルーライン駅 BL19～32
BL19 タイランド・カルチュラル・センター Thailand Cultural Centre
BL20 プラ・ラーム・ナイン Phra Ram 9
BL21 ペッチャブリー Phetchaburi
BL22 スクムウィット Sukhumvit
BL23 クイーン・シリキット・センター Queen Sirikit National Convention Centre
BL24 クロントゥーイ Khlon Toei
BL25 ルムピニー Lumphini
BL26 シーロム Si Lom
BL27 サムヤーン Sam Yan
BL28 フアラムポーン Hua Lamphong
BL29 ワット・マンコーン Wat Mangkon
BL30 サームヨート Sam Yot
BL31 サナーム・チャイ Sanam Chai
BL32 イッサラパープ Itsaraphap

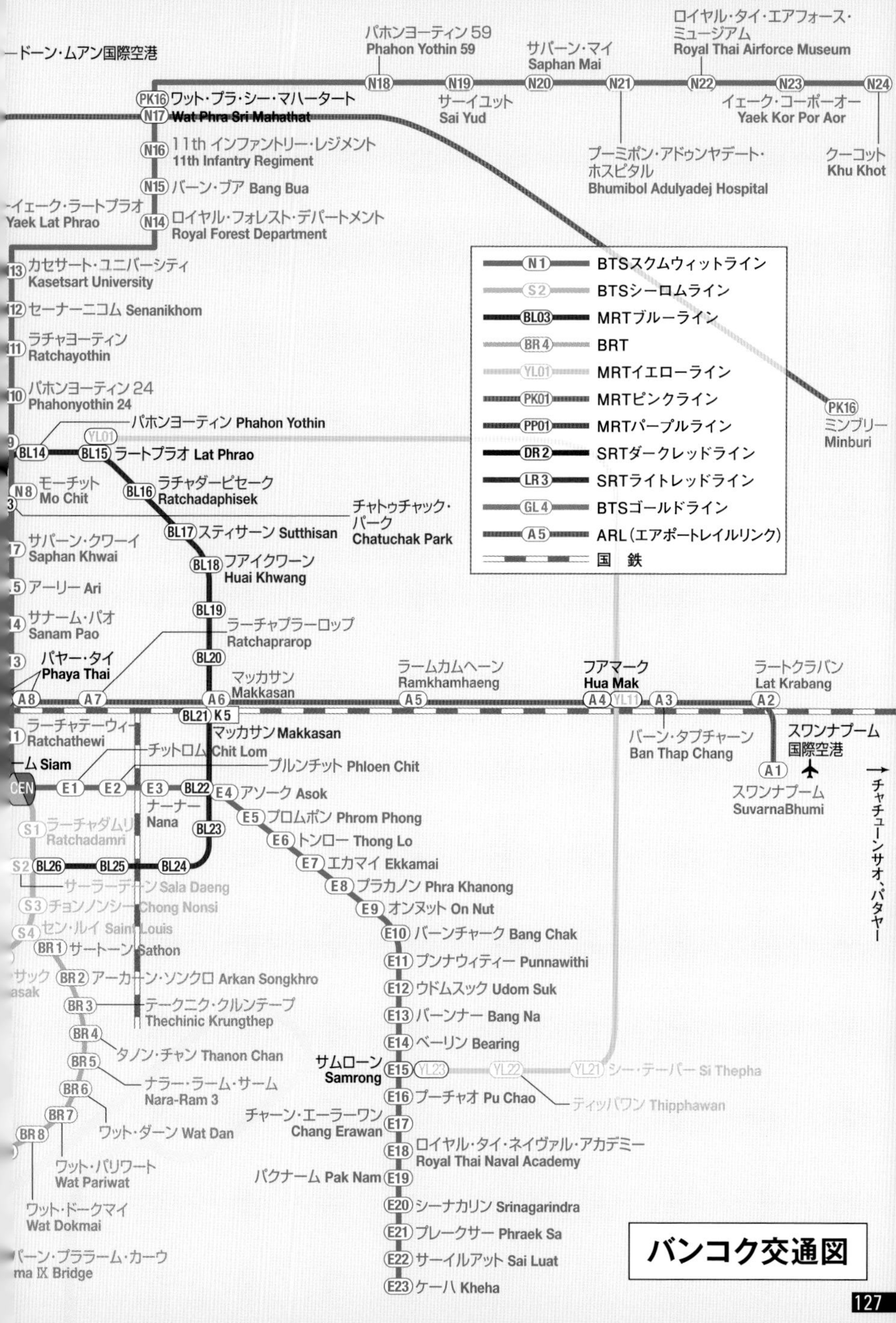

バンコク交通図
N1 BTSスクムウィットライン
S2 BTSシーロムライン
BL03 MRTブルーライン
BR4 BRT
YL01 MRTイエローライン
PK01 MRTピンクライン
PP01 MRTパープルライン
DR2 SRTダークレッドライン
LR3 SRTライトレッドライン
GL4 BTSゴールドライン
A5 ARL（エアポートレイルリンク）
国　鉄
ドーン・ムアン国際空港
パホンヨーティン 59 Phahon Yothin 59
サパーン・マイ Saphan Mai
ロイヤル・タイ・エアフォース・ミュージアム Royal Thai Airforce Museum
N18
N19
N20
N21
N22
N23
N24
PK16 ワット・プラ・シー・マハータート
N17 Wat Phra Sri Mahathat
サーイユット Sai Yud
イェーク・コーポーオー Yaek Kor Por Aor
プーミポン・アドゥンヤデート・ホスピタル Bhumibol Adulyadej Hospital
クーコット Khu Khot
N16 11th インファントリー・レジメント 11th Infantry Regiment
N15 バーン・ブア Bang Bua
イェーク・ラートプラオ Yaek Lat Phrao
N14 ロイヤル・フォレスト・デパートメント Royal Forest Department
13 カセサート・ユニバーシティ Kasetsart University
12 セーナーニコム Senanikhom
11 ラチャヨーティン Ratchayothin
10 パホンヨーティン 24 Phahonyothin 24
PK16 ミンブリー Minburi
パホンヨーティン Phahon Yothin
YL01
BL14
BL15 ラートプラオ Lat Phrao
N8 モーチット Mo Chit
BL16 ラチャダーピセーク Ratchadaphisek
チャトゥチャック・パーク Chatuchak Park
BL17 スティサーン Sutthisan
サパーン・クワーイ Saphan Khwai
BL18 フアイクワーン Huai Khwang
アーリー Ari
BL19
サナーム・パオ Sanam Pao
ラーチャプラーロップ Ratchaprarop
BL20
パヤー・タイ Phaya Thai
マッカサン Makkasan
ラームカムヘーン Ramkhamhaeng
フアマーク Hua Mak
ラートクラバン Lat Krabang
A8
A7
A6
A5
A4
YL11
A3
A2
BL21 K5
ラーチャテーウィー Ratchathewi
マッカサン Makkasan
バーン・タプチャーン Ban Thap Chang
スワンナプーム国際空港
チットロム Chit Lom
プルンチット Phloen Chit
サイアム Siam
CEN
E1
E2
E3
BL22
E4 アソーク Asok
A1
スワンナプーム SuvarnaBhumi
→チャチューンサオ、パタヤー
ナーナー Nana
E5 プロムポン Phrom Phong
S1 ラーチャダムリ Ratchadamri
BL23
E6 トンロー Thong Lo
S2
BL26
BL25
BL24
E7 エカマイ Ekkamai
サーラーデーン Sala Daeng
E8 プラカノン Phra Khanong
S3 チョンノンシー Chong Nonsi
E9 オンヌット On Nut
S4 セン・ルイ Saint Louis
E10 バーンチャーク Bang Chak
BR1 サートーン Sathon
E11 プンナウィティー Punnawithi
BR2 アーカーン・ソンクロ Arkan Songkhro
E12 ウドムスック Udom Suk
BR3 テークニク・クルンテープ Thechinic Krungthep
E13 バーンナー Bang Na
BR4 タノン・チャン Thanon Chan
E14 ベーリン Bearing
BR5 ナラー・ラーム・サーム Nara-Ram 3
サムローン Samrong
E15
YL23
YL22
YL21 シー・テーパー Si Thepha
BR6
E16 プーチャオ Pu Chao
ティッパワン Thipphawan
BR7 ワット・ダーン Wat Dan
チャーン・エーラーワン Chang Erawan
E17
BR8
E18 ロイヤル・タイ・ネイヴァル・アカデミー Royal Thai Naval Academy
ワット・パリワート Wat Pariwat
パクナーム Pak Nam
E19
E20 シーナカリン Srinagarindra
ワット・ドークマイ Wat Dokmai
E21 プレークサー Phraek Sa
パーン・プララーム・カーウ Rama IX Bridge
E22 サーイルアット Sai Luat
E23 ケーハ Kheha

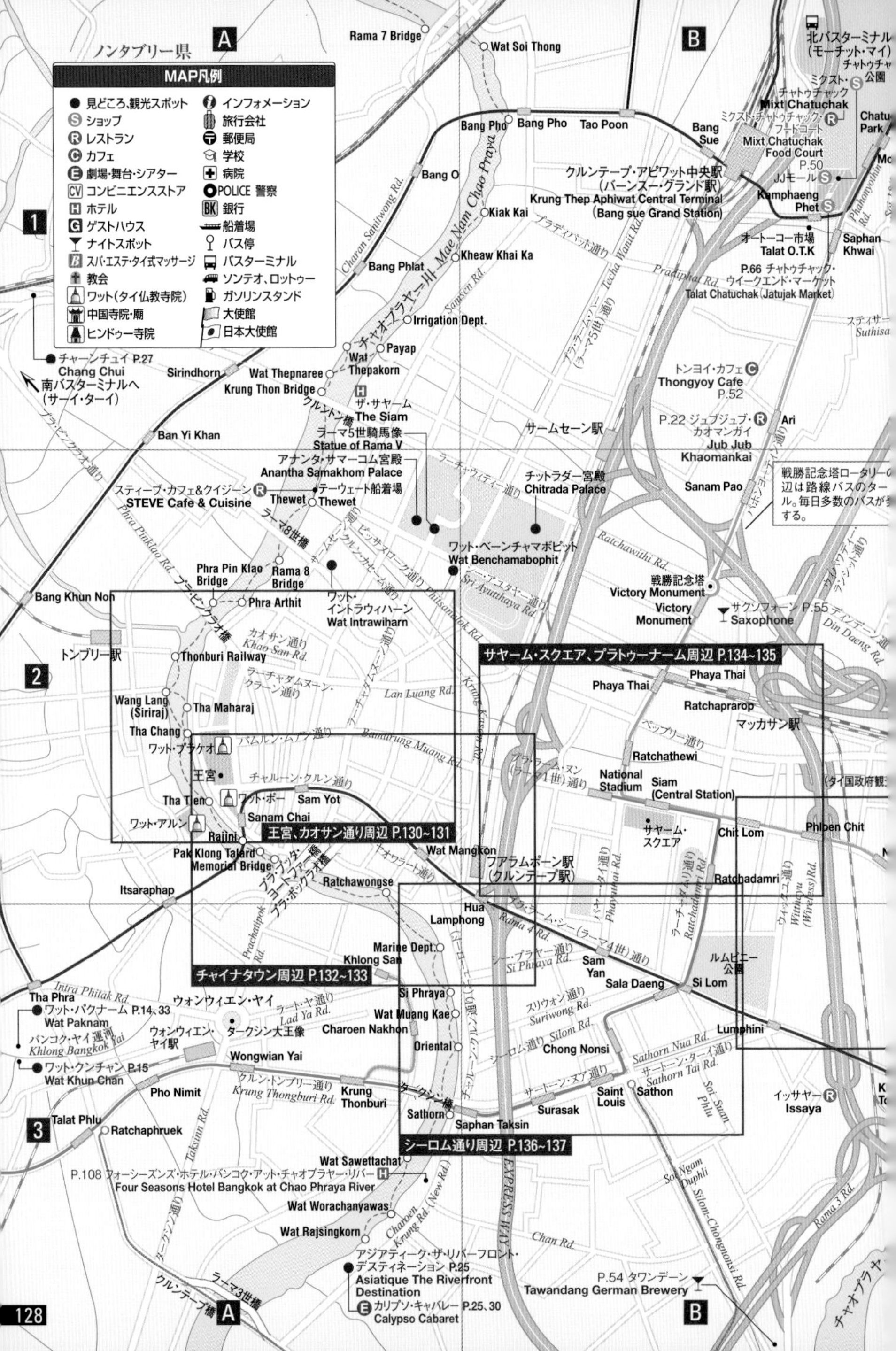

A
B
1
2
3
ノンタブリー県
MAP凡例
見どころ、観光スポット
ショップ
レストラン
カフェ
劇場・舞台・シアター
コンビニエンスストア
ホテル
ゲストハウス
ナイトスポット
スパ・エステ・タイ式マッサージ
教会
ワット（タイ仏教寺院）
中国寺院・廟
ヒンドゥー寺院
インフォメーション
旅行会社
郵便局
学校
病院
POLICE 警察
銀行
船着場
バス停
バスターミナル
ソンテオ、ロットゥー
ガソリンスタンド
大使館
日本大使館
Rama 7 Bridge
Wat Soi Thong
北バスターミナル（モーチット・マイ）
チャトゥチャック公園
Chatuchak Park
ミクスト・チャトゥチャック
Mixt Chatuchak
ミクスト・チャトゥチャック・フードコート
Mixt Chatuchak Food Court
P.50
JJモール
Bang Pho
Tao Poon
Bang Sue
クルンテープ・アピワット中央駅（バーンスー・グランド駅）
Krung Thep Aphiwat Central Terminal (Bang sue Grand Station)
Kamphaeng Phet
Bang O
Charan Sanitwong Rd.
Mae Nam Chao Praya
チャオプラヤー川
Kiak Kai
プラディパット通り
Kheaw Khai Ka
Bang Phlat
オートーコー市場
Talat O.T.K
Saphan Khwai
Phahonyothin Rd.
Pradiphat Rd.
Techa Wanit Rd.
P.66 チャトゥチャック・ウイークエンド・マーケット
Talat Chatuchak (Jatujak Market)
Samsen Rd.
Irrigation Dept.
プラ・ラーム・ハー通り（ラーマ5世通り）
スティサーン
Suthisan
Payap
Wat Thepakorn
Wat Thepnaree
Krung Thon Bridge
クルントン橋
Sirindhorn
チャーンチュイ P.27
Chang Chui
南バスターミナルへ（サーイ・ターイ）
ザ・サヤーム
The Siam
トンヨイ・カフェ
Thongyoy Cafe
P.52
P.22 ジュブジュブ・カオマンガイ
Jub Jub Khaomankai
Ari
Ban Yi Khan
プラ・ピンクラオ通り
ラーマ5世騎馬像
Statue of Rama V
アナンタ・サマーコム宮殿
Anantha Samakhom Palace
サームセーン駅
ラーチャウィティー通り
チットラダー宮殿
Chitrada Palace
戦勝記念塔ロータリーの周辺は路線バスのターミナル。毎日多数のバスが発着する。
Sanam Pao
スティーブ・カフェ＆クイジーン
STEVE Cafe & Cuisine
テーウェート船着場
Thewet
ラーマ8世橋
Phra Pinklao Rd.
サームセーン通り
クルン・カセーム通り
ピッサヌローク通り
Phitsanulok Rd.
ワット・ベーンチャマボピット
Wat Benchamabophit
シー・アユタヤー通り
Sri Ayutthaya Rd.
Ratchawithi Rd.
Phra Pin Klao Bridge
Rama 8 Bridge
ワット・イントラウィハーン
Wat Intrawiharn
Phra Arthit
Bang Khun Non
プラ・ピンクラオ橋
戦勝記念塔
Victory Monument
サクソフォーン P.55
Saxophone
ディンデーン通り
Din Daeng Rd.
トンブリー駅
カオサン通り
Khao San Rd.
Thonburi Railway
ラーチャダムヌーン・クラーン通り
ラーチャダムヌーン通り
Lan Luang Rd.
Krung Kasem Rd.
サヤーム・スクエア、プラトゥーナーム周辺 P.134~135
Phaya Thai
Ratchaprarop
マッカサン駅
Wang Lang (Siriraj)
Tha Maharaj
Tha Chang
ワット・プラケオ
バムルン・ムアン通り
Bamrung Muang Rd.
ペッブリー通り
Ratchathewi
王宮
チャルーン・クルン通り
プラ・ラーム・ヌン（ラーマ1世）通り
National Stadium
Siam (Central Station)
Tha Tien
ワット・ポー
Sam Yot
ワット・アルン
Sanam Chai
王宮、カオサン通り周辺 P.130~131
Rajini
サヤーム・スクエア
Chit Lom
Phloen Chit
Pak Klong Talard
Memorial Bridge
プラ・プッタ・ヨートファー橋
プラ・ポックラオ橋
ヤオワラート通り
Wat Mangkon
フアラムポーン駅（クルンテープ駅）
パヤー・タイ通り
Phayathai Rd.
ラーチャダムリ通り
Ratchadamri Rd.
Ratchadamri
ウィッタユ通り
Withayu (Wireless) Rd.
Itsaraphap
Ratchawongse
Hua Lamphong
Rama 4 Rd.
プラ・ラーム・シー（ラーマ4世）通り
Prachatipok Rd.
Marine Dept.
Khlong San
シー・プラヤー通り
Si Phraya Rd.
チャイナタウン周辺 P.132~133
Sam Yan
Sala Daeng
Si Lom
ルムピニー公園
Tha Phra
Intra Phitak Rd.
ワット・パクナーム P.14、33
Wat Paknam
ウォンウィエン・ヤイ
ラート・ヤ通り
Lad Ya Rd.
Si Phraya
Wat Muang Kae
スリウォン通り
Suriwong Rd.
Lumphini
パンコク・ヤイ運河
Khlong Bangkok Yai
ウォンウィエン・ヤイ駅
タークシン大王像
Charoen Nakhon
Oriental
シーロム通り Silom Rd.
Chong Nonsi
Sathorn Nua Rd.
サートーン・ターイ通り
Sathorn Tai Rd.
Wongwian Yai
ワット・クンチャン P.15
Wat Khun Chan
クルン・トンブリー通り
Krung Thongburi Rd.
Krung Thonburi
タークシン橋
サートーン・ヌア通り
Surasak
Saint Louis
Sathon
Soi Suan Phlu
イッサヤー
Issaya
Pho Nimit
Sathorn
Saphan Taksin
チャルーン・クルン通り
Talat Phlu
Ratchaphruek
Taksin Rd.
シーロム通り周辺 P.136~137
Wat Sawettachat
P.108 フォーシーズンズ・ホテル・バンコク・アット・チャオプラヤー・リバー
Four Seasons Hotel Bangkok at Chao Phraya River
EXPRESS WAY
Soi Ngam Duphli
Wat Worachanyawas
Charoen Krung Rd. (New Rd.)
タークシン通り
Wat Rajsingkorn
Chan Rd.
Silom-Chongnonsi Rd.
Rama 3 Rd.
アジアティーク・ザ・リバーフロント・デスティネーション P.25
Asiatique The Riverfront Destination
カリプソ・キャバレー P.25、30
Calypso Cabaret
P.54 タワンデーン
Tawandang German Brewery
ラーマ3世橋
クルンテープ橋
チャオプラヤー川

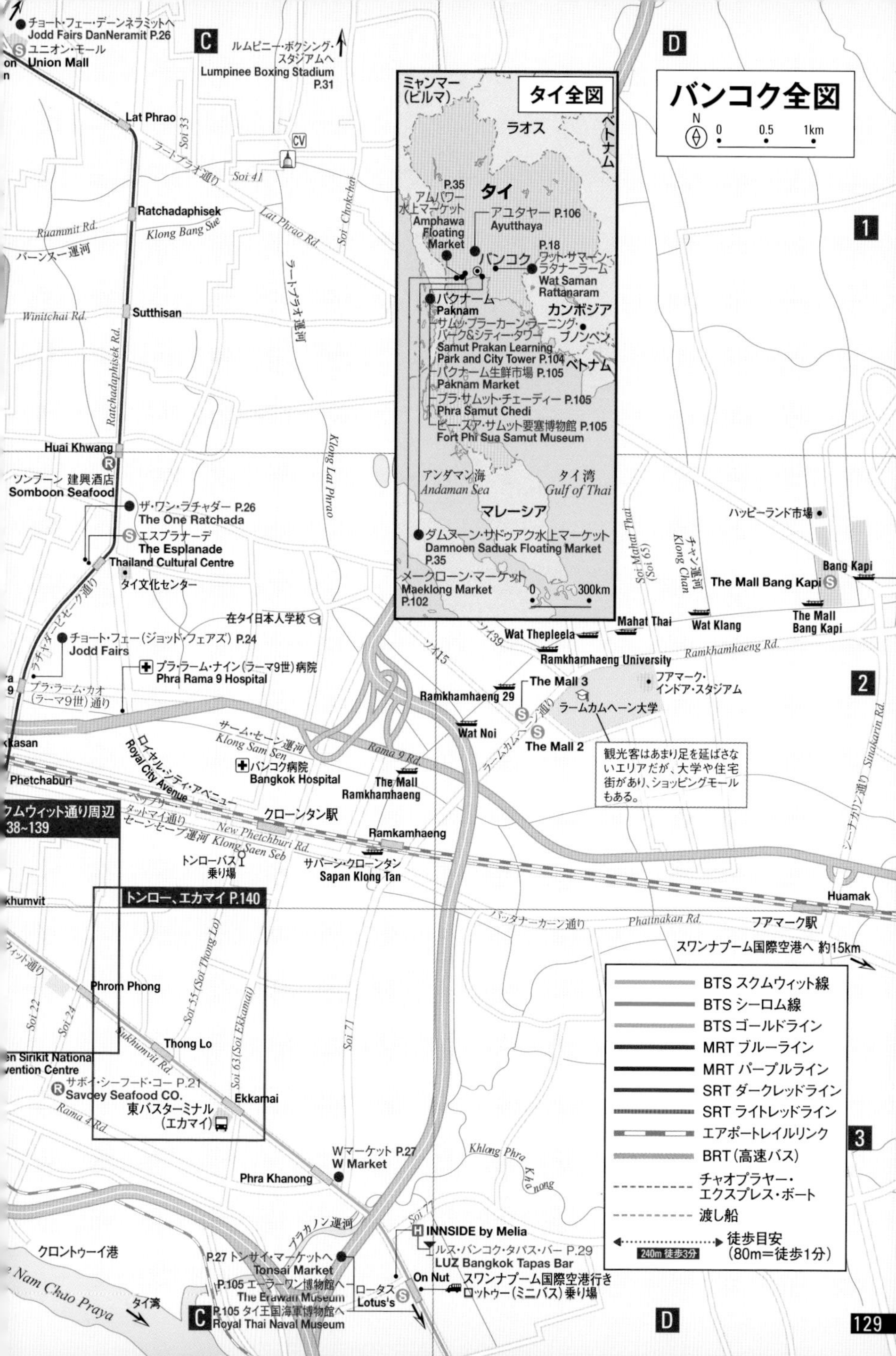
バンコク全図
N
0 0.5 1km
タイ全図
ミャンマー（ビルマ）
ラオス
ベトナム
タイ
P.35 アムパワー水上マーケット Amphawa Floating Market
アユタヤー P.106 Ayutthaya
バンコク
P.18 ワット・サマーン・ラタナーラーム Wat Saman Rattanaram
パクナーム Paknam
カンボジア
プノンペン
サムッ・プラーカーン・ラーニング・パーク&シティー・タワー Samut Prakan Learning Park and City Tower P.104
パクナーム生鮮市場 P.105 Paknam Market
プラ・サムット・チェーディー P.105 Phra Samut Chedi
ピー・スア・サムット要塞博物館 P.105 Fort Phi Sua Samut Museum
アンダマン海 Andaman Sea
タイ湾 Gulf of Thai
マレーシア
ダムヌーン・サドゥアク水上マーケット Damnoen Saduak Floating Market P.35
メークローン・マーケット Maeklong Market P.102
0 300km
チョート・フェー・デーンネラミットへ Jodd Fairs DanNeramit P.26
ユニオン・モール Union Mall
ルムピニー・ボクシング・スタジアムへ Lumpinee Boxing Stadium P.31
Lat Phrao
Soi 33
CV
ラートプラオ通り
Soi 41
Soi Chokchai
Ratchadaphisek
Lat Phrao Rd.
Ruammit Rd.
Klong Bang Sue
バーンスー運河
ラートプラオ運河
Winitchai Rd.
Sutthisan
Ratchadaphisek Rd.
Huai Khwang
ソンブーン 建興酒店 Somboon Seafood
Klong Lat Phrao
ザ・ワン・ラチャダー P.26 The One Ratchada
エスプラナーデ The Esplanade
Thailand Cultural Centre
タイ文化センター
ラチャダーピセーク通り
在タイ日本人学校
チョート・フェー（ジョッド・フェアズ）P.24 Jodd Fairs
プラ・ラーム・ナイン（ラーマ9世）病院 Phra Rama 9 Hospital
プラ・ラーム・カオ（ラーマ9世）通り
ハッピーランド市場
Soi Mahat Thai (Soi 65)
チャン運河 Klong Chan
Bang Kapi
The Mall Bang Kapi
Mahat Thai
Wat Thepleela
Wat Klang
The Mall Bang Kapi
ソイ139
ソイ15
Ramkhamhaeng University
Ramkhamhaeng Rd.
フアマーク・インドア・スタジアム
The Mall 3
Ramkhamhaeng 29
ラームカムヘーン大学
Wat Noi
ラームカムヘーン通り
The Mall 2
観光客はあまり足を延ばさないエリアだが、大学や住宅街があり、ショッピングモールもある。
Sinakarin Rd.
シーナカリン通り
kasan
サーム・セーン運河 Klong Sam Sen
Rama 9 Rd.
ロイヤル・シティ・アベニュー Royal City Avenue
バンコク病院 Bangkok Hospital
The Mall Ramkhamhaeng
Phetchaburi
ペッブリー・タットマイ通り
クローンタン駅
セーンセーブ運河 Klong Saen Seb
New Phetchburi Rd.
Ramkamhaeng
トンローバス乗り場
サパーン・クローンタン Sapan Klong Tan
ムウィット通り周辺 38~139
トンロー、エカマイ P.140
khumvit
Huamak
パッタナーカーン通り
Phattnakan Rd.
フアマーク駅
スワンナプーム国際空港へ 約15km
Soi 55 (Soi Thong Lo)
Soi 63 (Soi Ekkamai)
Phrom Phong
Soi 22
Soi 24
Thong Lo
Sukhumvit Rd.
Soi 71
en Sirikit National vention Centre
サボイ・シーフード・コー P.21 Savoey Seafood CO.
Ekkamai
Rama 4 Rd.
東バスターミナル（エカマイ）
Wマーケット P.27 W Market
Klhong Phra Khanong
Phra Khanong
Soi 77
プラカノン運河
INNSIDE by Melia
ルス・バンコク・タパス・バー P.29 LUZ Bangkok Tapas Bar
クロントゥーイ港
P.27 トンサイ・マーケットへ Tonsai Market
P.105 エーラーワン博物館へ The Erawan Museum
ロータス Lotus's
On Nut
スワンナプーム国際空港行きロットゥー（ミニバス）乗り場
Mae Nam Chao Praya
タイ湾
P.105 タイ王国海軍博物館へ Royal Thai Naval Museum
BTS スクムウィット線
BTS シーロム線
BTS ゴールドライン
MRT ブルーライン
MRT パープルライン
SRT ダークレッドライン
SRT ライトレッドライン
エアポートレイルリンク
BRT（高速バス）
チャオプラヤー・エクスプレス・ボート
渡し船
徒歩目安（80m＝徒歩1分）
240m 徒歩3分
C D 1 2 3

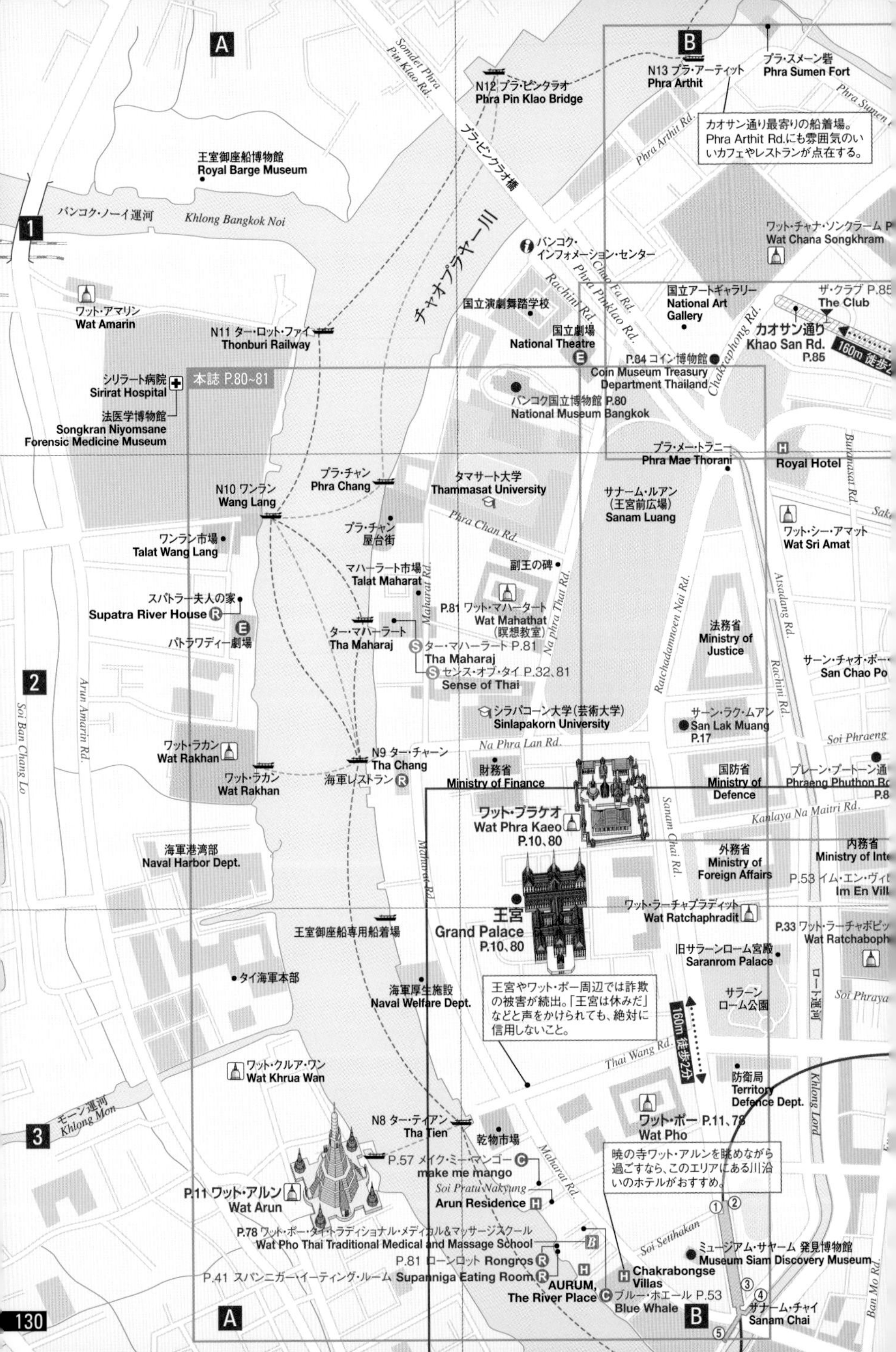

A
B
Somdet Phra Pin Klao Rd.
N12 プラ・ピンクラオ
Phra Pin Klao Bridge
N13 プラ・アーティット
Phra Arthit
プラ・スメーン砦
Phra Sumen Fort
Phra Sumen
カオサン通り最寄りの船着場。Phra Arthit Rd.にも雰囲気のいいカフェやレストランが点在する。
Phra Arthit Rd.
プラ・ピンクラオ橋
王室御座船博物館
Royal Barge Museum
1
バンコク・ノーイ運河
Khlong Bangkok Noi
チャオプラヤー川
バンコク・インフォメーション・センター
ワット・チャナ・ソンクラーム
Wat Chana Songkhram
Chao Fa Rd.
Phra Pinklao Rd.
Rachini Rd.
ワット・アマリン
Wat Amarin
国立演劇舞踏学校
国立アートギャラリー
National Art Gallery
ザ・クラブ P.85
The Club
N11 ター・ロット・ファイ
Thonburi Railway
国立劇場
National Theatre
Chakraphong Rd.
カオサン通り
Khao San Rd.
P.85
160m 徒歩2分
シリラート病院
Sirirat Hospital
本誌 P.80~81
P.84 コイン博物館
Coin Museum Treasury Department Thailand
法医学博物館
Songkran Niyomsane Forensic Medicine Museum
バンコク国立博物館 P.80
National Museum Bangkok
プラ・メー・トラニー
Phra Mae Thorani
Royal Hotel
Burapasat Rd.
プラ・チャン
Phra Chang
N10 ワンラン
Wang Lang
タマサート大学
Thammasat University
サナーム・ルアン（王宮前広場）
Sanam Luang
ワット・シー・アマット
Wat Sri Amat
Phra Chan Rd.
プラ・チャン屋台街
ワンラン市場
Talat Wang Lang
マハーラート市場
Talat Maharat
Maharat Rd.
副王の碑
Na phra Thai Rd.
Ratchadamnoen Nai Rd.
Atsadang Rd.
スパトラー夫人の家
Supatra River House
P.81 ワット・マハータート
Wat Mahathat
（瞑想教室）
パトラワディー劇場
ター・マハーラート
Tha Maharaj
ター・マハーラート P.81
Tha Maharaj
センス・オブ・タイ P.32、81
Sense of Thai
法務省
Ministry of Justice
サーン・チャオ・ポー
San Chao Po
2
Arun Amarin Rd.
Soi Ban Chang Lo
シラパコーン大学（芸術大学）
Sinlapakorn University
サーン・ラク・ムアン
San Lak Muang
P.17
Rachini Rd.
Soi Phraeng
ワット・ラカン
Wat Rakhan
Na Phra Lan Rd.
N9 ター・チャーン
Tha Chang
海軍レストラン
財務省
Ministry of Finance
国防省
Ministry of Defence
プレーン・プートーン通
Phraeng Phuthon Ro
P.8
ワット・ラカン
Wat Rakhan
ワット・プラケオ
Wat Phra Kaeo
P.10、80
Kanlaya Na Maitri Rd.
Sanam Chai Rd.
海軍港湾部
Naval Harbor Dept.
外務省
Ministry of Foreign Affairs
内務省
Ministry of Inte
P.53 イム・エン・ヴィ
Im En Vill
王宮
Grand Palace
P.10、80
ワット・ラーチャプラディット
Wat Ratchapradit
P.33 ワット・ラーチャボピ
Wat Ratchaboph
王室御座船専用船着場
旧サラーンロム宮殿
Saranrom Palace
タイ海軍本部
海軍厚生施設
Naval Welfare Dept.
王宮やワット・ポー周辺では詐欺の被害が続出。「王宮は休みだ」などと声をかけられても、絶対に信用しないこと。
160m 徒歩2分
サラーンロム公園
ロード運河
Soi Phraya
Thai Wang Rd.
ワット・クルア・ワン
Wat Khrua Wan
防衛局
Territory Defence Dept.
Khlong Lord
モーン運河
Khlong Mon
3
N8 ター・ティアン
Tha Tien
乾物市場
ワット・ポー P.11、78
Wat Pho
P.57 メイク・ミー・マンゴー
make me mango
Soi Pratu Nakyung
晩の寺ワット・アルンを眺めながら過ごすなら、このエリアにある川沿いのホテルがおすすめ。
P.11 ワット・アルン
Wat Arun
Arun Residence
Maharat Rd.
P.78 ワット・ポー・タイ・トラディショナル・メディカル&マッサージスクール
Wat Pho Thai Traditional Medical and Massage School
Soi Setthakan
ミュージアム・サヤーム 発見博物館
Museum Siam Discovery Museum
P.81 ローンロット Rongros
P.41 スパンニガー・イーティング・ルーム Supanniga Eating Room
AURUM, The River Place
Chakrabongse Villas
ブルー・ホエール P.53
Blue Whale
サナーム・チャイ
Sanam Chai
Ban Mo Rd.

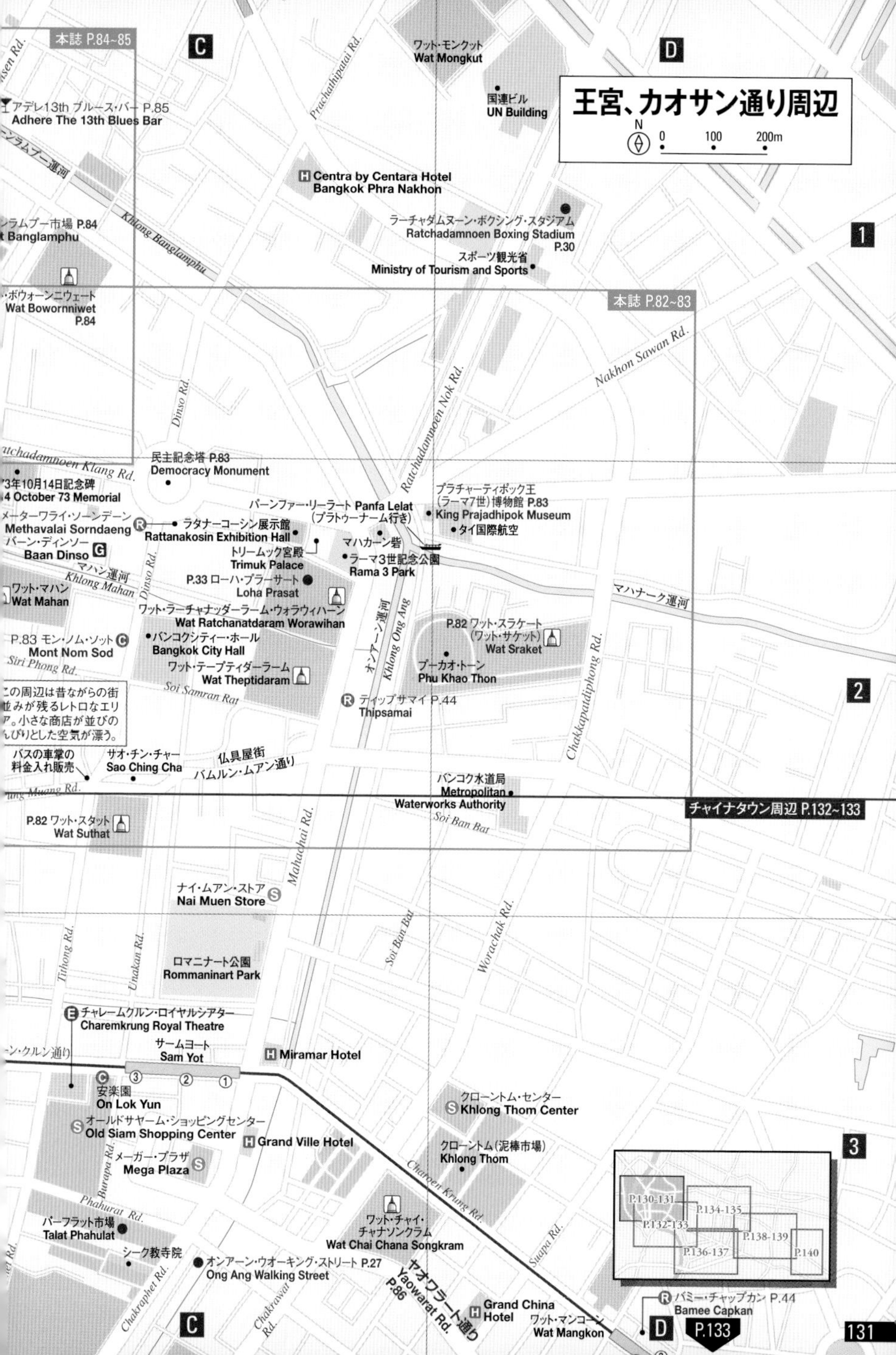
王宮、カオサン通り周辺
N
0 100 200m
C
D
1
2
3
本誌 P.84~85
本誌 P.82~83
チャイナタウン周辺 P.132~133
ワット・モンクット
Wat Mongkut
国連ビル
UN Building
Prachathipatai Rd.
アデレ13th ブルース・バー P.85
Adhere The 13th Blues Bar
バンランプー運河
Khlong Banglamphu
Centra by Centara Hotel
Bangkok Phra Nakhon
ラーチャダムヌーン・ボクシング・スタジアム
Ratchadamnoen Boxing Stadium
P.30
スポーツ観光省
Ministry of Tourism and Sports
ランプー市場 P.84
Banglamphu
ボウォーンニウェート
Wat Bowornniwet
P.84
Nakhon Sawan Rd.
Ratchadamnoen Nok Rd.
Dinso Rd.
Ratchadamnoen Klang Rd.
民主記念塔 P.83
Democracy Monument
73年10月14日記念碑
14 October 73 Memorial
メーターワライ・ソーンデーン
Methavalai Sorndaeng
ラタナーコーシン展示館
Rattanakosin Exhibition Hall
バーン・ディンソー
Baan Dinso
パーンファー・リーラート Panfa Lelat
(プラトゥーナーム行き)
プラチャーティポック王
(ラーマ7世)博物館 P.83
King Prajadhipok Museum
タイ国際航空
トリームック宮殿
Trimuk Palace
マハカーン砦
ラーマ3世記念公園
Rama 3 Park
マハン運河
Khlong Mahan
P.33 ローハ・プラーサート
Loha Prasat
ワット・マハン
Wat Mahan
ワット・ラーチャナッダーラーム・ウォラウィハーン
Wat Ratchanatdaram Worawihan
マハナーク運河
オンアーン運河
Khlong Ong Ang
P.82 ワット・スラケート
(ワット・サケット)
Wat Sraket
P.83 モン・ノム・ソット
Mont Nom Sod
バンコクシティー・ホール
Bangkok City Hall
Siri Phong Rd.
ワット・テープティダーラーム
Wat Theptidaram
プーカオ・トーン
Phu Khao Thon
Soi Samran Rat
ティップサマイ P.44
Thipsamai
Chakkapatdiphong Rd.
この周辺は昔ながらの街並みが残るレトロなエリア。小さな商店が並びのんびりとした空気が漂う。
バスの車掌の料金入れ販売
サオ・チン・チャー
Sao Ching Cha
仏具屋街
バムルン・ムアン通り
Bamrung Muang Rd.
バンコク水道局
Metropolitan
Waterworks Authority
Soi Ban Bat
P.82 ワット・スタット
Wat Suthat
Mahachai Rd.
ナイ・ムアン・ストア
Nai Muen Store
Soi Ban Bat
Worachak Rd.
Tithong Rd.
Unakan Rd.
ロマニナート公園
Rommaninart Park
チャレームクルン・ロイヤルシアター
Charemkrung Royal Theatre
サームヨート
Sam Yot
チャルーン・クルン通り
Miramar Hotel
安楽園
On Lok Yun
オールドサヤーム・ショッピングセンター
Old Siam Shopping Center
Grand Ville Hotel
クローントム・センター
Khlong Thom Center
クローントム(泥棒市場)
Khlong Thom
メーガー・プラザ
Mega Plaza
Burapa Rd.
Charoen Krung Rd.
Phahurat Rd.
パーフラット市場
Talat Phahulat
ワット・チャイ・チャナソンクラム
Wat Chai Chana Songkram
シーク教寺院
Suapa Rd.
オンアーン・ウオーキング・ストリート P.27
Ong Ang Walking Street
ヤオワラート通り
Yaowarat Rd.
P.86
Chakraphet Rd.
Chakrawat Rd.
Grand China Hotel
ワット・マンコーン
Wat Mangkon
バミー・チャップカン P.44
Bamee Capkan
P.130-131
P.132-133
P.134-135
P.136-137
P.138-139
P.140
P.133

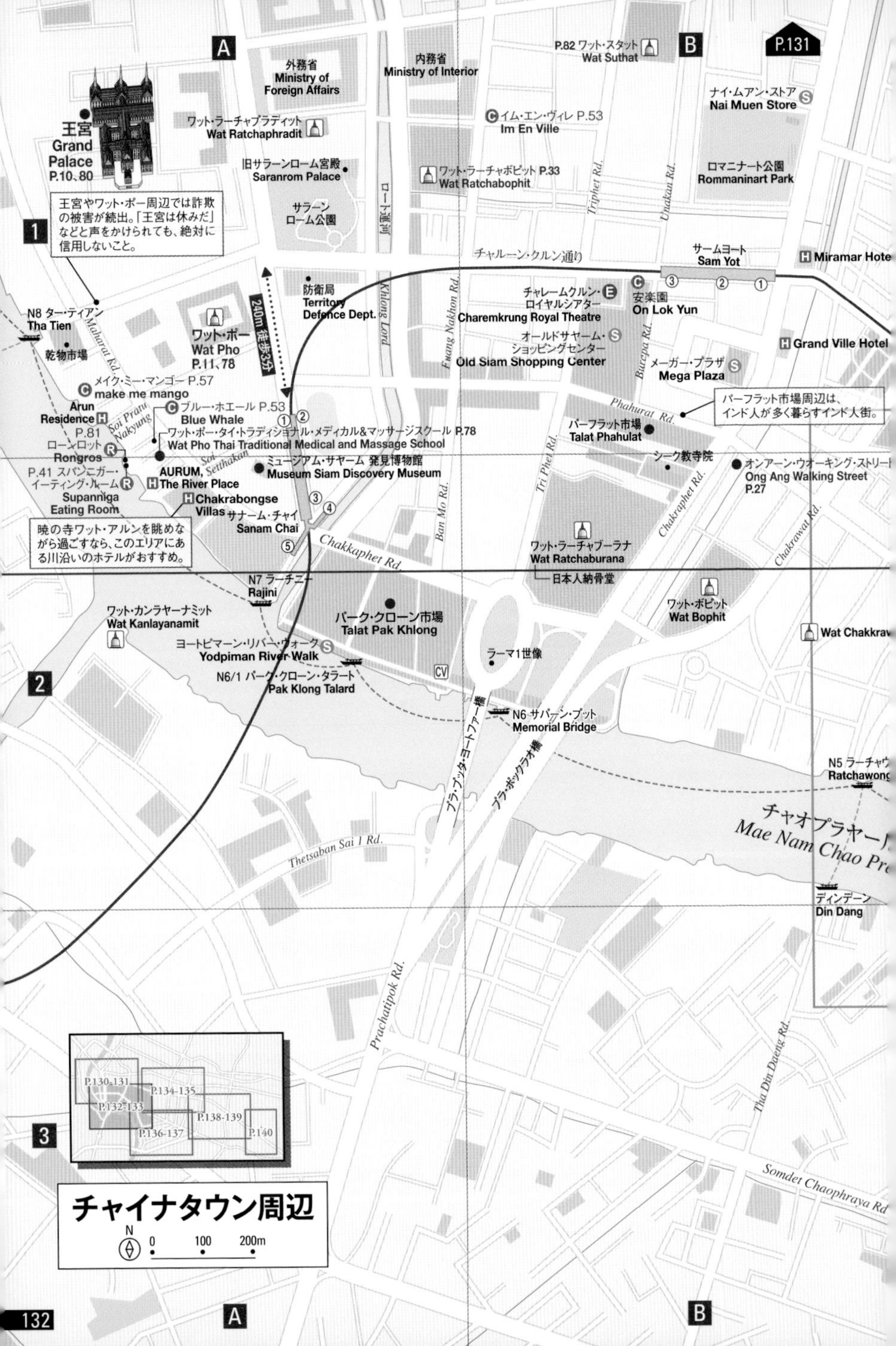
P.131
A
B
1
2
3
王宮
Grand Palace
P.10、80
王宮やワット・ポー周辺では詐欺の被害が続出。「王宮は休みだ」などと声をかけられても、絶対に信用しないこと。
外務省
Ministry of Foreign Affairs
内務省
Ministry of Interior
P.82 ワット・スタット
Wat Suthat
ナイ・ムアン・ストア
Nai Muen Store
ワット・ラーチャプラディット
Wat Ratchaphradit
イム・エン・ヴィレ P.53
Im En Ville
旧サラーンローム宮殿
Saranrom Palace
ワット・ラーチャボピット P.33
Wat Ratchabophit
ロマニナート公園
Rommaninart Park
サラーンローム公園
ロード運河
Khlong Lord
Triphet Rd.
Unakan Rd.
チャルーン・クルン通り
サームヨート
Sam Yot
Miramar Hotel
防衛局
Territory Defence Dept.
チャレームクルン・ロイヤルシアター
Charemkrung Royal Theatre
安楽園
On Lok Yun
N8 ター・ティアン
Tha Tien
ワット・ポー
Wat Pho
P.11、78
240m 徒歩3分
Fuang Nakhon Rd.
オールドサヤーム・ショッピングセンター
Old Siam Shopping Center
Grand Ville Hotel
乾物市場
Maharat Rd.
メイク・ミー・マンゴー P.57
make me mango
Burapa Rd.
メーガー・プラザ
Mega Plaza
Arun Residence
Soi Pratu Nakyung
ブルー・ホエール P.53
Blue Whale
Phahurat Rd.
パーフラット市場周辺は、インド人が多く暮らすインド人街。
P.81
ローンロット
Rongros
ワット・ポー・タイ・トラディショナル・メディカル&マッサージスクール P.78
Wat Pho Thai Traditional Medical and Massage School
パーフラット市場
Talat Phahulat
P.41 スパンニガー・イーティング・ルーム
Supanniga Eating Room
Soi Setthakan
AURUM, The River Place
ミュージアム・サヤーム 発見博物館
Museum Siam Discovery Museum
Tri Phet Rd.
シーク教寺院
オンアーン・ウオーキング・ストリート
Ong Ang Walking Street
P.27
Ban Mo Rd.
Chakkraphet Rd.
Chakrawat Rd.
Chakrabongse Villas
サナーム・チャイ
Sanam Chai
晩の寺ワット・アルンを眺めながら過ごすなら、このエリアにある川沿いのホテルがおすすめ。
Chakkaphet Rd.
ワット・ラーチャブーラナ
Wat Ratchaburana
日本人納骨堂
N7 ラーチニー
Rajini
ワット・カンラヤーナミット
Wat Kanlayanamit
パーク・クローン市場
Talat Pak Khlong
ワット・ポピット
Wat Bophit
Wat Chakkraw
ヨートピマーン・リバー・ウォーク
Yodpiman River Walk
ラーマ1世像
N6/1 パーク・クローン・タラート
Pak Klong Talard
CV
N6 サパーン・プット
Memorial Bridge
プラ・プック・ヨートファー橋
プラ・ポックラオ橋
N5 ラーチャウ
Ratchawong
チャオプラヤー川
Mae Nam Chao Pr
Thetsaban Sai 1 Rd.
ディンデーン
Din Dang
Prachatipok Rd.
Tha Din Daeng Rd.
P.130-131
P.134-135
P.132-133
P.138-139
P.136-137
P.140
Somdet Chaophraya Rd
チャイナタウン周辺
N
0 100 200m

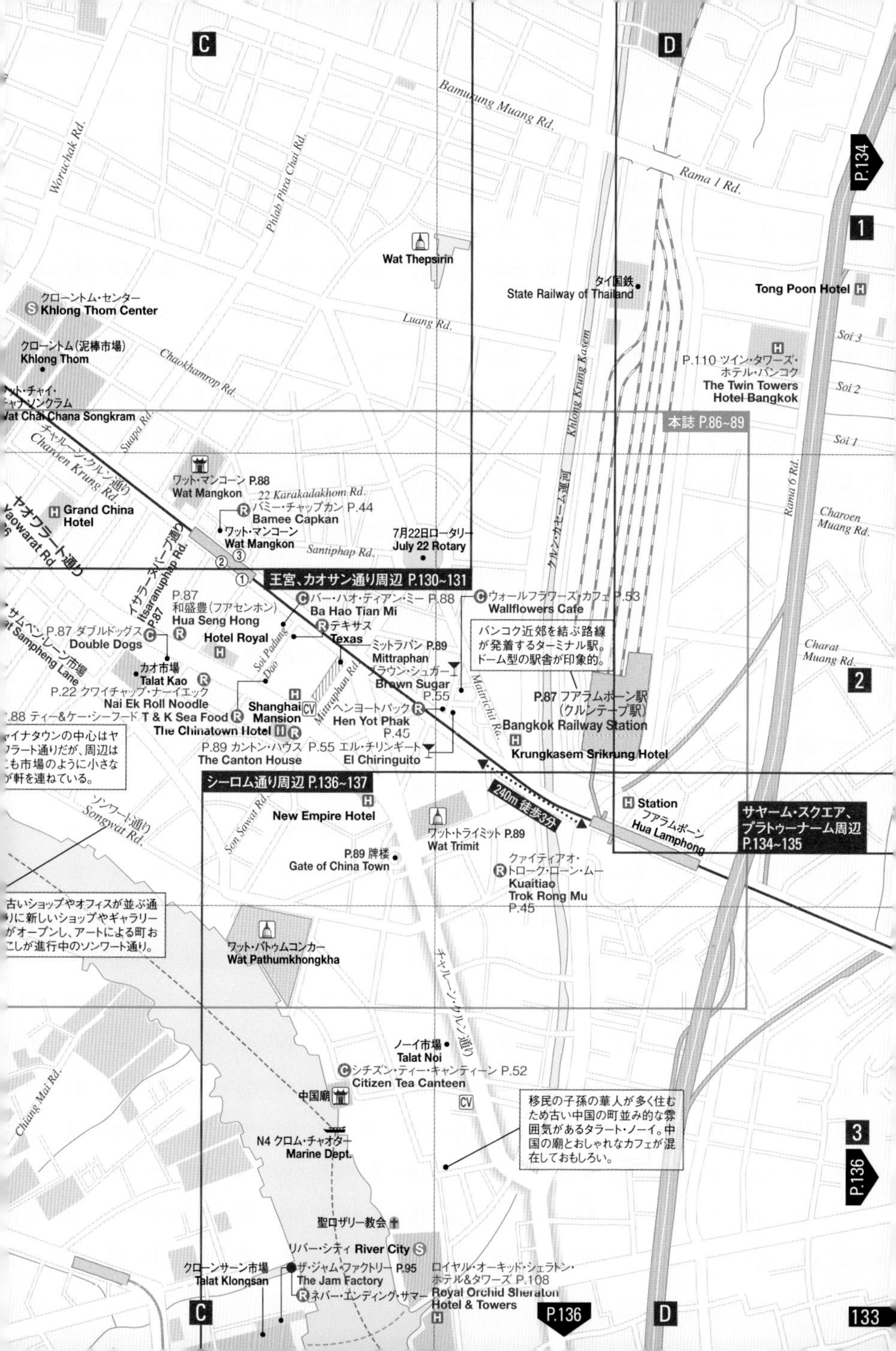
C
D
Bamurung Muang Rd.
Rama 1 Rd.
P.134
1
Worachak Rd.
Phlab Phra Chai Rd.
Wat Thepsirin
タイ国鉄
State Railway of Thailand
Tong Poon Hotel
クローントム・センター
Khlong Thom Center
Luang Rd.
Soi 3
クローントム（泥棒市場）
Khlong Thom
Chaokhamrop Rd.
Khlong Krung Kasem
P.110 ツイン・タワーズ・ホテル・バンコク
The Twin Towers Hotel Bangkok
Soi 2
Wat Chai Chana Songkram
Suapa Rd.
本誌 P.86~89
Soi 1
チャルーン・クルン通り
Charoen Krung Rd.
ワット・マンコーン P.88
Wat Mangkon
22 Karakadakhom Rd.
Rama 6 Rd.
Charoen Muang Rd.
Grand China Hotel
バミー・チャップカン P.44
Bamee Capkan
ヤオワラート通り
Yaowarat Rd.
ワット・マンコーン
Wat Mangkon
7月22日ロータリー
July 22 Rotary
Santiphap Rd.
クルン・カセーム運河
イサラーヌパープ通り
Itsaranuphap Rd.
P.87
王宮、カオサン通り周辺 P.130~131
P.87
和盛豊（フアセンホン）
Hua Seng Hong
バー・ハオ・ティアン・ミー P.88
Ba Hao Tian Mi
ウォールフラワーズ・カフェ P.53
Wallflowers Cafe
サムペン・レーン市場
Sampheng Lane
P.87 ダブルドッグス
Double Dogs
Hotel Royal
テキサス
Texas
バンコク近郊を結ぶ路線が発着するターミナル駅。ドーム型の駅舎が印象的。
Charat Muang Rd.
ミットラパン P.89
Mittraphan
Soi Padung Dao
カオ市場
Talat Kao
ブラウン・シュガー
Brown Sugar
P.55
2
P.22 クワイチャップ・ナーイエック
Nai Ek Roll Noodle
Mittraphan Rd.
Maitrichit Rd.
P.87 フアラムポーン駅（クルンテープ駅）
Bangkok Railway Station
P.88 ティー＆ケー・シーフード T & K Sea Food
Shanghai Mansion
CV
ヘンヨートパック
Hen Yot Phak
P.45
The Chinatown Hotel
チャイナタウンの中心はヤワラート通りだが、周辺はどこも市場のように小さな店が軒を連ねている。
P.89 カントン・ハウス
The Canton House
P.55 エル・チリンギート
El Chiringuito
Krungkasem Srikrung Hotel
シーロム通り周辺 P.136~137
New Empire Hotel
240m 徒歩3分
Station
ファラムポーン
Hua Lamphong
サヤーム・スクエア、プラトゥーナーム周辺 P.134~135
ソンワート通り
Songwat Rd.
Son Sawat Rd.
ワット・トライミット P.89
Wat Trimit
P.89 牌楼
Gate of China Town
クァイティアオ・トローク・ローン・ムー
Kuaitiao Trok Rong Mu
P.45
古いショップやオフィスが並ぶ通りに新しいショップやギャラリーがオープンし、アートによる町おこしが進行中のソンワート通り。
ワット・パトゥムコンカー
Wat Pathumkhongkha
チャルーン・クルン通り
ノーイ市場
Talat Noi
シチズン・ティー・キャンティーン P.52
Citizen Tea Canteen
Chiang Mai Rd.
中国廟
CV
移民の子孫の華人が多く住むため古い中国の町並み的な雰囲気があるタラート・ノーイ。中国の廟とおしゃれなカフェが混在しておもしろい。
3
N4 クロム・チャオター
Marine Dept.
P.136
聖ロザリー教会
リバー・シティ River City
クローンサーン市場
Talat Klongsan
ザ・ジャム・ファクトリー P.95
The Jam Factory
ネバー・エンディング・サマー
ロイヤル・オーキッド・シェラトン・ホテル&タワーズ P.108
Royal Orchid Sheraton Hotel & Towers
C
P.136
D

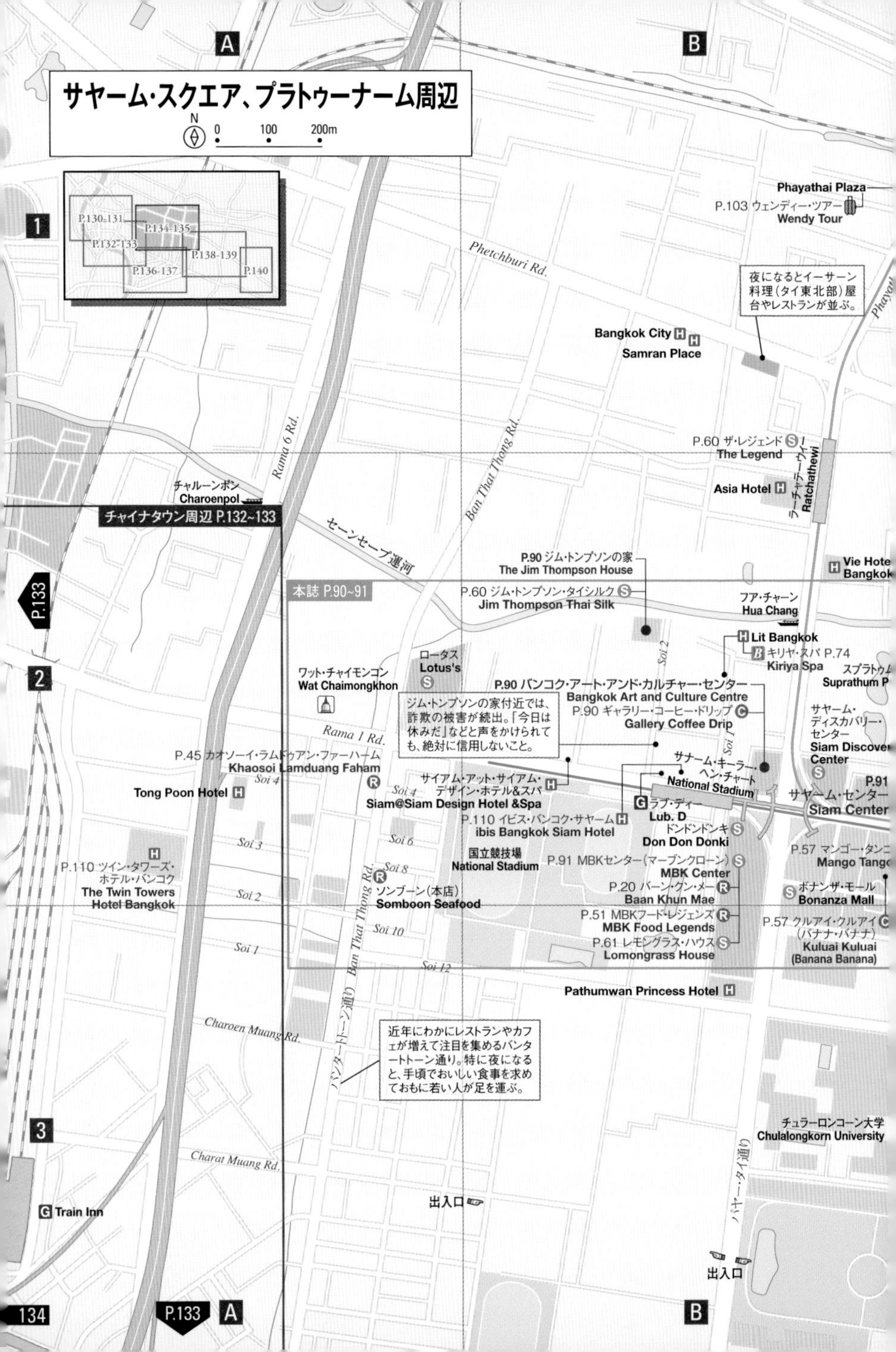

サヤーム・スクエア、プラトゥーナーム周辺
N
0
100
200m
P.130-131
P.134-135
P.132-133
P.138-139
P.136-137
P.140
Phayathai Plaza
P.103 ウェンディー・ツアー
Wendy Tour
Phetchburi Rd.
夜になるとイーサーン料理（タイ東北部）屋台やレストランが並ぶ。
Bangkok City
Samran Place
Ban That Thong Rd.
Rama 6 Rd.
P.60 ザ・レジェンド
The Legend
ラーチャテーウィー
Ratchathewi
Asia Hotel
チャルーンポン
Charoenpol
チャイナタウン周辺 P.132~133
セーンセープ運河
P.90 ジム・トンプソンの家
The Jim Thompson House
Vie Hotel Bangkok
本誌 P.90~91
P.60 ジム・トンプソン・タイシルク
Jim Thompson Thai Silk
フア・チャーン
Hua Chang
P.133
Lit Bangkok
キリヤ・スパ P.74
Kiriya Spa
ロータス
Lotus's
ワット・チャイモンコン
Wat Chaimongkhon
Soi 2
スプラトゥム
Suprathum P
P.90 バンコク・アート・アンド・カルチャー・センター
Bangkok Art and Culture Centre
P.90 ギャラリー・コーヒー・ドリップ
Gallery Coffee Drip
ジム・トンプソンの家付近では、詐欺の被害が続出。「今日は休みだ」などと声をかけられても、絶対に信用しないこと。
Rama 1 Rd.
サヤーム・ディスカバリー・センター
Siam Discover Center
P.45 カオソーイ・ラムドゥアン・ファーハーム
Khaosoi Lamduang Faham
Soi 4
サナーム・キーラー・ヘン・チャート
National Stadium
P.91
サヤーム・センター
Siam Center
サイアム・アット・サイアム・デザイン・ホテル&スパ
Siam@Siam Design Hotel &Spa
Tong Poon Hotel
ラブ・ディー
Lub. D
P.110 イビス・バンコク・サヤーム
ibis Bangkok Siam Hotel
ドンドンドンキ
Don Don Donki
Soi 6
Soi 3
P.57 マンゴー・タンゴ
Mango Tango
国立競技場
National Stadium
P.91 MBKセンター（マーブンクローン）
MBK Center
Soi 8
P.110 ツイン・タワーズ・ホテル・バンコク
The Twin Towers Hotel Bangkok
ソンブーン（本店）
Somboon Seafood
P.20 バーン・クン・メー
Baan Khun Mae
ボナンザ・モール
Bonanza Mall
Soi 2
P.51 MBKフード・レジェンズ
MBK Food Legends
P.57 クルアイ・クルアイ（バナナ・バナナ）
Kuluai Kuluai (Banana Banana)
Soi 10
Soi 1
P.61 レモングラス・ハウス
Lomongrass House
Soi 12
Pathumwan Princess Hotel
バンタートーン通り
Charoen Muang Rd.
近年にわかにレストランやカフェが増えて注目を集めるバンタートーン通り。特に夜になると、手頃でおいしい食事を求めておもに若い人が足を運ぶ。
チュラーロンコーン大学
Chulalongkorn University
パヤー・タイ通り
Charat Muang Rd.
出入口
Train Inn
出入口
A
B
1
2
3

P.133

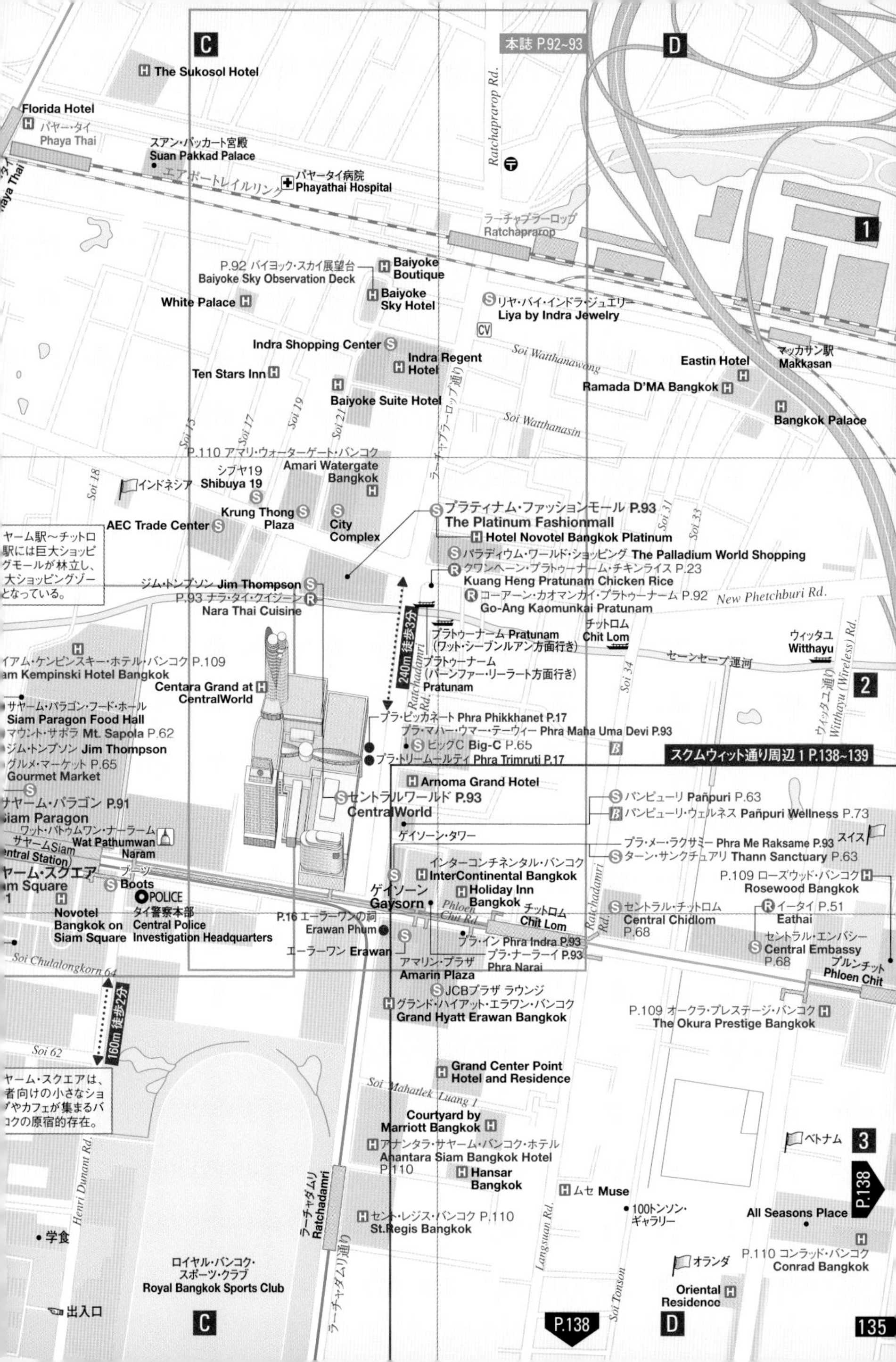

C
D
本誌 P.92~93
The Sukosol Hotel
Florida Hotel
パヤー・タイ
Phaya Thai
スアン・パッカート宮殿
Suan Pakkad Palace
エアポートレイルリンク
パヤータイ病院
Phayathai Hospital
Ratchaprarop Rd.
ラーチャプラーロップ
Ratchaprarop
1
P.92 バイヨック・スカイ展望台
Baiyoke Sky Observation Deck
Baiyoke Boutique
Baiyoke Sky Hotel
White Palace
リヤ・バイ・インドラ・ジュエリー
Liya by Indra Jewelry
Indra Shopping Center
Indra Regent Hotel
Ten Stars Inn
Baiyoke Suite Hotel
Soi Watthanawong
Soi Watthanasin
Eastin Hotel
マッカサン駅
Makkasan
Ramada D'MA Bangkok
Bangkok Palace
ラーチャプラーロップ通り
P.110 アマリ・ウォーターゲート・バンコク
Amari Watergate Bangkok
シブヤ19
Shibuya 19
インドネシア
Krung Thong Plaza
City Complex
AEC Trade Center
プラティナム・ファッションモール P.93
The Platinum Fashionmall
Hotel Novotel Bangkok Platinum
パラディウム・ワールド・ショッピング The Palladium World Shopping
クワンヘーン・プラトゥーナーム・チキンライス P.23
Kuang Heng Pratunam Chicken Rice
コーアーン・カオマンカイ・プラトゥーナーム P.92
Go-Ang Kaomunkai Pratunam
New Phetchburi Rd.
ヤーム駅〜チットロ駅には巨大ショッピグモールが林立し、大ショッピングゾーとなっている。
ジム・トンプソン Jim Thompson
P.93 ナラ・タイ・クイジーン
Nara Thai Cuisine
240m 徒歩3分
プラトゥーナーム Pratunam
(ワット・シーブンルアン方面行き)
プラトゥーナーム
(バーンファー・リーラート方面行き)
Pratunam
チットロム
Chit Lom
ウィッタユ
Witthayu
セーンセープ運河
Soi 34
ウィッタユ通り
Witthayu (Wireless) Rd.
2
イアム・ケンピンスキー・ホテル・バンコク P.109
am Kempinski Hotel Bangkok
Centara Grand at CentralWorld
サヤーム・パラゴン・フード・ホール
Siam Paragon Food Hall
マウント・サポラ Mt. Sapola P.62
ジム・トンプソン Jim Thompson
グルメ・マーケット P.65
Gourmet Market
サヤーム・パラゴン P.91
Siam Paragon
プラ・ピッカネート Phra Phikkhanet P.17
プラ・マハー・ウマー・テーウィー Phra Maha Uma Devi P.93
ビッグC Big-C P.65
プラ・トリームールティ Phra Trimruti P.17
Ratchadamri Rd.
スクムウィット通り周辺 1 P.138~139
Arnoma Grand Hotel
セントラルワールド P.93
CentralWorld
パンピューリ Pañpuri P.63
パンピューリ・ウェルネス Pañpuri Wellness P.73
ゲイソーン・タワー
プラ・メー・ラクサミー Phra Me Raksame P.93
スイス
ターン・サンクチュアリ Thann Sanctuary P.63
ワット・パトゥムワン・ナーラーム
Wat Pathumwan Naram
サヤーム Siam
Central Station
ヤーム・スクエア
am Square
ブーツ
Boots
POLICE
タイ警察本部
Central Police Investigation Headquarters
Novotel Bangkok on Siam Square
インターコンチネンタル・バンコク
InterContinental Bangkok
Holiday Inn Bangkok
ゲイソーン
Gaysorn
P.109 ローズウッド・バンコク
Rosewood Bangkok
P.16 エーラーワンの祠
Erawan Phum
Phloen Chit Rd.
チットロム
Chit Lom
セントラル・チットロム
Central Chidlom P.68
イータイ P.51
Eathai
セントラル・エンバシー
Central Embassy P.68
プルンチット
Phloen Chit
プラ・イン Phra Indra P.93
プラ・ナーラーイ P.93
Phra Narai
エーラーワン Erawan
Soi Chulalongkorn 64
アマリン・プラザ
Amarin Plaza
JCBプラザ ラウンジ
グランド・ハイアット・エラワン・バンコク
Grand Hyatt Erawan Bangkok
P.109 オークラ・プレステージ・バンコク
The Okura Prestige Bangkok
160m 徒歩2分
Soi 62
Grand Center Point Hotel and Residence
Soi Mahatlek Luang 1
ヤーム・スクエアは、者向けの小さなショプやカフェが集まるバコクの原宿的存在。
Courtyard by Marriott Bangkok
アナンタラ・サヤーム・バンコク・ホテル
Anantara Siam Bangkok Hotel P.110
Hansar Bangkok
ベトナム
3
Henri Dunant Rd.
ラーチャダムリ
Ratchadamri
ムセ Muse
100トンソン・ギャラリー
All Seasons Place
セント・レジス・バンコク P.110
St.Regis Bangkok
学食
Langsuan Rd.
P.110 コンラッド・バンコク
Conrad Bangkok
ラーチャダムリ通り
ロイヤル・バンコク・スポーツ・クラブ
Royal Bangkok Sports Club
オランダ
Oriental Residence
Soi Tonson
出入口

P.138

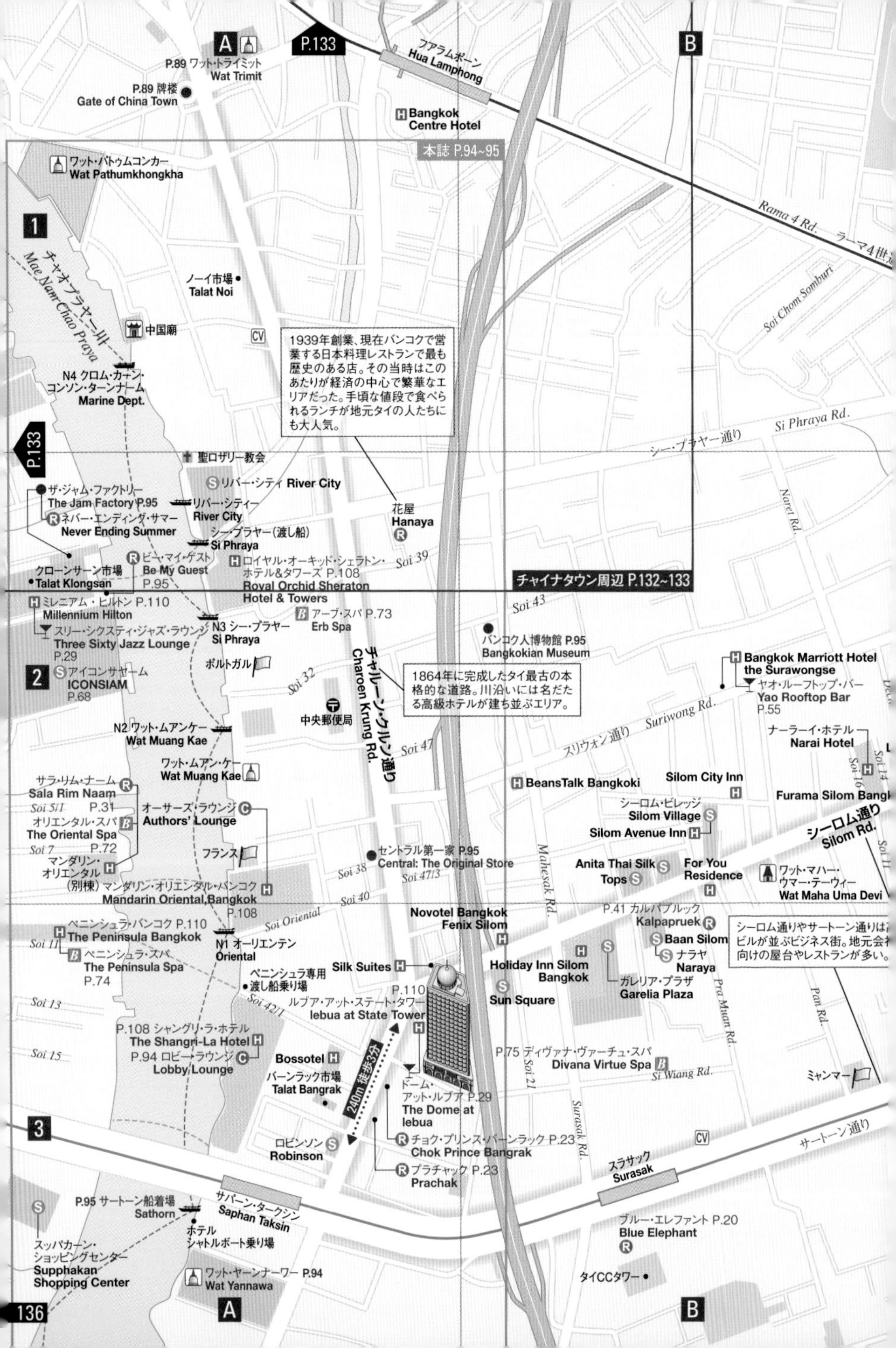

P.133
ファラムポーン
Hua Lamphong
P.89 ワット・トライミット
Wat Trimit
P.89 牌楼
Gate of China Town
Bangkok Centre Hotel
本誌 P.94~95
ワット・パトゥムコンカー
Wat Pathumkhongkha
Rama 4 Rd.
ラーマ4世通り
チャオプラヤー川
Mae Nam Chao Praya
ノーイ市場
Talat Noi
中国廟
1939年創業、現在バンコクで営業する日本料理レストランで最も歴史のある店。その当時はこのあたりが経済の中心で繁華なエリアだった。手頃な値段で食べられるランチが地元タイの人たちにも大人気。
Soi Chom Somburi
N4 クロム・カーン・コンソン・ターンナーム
Marine Dept.
Si Phraya Rd.
シー・プラヤー通り
聖ロザリー教会
ザ・ジャム・ファクトリー
The Jam Factory P.95
リバー・シティ River City
リバー・シティー
River City
ネバー・エンディング・サマー
Never Ending Summer
シー・プラヤー（渡し船）
Si Phraya
花屋
Hanaya
Naret Rd.
ビー・マイ・ゲスト
Be My Guest
P.95
クローンサーン市場
Talat Klongsan
ロイヤル・オーキッド・シェラトン・ホテル&タワーズ P.108
Royal Orchid Sheraton Hotel & Towers
Soi 39
チャイナタウン周辺 P.132~133
ミレニアム・ヒルトン P.110
Millennium Hilton
スリー・シクスティ・ジャズ・ラウンジ
Three Sixty Jazz Lounge
P.29
N3 シー・プラヤー
Si Phraya
アーブ・スパ P.73
Erb Spa
Soi 43
バンコク人博物館 P.95
Bangkokian Museum
アイコンサヤーム
ICONSIAM
P.68
ポルトガル
Soi 32
チャルーン・クルン通り
Charoen Krung Rd.
1864年に完成したタイ最古の本格的な道路。川沿いには名だたる高級ホテルが建ち並ぶエリア。
Bangkok Marriott Hotel the Surawongse
ヤオ・ルーフトップ・バー
Yao Rooftop Bar
P.55
中央郵便局
Suriwong Rd.
スリウォン通り
N2 ワット・ムアンケー
Wat Muang Kae
Soi 47
ナーラーイ・ホテル
Narai Hotel
ワット・ムアン・ケー
Wat Muang Kae
BeansTalk Bangkoki
Silom City Inn
Soi 16
Soi 14
サラ・リム・ナーム
Sala Rim Naam
Soi 5/1
P.31
オリエンタル・スパ
The Oriental Spa
Soi 7
P.72
オーサーズ・ラウンジ
Authors' Lounge
シーロム・ビレッジ
Silom Village
Silom Avenue Inn
Furama Silom Bangk
シーロム通り
Silom Rd.
マンダリン・オリエンタル
（別棟）マンダリン・オリエンタル・バンコク
Mandarin Oriental,Bangkok
P.108
フランス
セントラル第一家 P.95
Central: The Original Store
Soi 38
Soi 47/3
Mahesak Rd.
Anita Thai Silk
Tops
For You Residence
ワット・マハー・ウマー・テーウィー
Wat Maha Uma Devi
Soi 11
Soi 40
Soi Oriental
Novotel Bangkok Fenix Silom
P.41 カルパプルック
Kalpapruek
ペニンシュラ・バンコク P.110
The Peninsula Bangkok
Soi 11
ペニンシュラ・スパ
The Peninsula Spa
P.74
N1 オーリエンテン
Oriental
Baan Silom
ナラヤ
Naraya
シーロム通りやサートーン通りは高層ビルが並ぶビジネス街。地元会社員向けの屋台やレストランが多い。
ペニンシュラ専用渡し船乗り場
Silk Suites
Holiday Inn Silom Bangkok
Sun Square
ガレリア・プラザ
Garelia Plaza
Soi 13
Soi 42/1
P.110
ルブア・アット・ステート・タワー
lebua at State Tower
Pra Muan Rd.
Pan Rd.
P.108 シャングリ・ラ・ホテル
The Shangri-La Hotel
P.94 ロビー・ラウンジ
Lobby Lounge
Soi 15
Bossotel
バーンラック市場
Talat Bangrak
240m 徒歩3分
P.75 ディヴァナ・ヴァーチュ・スパ
Divana Virtue Spa
Si Wiang Rd.
Soi 21
ミャンマー
ドーム・アット・ルブア P.29
The Dome at lebua
Surasak Rd.
ロビンソン
Robinson
チョク・プリンス・バーンラック P.23
Chok Prince Bangrak
プラチャック P.23
Prachak
サートーン通り
スラサック
Surasak
P.95 サートーン船着場
Sathorn
サパーン・タークシン
Saphan Taksin
ホテル
シャトルボート乗り場
ブルー・エレファント P.20
Blue Elephant
スッパカーン・ショッピングセンター
Supphakan Shopping Center
ワット・ヤーンナーワー P.94
Wat Yannawa
タイCCタワー
A
B
1
2
3

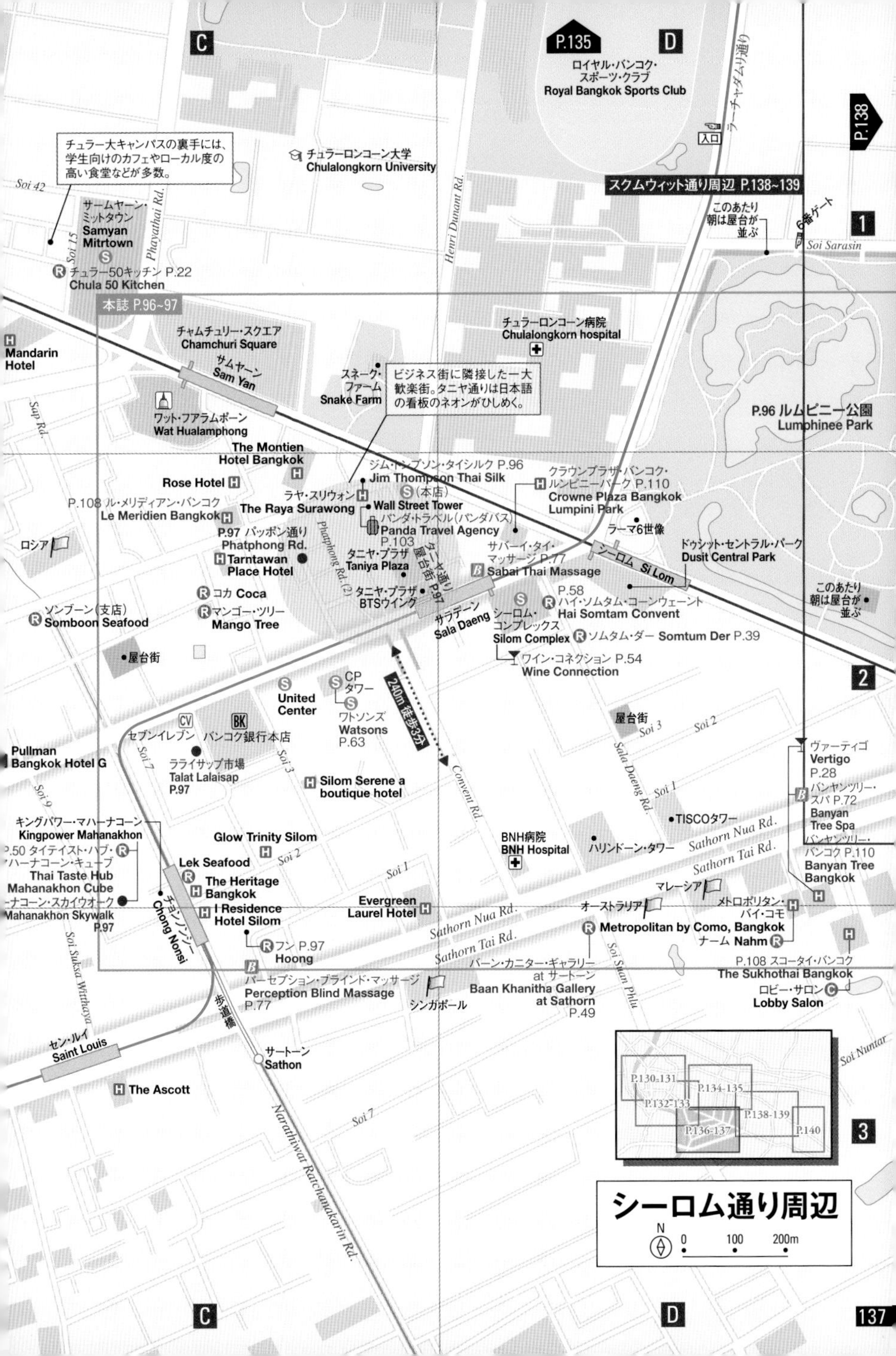

P.135
ロイヤル・バンコク・スポーツ・クラブ
Royal Bangkok Sports Club
ラーチャダムリ通り
入口
P.138
チュラー大キャンパスの裏手には、学生向けのカフェやローカル度の高い食堂などが多数。
チュラーロンコーン大学
Chulalongkorn University
Soi 42
Henri Dunant Rd.
スクムウィット通り周辺 P.138~139
このあたり朝は屋台が並ぶ
6番ゲート
Soi Sarasin
サームヤーン・ミットタウン
Samyan Mitrtown
Phayathai Rd.
Soi 15
チュラー50キッチン P.22
Chula 50 Kitchen
本誌 P.96~97
チャムチュリー・スクエア
Chamchuri Square
チュラーロンコーン病院
Chulalongkorn hospital
Mandarin Hotel
サムヤーン
Sam Yan
スネーク・ファーム
Snake Farm
ビジネス街に隣接した一大歓楽街。タニヤ通りは日本語の看板のネオンがひしめく。
P.96 ルムピニー公園
Lumphinee Park
Sap Rd.
ワット・フアラムポーン
Wat Hualamphong
The Montien Hotel Bangkok
ジム・トンプソン・タイシルク P.96
Jim Thompson Thai Silk
Rose Hotel
クラウンプラザ・バンコク・ルンピニーパーク P.110
Crowne Plaza Bangkok Lumpini Park
ラヤ・スリウォン
The Raya Surawong
(本店)
P.108 ル・メリディアン・バンコク
Le Meridien Bangkok
Wall Street Tower
パンダ・トラベル(パンダバス)
Panda Travel Agency
P.103
ラーマ6世像
P.97 パッポン通り
Phatphong Rd.
Phatphong Rd.(2)
ロシア
Tarntawan Place Hotel
タニヤ・プラザ
Taniya Plaza
タニヤ通り 屋台街 P.97
サバーイ・タイ・マッサージ P.77
Sabai Thai Massage
ドゥシット・セントラル・パーク
Dusit Central Park
シーロム
Si Lom
コカ Coca
タニヤ・プラザ BTSウイング
P.58 ハイ・ソムタム・コーンウェーント
Hai Somtam Convent
このあたり朝は屋台が並ぶ
ソンブーン(支店)
Somboon Seafood
マンゴー・ツリー
Mango Tree
サラデーン
Sala Daeng
シーロム・コンプレックス
Silom Complex
ソムタム・ダー Somtum Der P.39
屋台街
ワイン・コネクション P.54
Wine Connection
United Center
CP タワー
240m 徒歩3分
ワトソンズ Watsons P.63
屋台街
Soi 3
Soi 2
セブンイレブン
バンコク銀行本店
Pullman Bangkok Hotel G
Soi 7
ラライサップ市場
Talat Lalaisap
P.97
Soi 3
Convent Rd.
Sala Daeng Rd.
ヴァーティゴ Vertigo P.28
Silom Serene a boutique hotel
Soi 1
バンヤンツリー・スパ P.72
Banyan Tree Spa
Soi 9
キングパワー・マハーナコーン
Kingpower Mahanakhon
Glow Trinity Silom
BNH病院
BNH Hospital
ハリンドーン・タワー
TISCOタワー
Sathorn Nua Rd.
Sathorn Tai Rd.
バンヤンツリー・バンコク P.110
Banyan Tree Bangkok
P.50 タイテイスト・ハブ・マハーナコーン・キューブ
Thai Taste Hub Mahanakhon Cube
マハーナコーン・スカイウオーク
Mahanakhon Skywalk P.97
Lek Seafood
Soi 2
The Heritage Bangkok
Soi 1
マレーシア
I Residence Hotel Silom
チョンノンシー
Chong Nonsi
Evergreen Laurel Hotel
オーストラリア
メトロポリタン・バイ・コモ
Metropolitan by Como, Bangkok
Sathorn Nua Rd.
ナーム Nahm
Soi Suksa Witthaya
フン P.97 Hoong
Sathorn Tai Rd.
Soi Suan Phlu
パーン・カニター・ギャラリー at サートーン
Baan Khanitha Gallery at Sathorn P.49
P.108 スコータイ・バンコク
The Sukhothai Bangkok
パーセプション・ブラインド・マッサージ
Perception Blind Massage P.77
シンガポール
ロビー・サロン
Lobby Salon
歩道橋
Soi Nuntar
セン・ルイ
Saint Louis
サートーン
Sathon
The Ascott
P.130~131
P.134-135
P.132-133
P.138-139
P.136-137
P.140
Soi 7
Narathiwat Ratchanakarin Rd.
シーロム通り周辺
N
0 100 200m
C D 1 2 3

A
B
インターコンチネンタル・バンコク
InterContinental Bangkok
プラ・ナーラーイ Phra Narai P.93
Holiday Inn Bangkok
チットロム
Chit Lom
プラ・イン P.93
Phra Indra
アマリン・プラザ
Amarin Plaza
Renaissance Bangkok
Ratchaprasong Hotel
Grand Center Point
Hotel and Residence
Courtyard by
Marriott Bangkok
Hansar
Bangkok
ムセ Muse
P.68
セントラル・チットロム
Central Chidlom
スイス
イータイ Eathai P.51
セントラル・エンバシー
Central Embassy
P.68
ローズウッド・バンコク P.109
Rosewood Bangkok
プルンチット
Phloen Chit
P.109 オークラ・プレステージ・バンコク
The Okura Prestige Bangkok
Novotel Bangkok
Fenix Ploenchit
240m 徒歩3分
FuramaXclusive Sukhumvit
ネスト Nest
Royal Benja Hotel
Le Fenix
Zenith Sukhumvit Hotel
aloft Bangk
Sukhumvit
Grace Hotel
Level
Soi 1
Soi 3
Soi 5
ナナ・スクエア
Nana Square
Sukhumvit Rd.
Phloenchit Center
JW Marriott Hotel
Bangkok
Soi 7
Nana Hotel
ナーナー駅
周辺の露店
The Landmark
Bangkok
Ra-jah
Hotel
ナーナー
Nana
Soi 6
ベトナム
ルアムルディ・ビレッジ
P.77 ルアムルディー・ヘルス・マッサージ
RuamRudee Health Massage
P.110
ダブルツリー・バイ・ヒルトン・
バンコク・プルンチット
Double Tree by Hilton
Bangkok Ploenchit
Soi 4
100トンソン・
ギャラリー
All Seasons Place
風俗店が集まるナナプラザがある。夜は周辺一帯が独特の雰囲気なので、女性だけで近づかないように。
Sofitel Bang
Sukhur
オランダ
コンラッド・バンコク
Conrad Bangkok
P.110
Adelphi Suites
Ibis Bangkok Nana
Oriental
Residence
Soi Tonson
Soi Ruam Rudee
Soi 3
Soi 4
サヤーム・スクエア、プラトゥーナーム周辺 P.134~135
Atlanta
Soi 2
Soi 5
アメリカ
スペイン
アメリカ
Soi 4
Langsuan Rd.
Soi 6
Sindhorn Bldg.
Soi 7
ウィッタユ通り
Witthayu (Wireless) Rd.
8番ゲート
オシャ
Osha
テン・フェイス
Ten Face
Soi 8
日本大使館を含む各国大使館が多いハイソな通り。徒歩で移動している人はほとんど見かけない。
早朝からジョギングやヨガにいそしむ人が集まる市民の憩いの公園。
ルムピニー公園 P.96
Lumphinee Park
日本
P.125
このあたり
朝は屋台が
並ぶ
ワン・バンコク
One Bangkok
P.137
Sofitel So Bangkok
ハイソー・ルーフトップ・バー P.55
Hi-So Rooftop Bar
Rama 4 Rd.
ルムピニー
Lumphini
Q House
Lumpini
シーロム通り周辺
P.136~137
三井住友
ラーマ4世通り
1
2
3

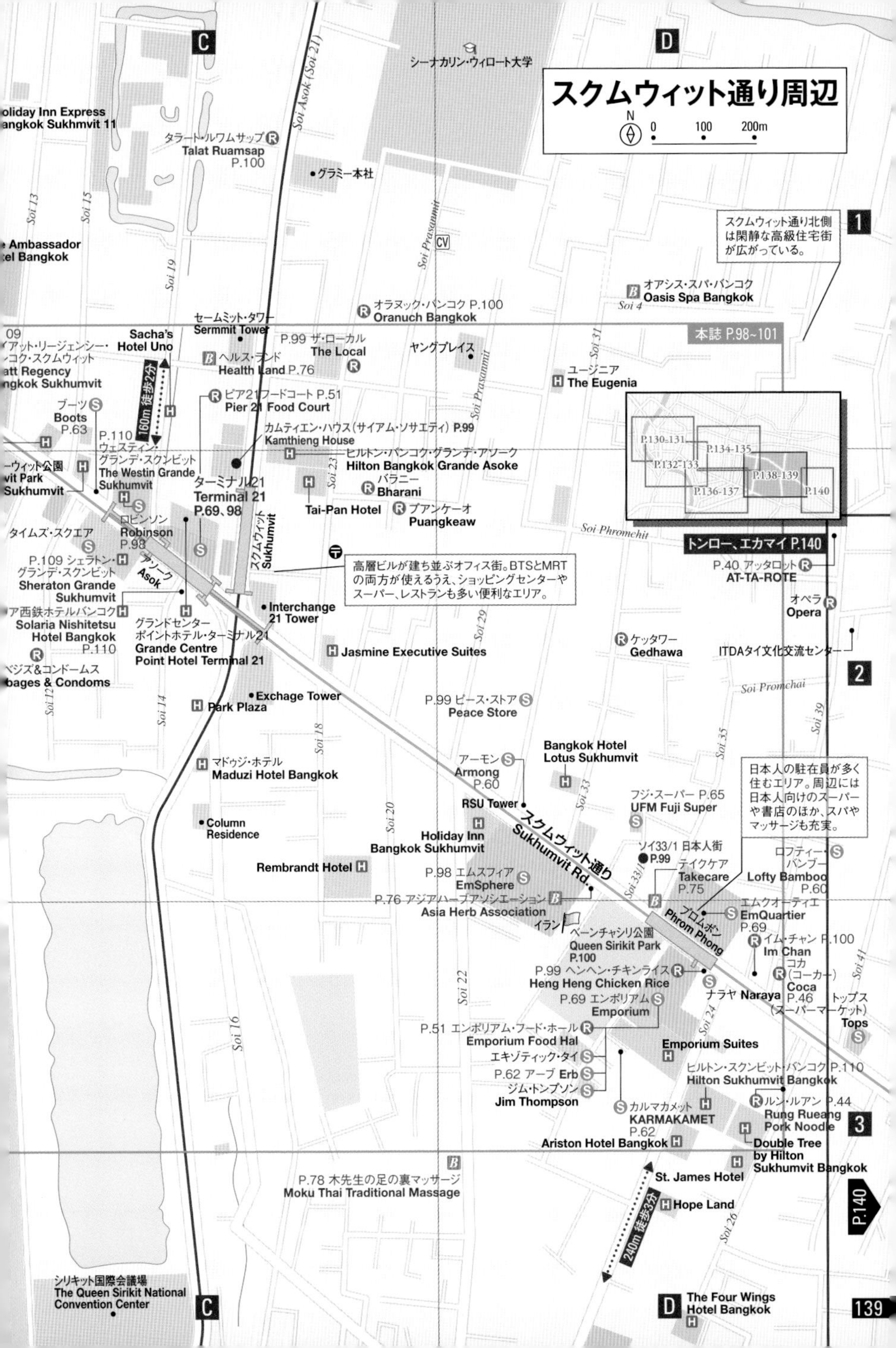
スクムウィット通り周辺
N
0
100
200m
C
D
シーナカリン・ウィロート大学
oliday Inn Express
angkok Sukhmvit 11
タラート・ルワムサップ
Talat Ruamsap
P.100
グラミー本社
Soi Asok (Soi 21)
Soi 13
Soi 15
Soi 19
e Ambassador
el Bangkok
Soi Prasanmit
CV
スクムウィット通り北側は閑静な高級住宅街が広がっている。
オアシス・スパ・バンコク
Oasis Spa Bangkok
Soi 4
オラヌック・バンコク P.100
Oranuch Bangkok
セームミット・タワー
Sermmit Tower
Sacha's
Hotel Uno
P.99 ザ・ローカル
The Local
ヤングプレイス
本誌 P.98~101
109
イアット・リージェンシー・
ンコク・スクムウィット
att Regency
ngkok Sukhumvit
ヘルス・ランド
Health Land P.76
Soi 31
ユージニア
The Eugenia
160m 徒歩2分
ピア21フードコート P.51
Pier 21 Food Court
ブーツ
Boots
P.63
カムティエン・ハウス（サイアム・ソサエティ） P.99
Kamthieng House
P.110
ウェスティン・
グランデ・スクンビット
The Westin Grande
Sukhumvit
ヒルトン・バンコク・グランデ・アソーク
Hilton Bangkok Grande Asoke
ーウィット公園
vit Park
Sukhumvit
ターミナル21
Terminal 21
P.69、98
Soi 23
バラニー
Bharani
P.130-131
P.134-135
P.132-133
P.138-139
P.136-137
P.140
Tai-Pan Hotel
プアンケーオ
Puangkeaw
ロビンソン
Robinson
P.98
タイムズ・スクエア
スクムウィット
Sukhumvit
Soi Phromchit
トンロー、エカマイ P.140
P.109 シェラトン・
グランデ・スクンビット
Sheraton Grande
Sukhumvit
アソーク
Asok
高層ビルが建ち並ぶオフィス街。BTSとMRTの両方が使えるうえ、ショッピングセンターやスーパー、レストランも多い便利なエリア。
P.40 アッタロット
AT-TA-ROTE
オペラ
Opera
ア西鉄ホテルバンコク
Solaria Nishitetsu
Hotel Bangkok
P.110
グランドセンター
ポイントホテル・ターミナル21
Grande Centre
Point Hotel Terminal 21
Interchange
21 Tower
Soi 29
ケッタワー
Gedhawa
ITDAタイ文化交流センター
ベジズ&コンドームス
bages & Condoms
Jasmine Executive Suites
2
Soi Promchai
Soi 12
Soi 14
Exchage Tower
Park Plaza
P.99 ピース・ストア
Peace Store
Soi 18
Soi 35
Soi 39
1
Bangkok Hotel
Lotus Sukhumvit
アーモン
Armong
P.60
マドゥジ・ホテル
Maduzi Hotel Bangkok
日本人の駐在員が多く住むエリア。周辺には日本人向けのスーパーや書店のほか、スパやマッサージも充実。
Soi 33
フジ・スーパー P.65
UFM Fuji Super
RSU Tower
Column
Residence
Soi 20
Holiday Inn
Bangkok Sukhumvit
スクムウィット通り
Sukhumvit Rd.
ソイ33/1 日本人街
P.99
ロフティー・
バンブー
Lofty Bamboo
P.60
Rembrandt Hotel
P.98 エムスフィア
EmSphere
テイクケア
Takecare
P.75
Soi 33/1
P.76 アジアハーブアソシエーション
Asia Herb Association
エムクオーティエ
EmQuartier
P.69
イラン
プロムポン
Phrom Phong
ベーンチャシリ公園
Queen Sirikit Park
P.100
イム・チャン P.100
Im Chan
コカ
（コーカー）
Coca
P.46
P.99 ヘンヘン・チキンライス
Heng Heng Chicken Rice
Soi 41
Soi 22
ナラヤ Naraya
トップス
（スーパーマーケット）
Tops
P.69 エンポリアム
Emporium
Soi 24
Soi 16
P.51 エンポリアム・フード・ホール
Emporium Food Hal
Emporium Suites
エキゾティック・タイ
P.62 アーブ Erb
ジム・トンプソン
Jim Thompson
ヒルトン・スクンビット・バンコク P.110
Hilton Sukhumvit Bangkok
カルマカメット
KARMAKAMET
P.62
ルン・ルアン P.44
Rung Rueang
Pork Noodle
3
Ariston Hotel Bangkok
Double Tree
by Hilton
Sukhumvit Bangkok
P.78 木先生の足の裏マッサージ
Moku Thai Traditional Massage
St. James Hotel
240m 徒歩3分
Hope Land
P.140
Soi 26
シリキット国際会議場
The Queen Sirikit National
Convention Center
The Four Wings
Hotel Bangkok

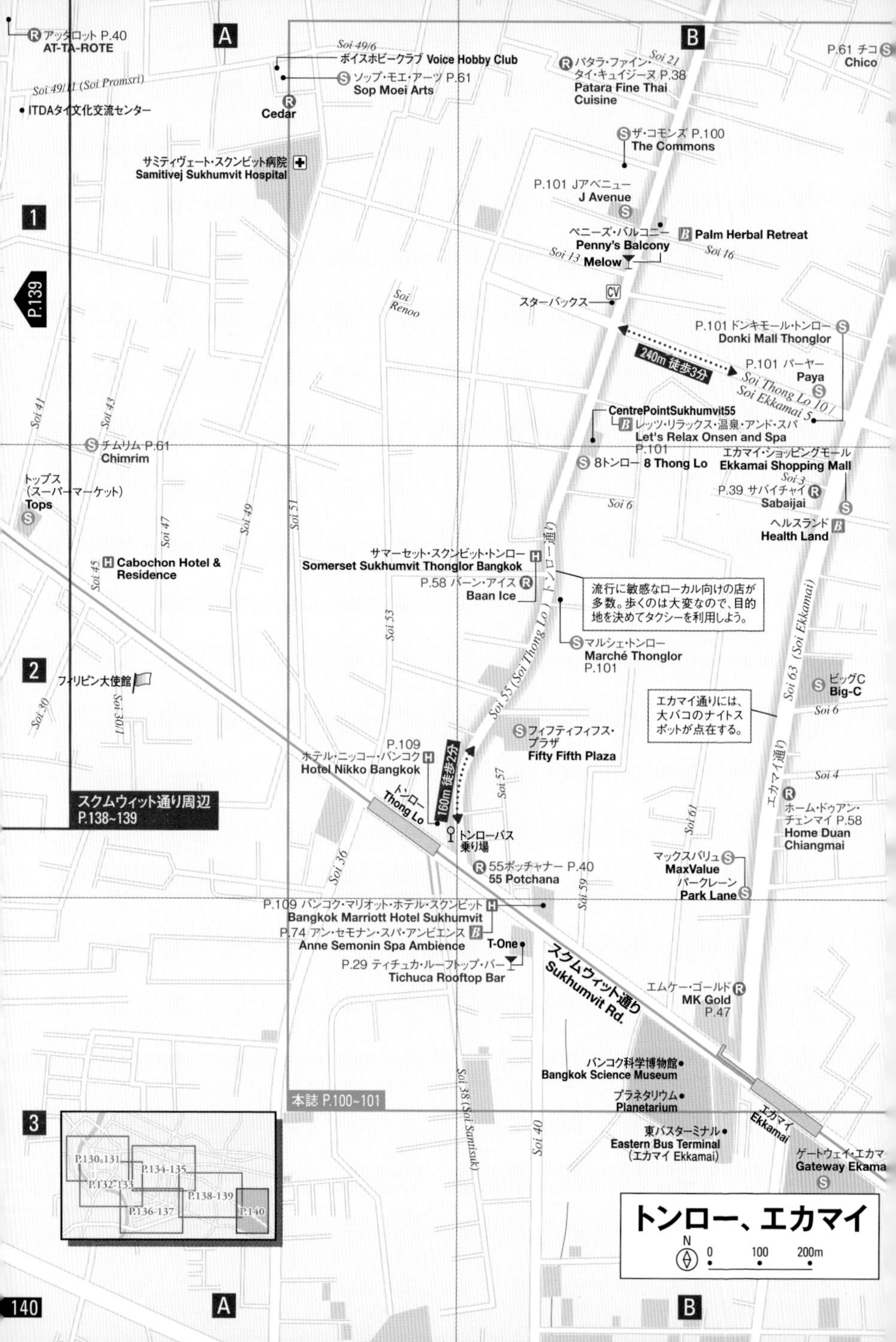
トンロー、エカマイ
アッタロット P.40
AT-TA-ROTE
ボイスホビークラブ Voice Hobby Club
ソップ・モエ・アーツ P.61
Sop Moei Arts
Cedar
ITDAタイ文化交流センター
サミティヴェート・スクンビット病院
Samitivej Sukhumvit Hospital
パタラ・ファイン・タイ・キュイジーヌ P.38
Patara Fine Thai Cuisine
P.61 チコ
Chico
ザ・コモンズ P.100
The Commons
P.101 Jアベニュー
J Avenue
ペニーズ・バルコニー
Penny's Balcony
Palm Herbal Retreat
Melow
スターバックス
P.101 ドンキモール・トンロー
Donki Mall Thonglor
240m 徒歩3分
P.101 パーヤー
Paya
CentrePointSukhumvit55
レッツ・リラックス・温泉・アンド・スパ
Let's Relax Onsen and Spa
P.101
8トンロー 8 Thong Lo
エカマイ・ショッピングモール
Ekkamai Shopping Mall
P.39 サバイチャイ
Sabaijai
ヘルスランド
Health Land
チムリム P.61
Chimrim
トップス（スーパーマーケット）
Tops
Cabochon Hotel & Residence
サマーセット・スクンビット・トンロー
Somerset Sukhumvit Thonglor Bangkok
P.58 バーン・アイス
Baan Ice
流行に敏感なローカル向けの店が多数。歩くのは大変なので、目的地を決めてタクシーを利用しよう。
マルシェ・トンロー
Marché Thonglor
P.101
ビッグC
Big-C
エカマイ通りには、大バコのナイトスポットが点在する。
フィリピン大使館
フィフティフィフス・プラザ
Fifty Fifth Plaza
P.109
ホテル・ニッコー・バンコク
Hotel Nikko Bangkok
160m 徒歩2分
トンロー
Thong Lo
トンローバス乗り場
ホーム・ドゥアン・チェンマイ P.58
Home Duan Chiangmai
スクムウィット通り周辺
P.138~139
55ポッチャナー P.40
55 Potchana
マックスバリュ
MaxValue
パークレーン
Park Lane
P.109 バンコク・マリオット・ホテル・スクンビット
Bangkok Marriott Hotel Sukhumvit
P.74 アン・セモナン・スパ・アンビエンス
Anne Semonin Spa Ambience
T-One
P.29 ティチュカ・ルーフトップ・バー
Tichuca Rooftop Bar
スクムウィット通り
Sukhumvit Rd.
エムケー・ゴールド
MK Gold
P.47
バンコク科学博物館
Bangkok Science Museum
プラネタリウム
Planetarium
東バスターミナル
Eastern Bus Terminal
（エカマイ Ekkamai）
エカマイ
Ekkamai
ゲートウェイ・エカマイ
Gateway Ekamai
本誌 P.100~101
P.139
Soi 49/6
Soi 49/11 (Soi Promsri)
Soi 21
Soi 13
Soi 16
Soi Renoo
Soi Thong Lo 10 / Soi Ekkamai 5
Soi 41
Soi 43
Soi 3
Soi 6
Soi 47
Soi 49
Soi 51
Soi 45
Soi 53
トンロー通り
Soi 55 (Soi Thong Lo)
Soi 63 (Soi Ekkamai)
Soi 30
Soi 30/1
Soi 57
エカマイ通り
Soi 4
Soi 36
Soi 61
Soi 59
Soi 38 (Soi Sanitsuk)
Soi 40
P.130-131
P.134-135
P.132-133
P.138-139
P.136-137
P.140
N
0 100 200m
A
B
1
2
3

アユタヤー

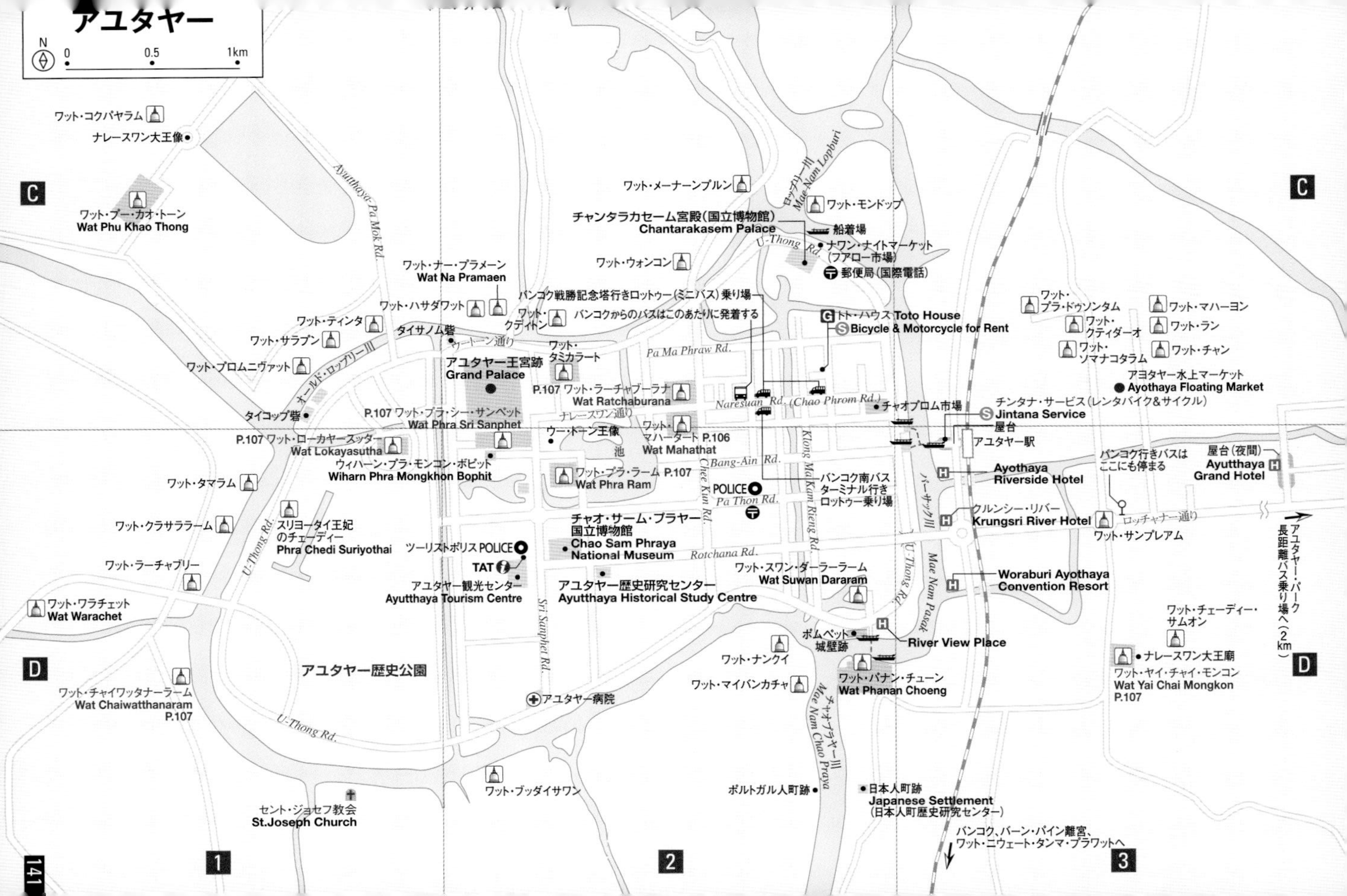

N
0
0.5
1km
C
D
1
2
3
ワット・コクパヤラム
ナレースワン大王像
ワット・プー・カオ・トーン
Wat Phu Khao Thong
Ayutthaya-Pa Mok Rd.
ワット・メーナーンプルン
チャンタラカセーム宮殿(国立博物館)
Chantarakasem Palace
ロッブリー川
Mae Nam Lopburi
ワット・モンドップ
船着場
U-Thong Rd.
ナワン・ナイトマーケット
(フアロー市場)
郵便局(国際電話)
ワット・ウォンコン
ワット・ナー・プラメーン
Wat Na Pramaen
ワット・ハサダワット
バンコク戦勝記念塔行きロットゥー(ミニバス)乗り場
ワット・クティトン
バンコクからのバスはこのあたりに発着する
トト・ハウス Toto House
Bicycle & Motorcycle for Rent
ワット・ティンタ
ワット・サラプン
タイサノム砦
ウートーン通り
ワット・タミカラート
Pa Ma Phraw Rd.
ワット・ブロムニヴァット
オールド・ロッブリー川
アユタヤー王宮跡
Grand Palace
P.107 ワット・ラーチャブーラナ
Wat Ratchaburana
Naresuan Rd. (Chao Phrom Rd.)
チャオプロム市場
タイコップ砦
P.107 ワット・プラ・シー・サンペット
Wat Phra Sri Sanphet
ナレースワン通り
ウー・トーン王像
池
ワット・マハータート P.106
Wat Mahathat
P.107 ワット・ローカヤースッター
Wat Lokayasutha
ウィハーン・プラ・モンコン・ボピット
Wiharn Phra Mongkhon Bophit
Bang-Ain Rd.
ワット・プラ・ラーム P.107
Wat Phra Ram
Chee Kun Rd.
POLICE
Pa Thon Rd.
Klong Ma Kam Rieng Rd.
バンコク南バスターミナル行きロットゥー乗り場
ワット・タマラム
ワット・クラサララーム
スリヨータイ王妃のチェーディー
Phra Chedi Suriyothai
U-Thong Rd.
ツーリストポリス POLICE
TAT
アユタヤー観光センター
Ayutthaya Tourism Centre
チャオ・サーム・プラヤー国立博物館
Chao Sam Phraya National Museum
Rotchana Rd.
アユタヤー歴史研究センター
Ayutthaya Historical Study Centre
Sri Sanphet Rd.
ワット・ラーチャブリー
ワット・ワラチェット
Wat Warachet
ワット・スワン・ダーラーラーム
Wat Suwan Dararam
アユタヤー歴史公園
ワット・チャイワッタナーラーム
Wat Chaiwatthanaram
P.107
アユタヤー病院
U-Thong Rd.
ワット・ナンクイ
ポムペット城壁跡
ワット・マイパンカチャ
ワット・パナン・チューン
Wat Phanan Choeng
チャオプラヤー川
Mae Nam Chao Praya
ワット・ブッダイサワン
ポルトガル人町跡
日本人町跡
Japanese Settlement
(日本人町歴史研究センター)
セント・ジョセフ教会
St.Joseph Church
バンコク、バーン・パイン離宮、ワット・ニウェート・タンマ・プラワットへ
ワット・プラ・ドゥソンタム
ワット・クティダーオ
ワット・ソマナコタラム
ワット・マハーヨン
ワット・ラン
ワット・チャン
アヨタヤー水上マーケット
Ayothaya Floating Market
チンタナ・サービス(レンタバイク&サイクル)
Jintana Service
屋台
アユタヤー駅
パーサック川
Mae Nam Pasak
U-Thong Rd.
Ayothaya Riverside Hotel
クルンシー・リバー
Krungsri River Hotel
バンコク行きバスはここにも停まる
ワット・サンプレアム
ロッチャナー通り
屋台(夜間)
Ayutthaya Grand Hotel
アユタヤー・パーク長距離バス乗り場へ(2km)
Woraburi Ayothaya Convention Resort
River View Place
ワット・チェーディー・サムオン
ナレースワン大王廟
ワット・ヤイ・チャイ・モンコン
Wat Yai Chai Mongkon
P.107

INDEX

タイバーツの紙幣は、現在新旧2種類のデザインが流通している。

観光

グルメ

● ショップ

● マッサージ・スパ

● ホテル

STAFF

Producer
保理江 ゆり　Yuri Horie

Editor / Writer
水野 純　Jun Mizuno
有限会社編集工房緑屋　Midoriya

Photographers
井出 友樹　Yuki Ide ● 石澤 真実　Mami Ishizawa ● 是枝 右京　Ukyo Koreeda ●
水野 純　Jun Mizuno（有限会社編集工房緑屋） ● 松井 聡美　Satomi Matsui（ウエストマウンテン）
写真協力　©iStock

Designers
花澤 菜津美　Natsumi Hanazawa ● 又吉 るみ子　Rumiko Matayoshi（メガスタジオ） ● 山中 遼子　Ryoko Yamanaka

Map
園田 伸二　Shinji Sonoda（株式会社ジェオ） ● 蕪木 貴之　Takayuki Kaburaki（株式会社ジェオ） ●
高棟 博　Hiroshi Takamune（株式会社ムネプロ）

Proofreading
田中 尚美　Naomi Tanaka（株式会社東京出版サービスセンター）

Special Thanks
日向 みく　Miku Hinata
newsclip

地球の歩き方 P09 ぷらっと Plat バンコク BANGKOK

2024年5月21日　初版第1刷発行

著作編集　地球の歩き方編集室
発行人　新井 邦弘
編集人　由良 暁世
発行所　株式会社地球の歩き方
〒141-8425　東京都品川区西五反田2-11-8
発売元　株式会社Gakken
〒141-8416　東京都品川区西五反田2-11-8
印刷製本　開成堂印刷株式会社

※本書は基本的に2023年10月～12月の取材データに基づいて作られています。発行後に料金、営業時間、定休日などが変更になる場合がありますのでご了承ください。

更新・訂正情報 URL https://www.arukikata.co.jp/travel-support/

●本書の内容について、ご意見・ご感想はこちらまで
読者投稿
〒 141-8425　東京都品川区西五反田 2-11-8
株式会社地球の歩き方
地球の歩き方サービスデスク「Plat バンコク」投稿係
URL https://www.arukikata.co.jp/guidebook/toukou.html
地球の歩き方ホームページ（海外・国内旅行の総合情報）
URL https://www.arukikata.co.jp/
ガイドブック『地球の歩き方』公式サイト
URL https://www.arukikata.co.jp/guidebook/

●この本に関する各種お問い合わせ先
・本の内容については、下記サイトのお問い合わせフォームよりお願いします。
URL https://www.arukikata.co.jp/guidebook/contact.html
・広告については、下記サイトのお問い合わせフォームよりお願いします。
URL https://www.arukikata.co.jp/ad_contact/
・在庫については　Tel▶03-6431-1250（販売部）
・不良品（乱丁、落丁）については　Tel▶0570-000577
学研業務センター　〒354-0045　埼玉県入間郡三芳町上富279-1
・上記以外のお問い合わせは　Tel▶0570-056-710（学研グループ総合案内）

感想教えてください

読者プレゼント
ウェブアンケートにお答えいただいた方のなかから抽選でクオカード（500円分）をプレゼントします！詳しくは左記の二次元コードまたはウェブサイトをチェック☆
応募の締め切り
2026年4月30日

URL https://arukikata.jp/bciffm
※個人情報の取り扱いについての注意事項はウェブページをご覧ください。

※本書は株式会社ダイヤモンド・ビッグ社より 2016 年に初版発行したものの最新・改訂版です。

学研グループの書籍・雑誌についての新刊情報・詳細情報は、下記をご覧ください。
学研出版サイト　URL https://hon.gakken.jp/